労働・社会保障実務講義

社会保険労務士の仕事と役割

社会保険労務士稲門会［編］

早稲田大学出版部

刊行によせて

　早稲田大学では，卒業生のことを校友と呼んでいます。この校友の方々がその仲間の人生を応援し母校支援に貢献するための同窓会として早稲田大学校友会を組織しています。この校友会のもとには，地域単位または職域単位の同窓会が数多くありますが，校友の社会保険労務士による社会保険労務士稲門会もその一つです。2001年に発足された社会保険労務士稲門会には，その活発な活動に甘えて，2011年度から早稲田大学校友会支援講座「社会保険労務士実務概論」を担当していただいております。
　大学において「講座」というと，特別に設定された連続講演会のようなものを連想するかもしれませんが，この講座は，早稲田大学において学部の垣根を越えて基礎的な教育科目を提供するグローバルエデュケーションセンターに設置された2単位（15コマ）の授業科目です。私は，この科目の担当教員として授業全体をコーディネイトする役割を負っておりますが，授業の担当，教材の準備などの授業運営の実際的部分は，社会保険労務士稲門会の方々の母校とその学生に対する深い愛情に支えられているところです。
　この授業は，もともと早稲田大学校友会支援講座「企業法務概論」という授業の発展版です。「企業法務概論」は，社会保険労務士・司法書士・税理士・行政書士・中小企業診断士各稲門会で構成する「稲士会」（これらの方々のように名称が，末尾に「士」がつく職業であることから「士業」と総称されることに由来する各稲門会の連合会）が提供していました。これが，2011年度から各士業の方々それぞれ独自の授業を担当するようになったものです。士業と呼ばれる職業も多様ですが，これらの5つの士業は，その名前の知名度は高く，かつそれぞれ企業経営にとって不可欠な社会的役割を担っています。しかし，その実際の役割や必要な知識・経験は，学生にはあまり知られていないのが実情でしょう。早稲田大学としては，学生の皆さんが企業で働くうえで，また，将来のキャリアプランを考えるうえで，これら士業の校友の方々から確かな知識・経験を学ぶことは非常に有意義と考えて，校友会のお力を借りて，「社会保険労

務士実務概論」などの授業科目を学生の皆さんに提供しているのです。

　「社会保険労務士実務概論」も4年を経て，教材を含め充実してまいりました。しかし，授業形態がオムニバス形式であることもあって，その内容の全体像を学生が把握できるようにするため，まとまったテキストがあるといいという声が受講生から出てまいりました。そこで，この程，相当な時間をかけて，社会保険労務士稲門会の方々の叡智を結集してこの本が誕生することになりました。

　社会保険労務士の方々のお仕事は，すべての企業の労働・社会保険および人事・労務管理にとって不可欠なものです。例えば，私の専門は労働法ですが，企業を経営する方々もそこで働く方々も，その初歩的な知識を持っていないということがしばしばあります。高校までは，労働法の知識を教える授業はありませんし，大学でも労働法の授業を聴く学生は，法学部などの一部の学生です。法学部出身であっても，全く労働法の知識がないということも不思議ではないわけです。例えば，自らの技術や経験をもとに企業を立ち上げるベンチャー経営者の方々のことを考えてみましょう。この方々，多くの場合人事労務に関する知識を持ち合わせていません。そのような経営者が事業の継続のためにコンプライアンス経営を実践していくためには，人事労務のプロフェッショナルである社会保険労務士に頼ることになるのです。従って，社会保険労務士の方々の社会的使命は極めて重要です。極端にいえば，その企業が「ブラック企業」となってしまうのか，優良な企業になるのかは，社会保険労務士の方々のアドバイス次第と言えるからです。

　本書は，そのような社会保険労務士の方々に必要な基礎的な知識を現場での事例を踏まえて実践的に学ぶことができるような構成になっています。その意味では，「社会保険労務士実務概論」を受講される学生さんだけではなく，多くの学生の方々にとって，重要な知識をやさしく提供する内容になっています。人事労務の基礎を改めて勉強したいと考える経営者の方々，自分の雇用に関わる諸制度を勉強したいと考える雇用者の方々など広い方々にご一読いただければ幸いです。

早稲田大学法学学術院教授　島田　陽一

ごあいさつ

　このたび紆余曲折を経て，本書が刊行できましたこと，誠に感慨ひとしおでございます。社会保険労務士業界の第一線で活躍中の執筆陣の皆様，島田陽一早稲田大学副総長・法学学術院教授始め早稲田大学出版部関係者の皆様，本当にありがとうございました。

　当初島田先生より出版のお話をいただいたのは，2012年2月4日に開催された社会保険労務士稲門会創立10周年記念式典の席上でした。島田先生には，以前より早稲田大学で開講中の「社会保険労務士実務概論（早稲田大学校友会支援講座）」の担当教授として色々とお世話になっており，この日も「良好な労使関係の確立と社会保険労務士への期待」と題してご講演いただきました。

　この願ってもないお話に，会員一同俄然興奮冷めやらず，早速プロジェクトチームを組織し「我々の叡智を結集しよう」と色めき立ちました。しかし，企画立案から執筆・編集が思いのほか捗らず，気が付けば2年が経過し，いったんは頓挫しかかりました。その一方で，早稲田大学校友会との提携で始まっていた「企業法務概論（社会保険労務士講座）」（発展して現在の「社会保険労務士実務概論（早稲田大学校友会支援講座）」）は，島田先生の強力なバックアップのもとで，講義を担当するゲストスピーカーにも逸材が輩出し，ますます隆盛を極めるようになっておりました。ここで一念発起し，出版経験者を新たにプロジェクトチームのメンバーに加え，出版事業の再出発に取り組み見事に結実することができました。

　「はじめに」にもありますように，本書は，社会保険労務士有資格者を含む社会保険労務士関連業界関係者を始め，早稲田大学での「社会保険労務士実務概論（早稲田大学校友会支援講座）」を受講される方を対象に刊行致しました。また，各講担当執筆陣はその分野のエキスパートであり，「コラム」欄は正に現場の最前線からの報告内容となっておりますので，労働・社会保障あるいは社会保険労務士業務に少しでも関心をお持ちの方でしたら，興味深くお読みいただけるものと存じます。

社会保険労務士法は1968（昭和43）年に制定され，まもなく法制定50周年を迎えようとしております。社会保険労務士業界を取り巻く環境は一段と厳しさを増しており，マイナンバー制度を始め取り組むべき課題が山積致しておりますが，我々社会保険労務士は職場の安心・安全，企業の未来のため，そして社会貢献事業を通じての国民の皆様へのサービスをモットーに日夜努力しているところでございます。今後ますます切磋琢磨して，業界発展のために寄与して参る所存ですので，関係各位のますますのご支援とご指導，ご鞭撻のほど宜しくお願い申し上げます。

　本書が，一人でも多くの方の手に取っていただき，皆様の業務や学習の一助となることを祈念申し上げます。

　2015年3月

社会保険労務士稲門会会長　村 上　芳 明

はじめに

　本書は，早稲田大学・大学院出身者で構成する「社会保険労務士稲門会」の会員が，早稲田大学副総長・法学学術院教授である島田陽一先生の指導のもと，独立行政法人労働政策研究・研修機構研究員である細川良氏のご協力により書き上げたものです。
　「社会保険労務士稲門会」は，現在，全国に230名余りの会員を有し，母校への支援を中心とした様々な活動を行っています。そして母校支援活動の一つとして，母校の学生のため，寄附講座である校友会「提携講座」を2008（平成20）年度よりスタートさせました。当時は，司法書士・税理士・行政書士・社会保険労務士の各稲門会が集まって結成した4士業稲門会＝「稲士会」で1年間の講座を運営し，その四半分を社会保険労務士稲門会が担当していました。講座の名称は，「企業法務概論」です。
　この講座の趣旨は，法律と実務の専門家である各士業の会員が大学の教壇に立ち，企業実務の知識を伝えるとともに，それぞれの士業の業務の内容や社会的に負っている役割を学生に伝えていく，というものです。
　当初，社会保険労務士稲門会は7コマを担当しました。当時の講義の紹介文には「これから社会へ出るにあたり，知っていなければならない，知らないと損をする社会保障制度及び賃金・人事制度，労務管理，年金の基礎知識について学ぶ。また，「働く」ことに関するトラブルの対応方法について，問題提起を行い，一緒に考えてみたい。」とあります。
　その後，受講学生数増加により2011（平成23）年度からはそれぞれの士業単独の「支援講座」となりました。社会保険労務士講座は15コマ半期2単位の「校友会支援講座」となり現在に至っています。
　提携講座・支援講座を行ううちに，講座履修の学生の中で，社会保険労務士資格の取得を本格的に目指す学生がいることがわかりました。スタートは卒業後の社会に関する知識としての教養科目であったわけですが，年数を経るうちに，その間の就職情勢の変化もあり，資格取得に興味を持つ学生が次第に増え，

社会保険労務士が扱う法律関係の理論よりも，社会保険労務士の仕事や日常の実務・実践の話を聞きたい，という学生が増えてきました。講義後の毎年のアンケート調査でもその変化が読み取れます。

　一方，我々社会保険労務士に目を向けると，試験に合格し，登録したが，試験で学んだ知識を実際に活かせているのか，あるいは知識を的確に日頃の業務に応用できているのか，という悩みを抱える同業者も少なからずいます。また我々自身が，学生に労働・社会保険諸法令と周辺法令について内容を伝えるうちに，社会保険労務士が関わる法律や法制度の成立過程や背景についての知識は十分ついているのか，考え方の軸はぶれていないか，日常業務の問題にぶつかったときに確固たる指針を持って対応できているのか，を今一度見つめなおす必要がある，と考えるに至りました。

　社会情勢は混沌とし，諸々の労働・社会保険制度は複雑さを増しています。このような状況だからこそ，社会保険労務士は労働問題で困っている労働者あるいは経営者がいれば話を聞き，また給付申請が難解で困っている個人の方に寄りそってひたすら話を聞く。こうした地道な活動を通じて，労使や国民から信頼を寄せられる士業にならなければなりません。そして旺盛なる責任感をもって誠実に職務を遂行することにより，名誉ある士業としての地位を目指さなければなりません。

　改めてそのことを痛感し，基本をしっかりと見つめるため，法制度の形成過程や社会的背景，そしてそれを応用した我々社会保険労務士の実務と実際の業務を切り口に，支援講座の各講義を形づくるベースとなる考え方をまとめてみました。

　できるだけ実務的な要素を入れ，社会保険労務士がどのような場面でどのように対応しているかが見えるよう留意しました。また既に世に出ていることの単なるまとめではなく，社会保険労務士の役割と使命についての各筆者の考え方が表れるよう，意識してまとめました。

　本書の執筆にあたっては，一方では支援講座を受講する学生の皆さんにはぜひ講座を聴きながら並行して本書を活用していただきたいのはもちろんですが，他方では，現在実務において活躍されている社会保険労務士の方々にとっても確認しておいてもらいたい内容を盛り込みました。そして我々が考える社会保

険労務士の役割と使命について，ぜひ一緒に考えていただきたいと思います。

　第1講は，社会保険労務士とはどのような資格・士業なのかについて，社会保険労務士法を基本に，その役割と業務内容，社会的使命について述べています。社会保険労務士会のなりたちや関連事項の年表もこの講にまとめています。

　第2講と第9講では，労働法と社会保障制度の成立過程と日本における労働法・社会保障法の特徴がどのように形づくられてきたかが概括的に述べられています。本書のポイントとなる講です。

　学説や判例が積み重なった制度にマクロ的視点から光を当て，考え方のベースを提起していることで，これから未来へ向かっての社会保険労務士が支えるべき諸制度の方向性が見えてきます。

　第3講から第7講は，労務・人事関係です。募集・採用，就業規則，賃金・労働時間等の労働条件に加え，雇用形態の多様化と人事関係論について述べています。労働することの意義とそこから派生する問題点を社会保険労務士ならではの労使双方からの視点により，実務に即した課題解決の指針を示しています。

　第10講からは，主に社会保障制度を形づくる法律に関係する各論です。労災保険や雇用保険は，労働法の視点で語られることが多いかもしれませんが，労災・安全衛生・雇用の各関連法規は，特に働く方々のセーフティーネットとしての広義の社会保障制度の中でその機能を発揮しています。こうした意義は，それぞれの講で触れられています。

　また，第13講と第14講は，国民が等しく享受している医療保険・年金制度の問題点が学究的切り口から整理されています。社会保障制度の中心をなす諸法について，社会保険労務士の今後の活動の中で共に解決すべき課題を提起します。

　そして，社会保険労務士の業務や実務を知っていただくために，「第8講補論」及び「コラム」として，社会保険労務士が行うコンサルティング業務，賃金に関する考察，個別労働紛争解決で特定社会保険労務士が果たす役割，という個別テーマについて述べています。

　これらは，各講の中では触れられなかった社会保険労務士の専門性の能力発揮の一例として披歴するものです。筆者の熱い思いを通して，社会保険労務士

の社会的使命を考えるヒントとなれば幸いです。

　2015年3月

　　　　　　　　　　社会保険労務士稲門会副会長　林　　智　子

目　次

刊行によせて　島田 陽一　i
ごあいさつ　村上 芳明　iii
はじめに　林 智子　v
執筆者紹介　xiv

第1講　序　論　社会保険労務士とは ── 林 智子・若林 正清 ── 1
第1節　社会保険労務士の目的 …………………………… 1
第2節　社会保険労務士の役割 …………………………… 3
第3節　社会保険労務士の仕事 …………………………… 5
第4節　社会保険労務士の区分 …………………………… 13
第5節　社会保険労務士のなりたち ……………………… 16

第Ⅰ部　労働法と人事労務管理の今日的課題　　21

第2講　労　働　法　その歴史的展開と現在 ── 細川　良 ── 22
第1節　「労働法」の歴史的展開 ………………………… 22
第2節　日本の労働法システム …………………………… 29

第3講　募集・採用　従業員を雇用するということ ── 大津 章敬 ── 41
第1節　雇用契約の基礎知識 ……………………………… 41
第2節　労働契約の締結 …………………………………… 47
第3節　労　働　条　件 …………………………………… 54
第4節　定年制と60歳以降の雇用確保義務 ……………… 58

第4講　就業規則
　　　　　人材マネジメントにおける就業規則の機能 ──── 杉山　秀文 ── 60
- 第1節　就業規則を考える2つの視点 ················ 60
- 第2節　就業規則が備えるべき要件 ················ 65
- 第3節　就業規則の足取り ···················· 68
- 第4節　就業規則はどう作るのか──作成・見直しのポイント ···· 70
- 第5節　就業規則に取り組むスタンス ··············· 76

第5講　労働条件　賃金・労働時間など ──────── 若林　正清 ── 78
- 第1節　賃　　金 ······················· 78
- 第2節　労働時間 ······················· 82
- 第3節　労働時間と今日的課題 ·················· 84
- 第4節　休日・休暇・休職 ···················· 91

コラム　いま一度「賃金」をみてみよう ─────────── 二宮　孝 ── 95

第6講　雇用形態　雇用形態の多様化と柔軟な働き方 ──── 小泉　孝之 ── 101
- 第1節　雇用形態の多様化の方向性 ················ 101
- 第2節　雇用形態の多様化における課題 ·············· 105
- 第3節　事業主のニーズによる雇用形態多様化への対応 ······· 108
- 第4節　雇用形態の多様化における社会保険労務士の最前線 ····· 110

第7講　人事労務管理　企業への提案を成功させる ───── 和田　泰明 ── 116
- 第1節　経営活動と人事労務管理 ················· 116
- 第2節　企業における人事管理の実際
　　　　　──人事コンサルタントの仕事 ············· 124
- 第3節　労務管理のメニュー──労務コンサルタントの仕事 ····· 133

第4節　企業への提案を成功させるには ················· 134

コラム　社労士に求められるコンサルティング業務 ──── 大津　章敬 ── 136

第8講　補　　論　労働紛争と特定社会保険労務士 ────── 森岡　三男 ── 142
第1節　労働紛争の歴史的な流れをふりかえる ············ 142
第2節　集団的労使紛争の時代から個別労働紛争の時代へ ······ 145
第3節　個別労働紛争の予防 ······················ 147
第4節　個別労働紛争が発生したら ·················· 148
第5節　特定社労士が関与できる個別労働紛争解決システム ···· 153
第6節　あっせんの流れ ························ 154
第7節　コミュニティ・ユニオンとの団体交渉への参与
　　　　──団体交渉に参与するときの心構え ············· 155

第Ⅱ部　社会保障制度の今日的課題　157

第9講　社　会　保　障　その歴史，目的・機能をふりかえる ── 細川　良 ── 158
第1節　「社会保障」の歴史 ······················· 158
第2節　社会保障の目的と機能 ····················· 166
第3節　社会保障の実現方法 ······················ 168
第4節　社会保障法の理論 ······················· 171
第5節　これからの社会保障の課題 ··················· 173

第10講　安　全　衛　生　労働災害とその未然防止 ──── 大南　弘巳 ── 176
第1節　労働災害 ···························· 176
第2節　労働災害の防止に向けて ···················· 179
第3節　労働安全・労働衛生への思い ················· 191

第11講　労災保険　制度の現状と社会保険労務士の役割
　　　　　　　　　　　　　　　　　　　　　　　　　鎌田　勝典 —— 193
- 第1節　労災保険制度の沿革と目的 —— 194
- 第2節　労災保険が適用される対象 —— 197
- 第3節　労働災害及び通勤災害認定の基本 —— 201
- 第4節　労災事件と社会保険労務士の役割 —— 210

第12講　雇用保険
失業保険から雇用保険に至る時代背景　　　　　林　智子 —— 216
- 第1節　雇用保険制度の変遷 —— 217
- 第2節　給付の役割 —— 224
- 第3節　助成金 —— 230
- 第4節　雇用政策と社会保険労務士の役割 —— 233

第13講　医療保険
制度の歴史・現状と社会保険労務士の役割　　　曽布川　哲也 —— 236
- 第1節　公的医療保険制度はどのようにして誕生したか —— 237
- 第2節　医療保険制度の展開 —— 241
- 第3節　公的医療保険制度の現状 —— 244
- 第4節　医療保険制度と社会保険労務士の関わり —— 247
- 第5節　医療保険制度における社会保険労務士実務の実際 —— 249
- 第6節　むすびにかえて
　　　　――企業のために・労働者のために・社会のために —— 254

第14講　公的年金
制度の歴史・現状と社会保険労務士の役割　　　曽布川　哲也 —— 256
- 第1節　公的年金制度の歴史 —— 257

第 2 節　公的年金制度の特質 ……………………………………………… 260
第 3 節　年金問題の実務的検討 …………………………………………… 265
第 4 節　公的年金制度における社会保険労務士業務 ……………………… 268
第 5 節　むすびにかえて
　　　　──公的年金制度における社会保険労務士のあるべき姿 ……… 273

あとがき　曽布川 哲也　275
年　表　278
索　引　285

※本書において，ある行為が違法と判断されることを「○○法○条に違反する」等の記述を行っています。実際に事業主等にそのように説明することも多くあります。ただし，この法違反の記述の意味は，これまでの裁判例，行政解釈あるいは事務手引き等に照らせば問題があるということであって，直ちに違法行為と断定することを指しているわけではないことにご留意ください。実際に当該行為が違法かどうかは最終的には裁判所で判断されることであって，社会保険労務士が決定することではないからです。

●執筆者紹介

林　智子（第1講・第12講）はやし社会保険労務士事務所 所長
　　　　　　　　　　　　　　東京都社会保険労務士会所属

若林正清（第1講・第5講）社会保険労務士法人 若林労務経営事務所 代表
　　　　　　　　　　　　　　三重県社会保険労務士会所属

細川　良（第2講・第9講）独立行政法人 労働政策研究・研修機構 研究員
　　　　　　　　　　　　　　早稲田大学グローバルエデュケーションセンター非常勤講師

大津章敬（第3講・コラム）社会保険労務士法人名南経営 代表社員
　　　　　　　　　　　　　　愛知県社会保険労務士会所属

杉山秀文（第4講）社労士事務所 HRM オフィス 代表
　　　　　　　　　　東京都社会保険労務士会所属

小泉孝之（第6講）小泉孝之社会保険労務士事務所 所長
　　　　　　　　　　静岡県社会保険労務士会所属

和田泰明（第7講）和田人事企画事務所 所長
　　　　　　　　　　東京都社会保険労務士会所属

二宮　孝（コラム）パーソネル・ブレイン 二宮事務所 所長
　　　　　　　　　　東京都社会保険労務士会所属

森岡三男（第8講）森岡経営労務管理事務所 所長
　　　　　　　　　　東京都社会保険労務士会所属

大南弘巳（第10講）大南経営労務アドバイザリーオフィス 代表
　　　　　　　　　　東京都社会保険労務士会所属

鎌田勝典（第11講）社会保険労務士法人オフィス・サポート 代表
　　　　　　　　　　東京都社会保険労務士会所属

曽布川哲也（第13講・第14講）曽布川社会保険労務士事務所 所長
　　　　　　　　　　　　　　東京都社会保険労務士会所属

●編者紹介

社会保険労務士稲門会

　早稲田大学校友会の正式認定を受けた職域稲門会（早稲田大学卒業生の会）。早稲田大学の建学の精神を旨とし、会員相互の親睦と情報交換を図り、定期的な研修会等を通じて社会保険労務士業務の発展に寄与する全国組織。http://sr-waseda.net/

第1講 序論
──社会保険労務士とは──

林　智子

若林正清

第1節　社会保険労務士の目的

　社会保険労務士法は，1968（昭和43）年6月3日に公布され，同年12月2日に施行されました。同法が制定されるにあたり，その趣旨及び目的について，同年4月26日の衆議院社会労働委員会における社会保険労務士法案趣旨説明で次のように述べられています。

　「今日，社会経済の進展に伴い，労働社会保険関係の法規はその重要度を増すとともに，その内容も次第に複雑かつ専門的なものとなりつつあります。一方，今後の経済成長と労働力不足傾向を考えますと，労務問題の重要性は将来ますます高まり，特に中小企業における労務管理の近代化が切実な問題となってくると思われます。このため，これら労働社会保険関係の法規に通暁し，適切な労務指導を行ない得るような専門家が多く生まれることは極めて望ましいことでありますし，また中小企業では労務及び社会保険関係の専門部課を企業内にもつ余力もないため，これらの専門家を部外に求めているのが現状であります。労働社会保険関係の事務は，経営者のため的確に処理する必要があるだけでなく，労働者の権利の確保にも関係するものであります。このような観点から，国家が一定の資格者について試験を行ない，その合格者に対し免許を与え，その業務の適正を図るため，『社会保険労務士制度』を定めるものであります。」（自由民主党・佐々木義武委員の説明より）

図1-1　社会保険労務士会員徽章（一六弁剣菊八重）
16の菊の花弁をあしらった中央にプラチナ製の「ＳＲ」（社会保険（Shakaihoken）労務士（Roumushi）の各頭文字）の文字。純銀の台座に純金でコーティングされている。1979（昭和54）年制定。

　戦後，産業，経済の著しい発展につれて複雑化し，多様化した労働及び社会保険に関する法令に基づく事務処理には，専門的な知識，経験を必要とするようになり，自然発生的にこれらの事務を専門的に行う職業が生まれました。こうした社会的な必要性に注目し，社会保険労務士法は，これらの専門的職業に従事する者を「社会保険労務士」という名称で呼び，その果たす社会的役割の重要性に鑑み，社会保険労務士の資格付与の要件，業務の内容，職業上の権利義務を明らかにするとともに，社会保険労務士の資質の向上，業務の改善等を目的とする社会保険労務士の団体ならびに監督措置等について定めることにより，社会保険労務士の業務の適正化を図ることとしました。
　社会保険労務士法の目的は，社会保険労務士業務の適正化を図ることにありますが，社会保険労務士そのものの目的は，「労働及び社会保険に関する法令の円滑な実施に寄与し，事業の健全な発達と労働者等の福祉の向上に資する」ことにあります。

社会保険労務士法　（昭和43年6月3日法律第89号）
（目的）
第一条　この法律は，社会保険労務士の制度を定めて，その業務の適正を図り，もつて労働及び社会保険に関する法令の円滑な実施に寄与するとともに，事業の健全な発達と労働者等の福祉の向上に資することを目的とする。

　第1条にある「事業の健全な発達」とは，いうまでもなく，社会の要請に応え企業が適切な利益を確保し企業活動を維持発展させていくことであり，「労働者等の福祉の向上」とは，そこに働く労働者等の生活の質を向上させていくことであるといえます。そして，着目するのはその目的が並立されていること

図 1-2 社会保険労務士の目的

です。

　よって我々社会保険労務士は、事業主（個人の場合は事業主自身ですが、法人の場合は代表者個人ではなく法人そのものを指します）の相談にのっている際であっても、常に事業主と共にある労働者の立場を考慮しながら行うことが必要であり、あるときは労働者の立場を代弁し、事業主に目の前の利益を追求するのではなく、長期的視点に立った経営判断を促し、その蒙を啓きます。ここに、社会保険労務士としての公共性があります。社会保険労務士は単に依頼者の利益やその立場に立ってのみ助言し、指導してはいけない職分であり、たとえ依頼者が事業主の場合であってもそこで働く者の立場をないがしろにすることがあってはなりません。

　また、その目的への前提として、「労働及び社会保険に関する法令の円滑な実施に寄与する」と定められています。「法令の円滑な実施」を目的のひとつとすることで、労働及び社会保険の法律や制度の理解を促すため、国民の視点に立って事業主等へ説明を行うことは、社会保険労務士にとってごく日常のことといえます。

　すなわち、「企業」「労働者」「行政」というそれぞれの立場を尊重しつつ、適切に業務を実施していくことにより、法令の円滑な実施に寄与し、それにより事業の健全な発達と労働者等の幸福の実現に資することを目指すのが、我々社会保険労務士の使命であるといえます（図1-2）。

第2節　社会保険労務士の役割

1　3つの職能

　わが国においては、司法分野の改革が進められ、労働審判制度の導入や

図1-3 社会保険労務士の3つの職能

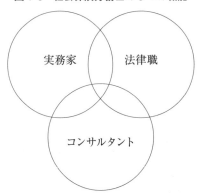

ADR（裁判外紛争解決手続 Alternative Dispute Resolution）が整備されてきました。また社会保険労務士法第7次改正により，特定社会保険労務士制度が創設されるなど，近年，社会保険労務士の「法律職」としての側面がクローズアップされていますが，年金など労働・社会保険諸法令における「実務家」として，また，やりがいを感じる，働きやすい職場づくりを指導する「コンサルタント」としての側面も重要であることは論を待ちません。士業の中でも，このような3つの職能をしっかりもつことは，社会保険労務士にとって大きな特色であるといえます。このことに，強い誇りをもつとともに，各社会保険労務士はバランスよく職務をこなしていくのか，いずれかに重点をおいて仕事をしていくのか，自身のマーティングとして，商品の幅と深さという観点から検討してみるのも良いかと思います。

実際には，ひとつの職務がすべて3つの職能にきれいに分類されるものではなく，複数にわたるほうが多いともいえます。

例えば，就業規則に関して，会社の実態を調査し，就業規則・賃金規程等を作成し，労働基準監督署へ届け出ることは「実務家」としての職務といえ，一方，労務トラブルを未然に防ぐ観点から内容見直しの依頼を受けたり，トラブルに際し実際にある就業規則の条文解釈を求められたりすることは「法律職」としての職務といえます。また，社員のモチベーションをあげるための就業規則の見直しであれば，社会保険労務士のもつ「コンサルタント」的な部分での職務であるといえます。

社会保険労務士が今後深くかかわろうとしている「経営労務監査」の分野に関しても，法律の遵守状況を確認する労務コンプライアンス監査（労働条件審査）については「法律職」としての職務であり，当該企業がもつ人的資源関連の評価は，その作業を通じて，「コンサルタント」として，当該企業の持続的成長に資する組織力と人材マネジメント力の向上を指導する局面をもつと思わ

れます。これからの社会保険労務士は，社会からの要請である企業価値の向上に力を注ぐことが必要です。財務諸表による財務力評価だけではなく，その企業価値の評価として，例えば経営労務監査レポートあるいは労務諸表といった形での「人材力評価」にも光があたるよう，我々社会保険労務士自身が研鑽を積み上げていかなければならないと思います。

2 トラブルの未然防止が本旨

　日本は，話し合いで解決することを大切にしてきた国柄だと思います。そこは訴訟社会と比べれば，非常に大きな違いがあるといえます。このような話し合いで解決する社会において，社会保険労務士は，個別労働関係紛争におけるトラブルの未然防止から円満解決までのすべての場面にその専門性が活用されることを期待される特性を活かし，より企業の身近にあって，労使双方から信頼される存在になっていかなければなりません。そして，労務トラブルは，労働者にとっても使用者にとっても起きないにこしたことはないのであって，その意味で労務トラブルの未然防止が社会保険労務士の本旨といえるでしょう。しかし，それでも労務トラブルは起こりうるものであり，その際には，社内で自主的に解決することができるよう多くの場面で相談にのり，解決に導いているのも社会保険労務士です。

　トラブルが起こったときにこそ，知識と経験を総動員して，そして何より「支える」，「寄り添う」気持ちをもって，依頼者の期待に応えることが，社会保険労務士に与えられた職責であり，おのずと社会保険労務士の評価を高めることに繋がります。

第3節　社会保険労務士の仕事

　社会保険労務士は，「社会保険労務士法」で，その国家資格についての詳細が定められています。社会保険労務士法は全部で38の条文と附則17項，別表2つから成り，総則（法の目的，職責，業務の範囲），社会保険労務士試験等，登録，社会保険労務士の権利及び義務，監督，社会保険労務士法人，都道府県

社会保険労務士会及び全国社会保険労務士会連合会，雑則，罰則が規定されています。社会保険労務士が扱える法律は次の「別表第1」のとおりです。

社会保険労務士法別表第1(第2条関係)　　※第2条は（社会保険労務士の業務）

一　労働基準法（昭和22年法律第49号）
二　労働者災害補償保険法（昭和22年法律第50号）
三　職業安定法（昭和22年法律第141号）
四　雇用保険法（昭和49年法律第116号）
五　労働保険審査官及び労働保険審査会法（昭和31年法律第126号）
六　独立行政法人労働者健康福祉機構法（平成14年法律第171号）
七　職業能力開発促進法（昭和44年法律第64号）
八　駐留軍関係離職者等臨時措置法（昭和33年法律第158号。第10条の2の規定に限る。）
九　最低賃金法（昭和34年法律第137号）
十　中小企業退職金共済法（昭和34年法律第160号）
十一　国際協定の締結等に伴う漁業離職者に関する臨時措置法（昭和52年法律第94号）
十二　じん肺法（昭和35年法律第30号）
十三　障害者の雇用の促進等に関する法律（昭和35年法律第123号）
十四　削除
十五　激甚災害に対処するための特別の財政援助等に関する法律（昭和37年法律第150号。第25条の規定に限る。）
十六　労働災害防止団体法（昭和39年法律第118号）
十七　港湾労働法（昭和63年法律第40号）
十八　雇用対策法（昭和41年法律第132号）
十九　炭鉱災害による一酸化炭素中毒症に関する特別措置法（昭和42年法律第92号）
二十　労働保険の保険料の徴収等に関する法律
二十の二　家内労働法（昭和45年法律第60号）
二十の三　勤労者財産形成促進法（昭和46年法律第92号）
二十の四　高年齢者等の雇用の安定等に関する法律（昭和46年法律第68号）
二十の五　沖縄振興特別措置法（平成14年法律第14号。第78条の規定に限る。）

二十の六　労働安全衛生法（昭和47年法律第57号）
二十の七　作業環境測定法（昭和50年法律第28号）
二十の八　建設労働者の雇用の改善等に関する法律（昭和51年法律第33号）
二十の九　賃金の支払の確保等に関する法律（昭和51年法律第34号）
二十の十　本州四国連絡橋の建設に伴う一般旅客定期航路事業等に関する特別措置法（昭和56年法律第72号。第16条（第18条の規定により読み替える場合を含む。）及び第20条の規定に限る。）
二十の十一　労働者派遣事業の適正な運営の確保及び派遣労働者の保護等に関する法律（昭和60年法律第88号）
二十の十二　地域雇用開発促進法（昭和62年法律第23号）
二十の十三　中小企業における労働力の確保及び良好な雇用の機会の創出のための雇用管理の改善の促進に関する法律（平成3年法律第57号）
二十の十四　介護労働者の雇用管理の改善等に関する法律（平成4年法律第63号）
二十の十五　労働時間等の設定の改善に関する特別措置法（平成4年法律第90号）
二十の十六　短時間労働者の雇用管理の改善等に関する法律
二十の十七　育児休業，介護休業等育児又は家族介護を行う労働者の福祉に関する法律
二十の十八　林業労働力の確保の促進に関する法律（平成8年法律第45号。第13条の規定に限る。）
二十の十九　雇用の分野における男女の均等な機会及び待遇の確保等に関する法律
二十の二十　個別労働関係紛争の解決の促進に関する法律
二十の二十一　石綿による健康被害の救済に関する法律（平成18年法律第4号。第38条及び第59条の規定に限る。）
二十の二十二　次世代育成支援対策推進法（平成15年法律第120号）
二十の二十三　職業訓練の実施等による特定求職者の就職の支援に関する法律（平成23年法律第47号）
二十一　健康保険法
二十二　船員保険法

> 二十三　社会保険審査官及び社会保険審査会法（昭和28年法律第206号）
> 二十四　厚生年金保険法
> 二十五　国民健康保険法
> 二十六　国民年金法
> 二十七　独立行政法人福祉医療機構法（平成14年法律第166号。第12条第1項第12号及び第13号並びに附則第5条の2の規定に限る。）
> 二十八　石炭鉱業年金基金法（昭和42年法律第135号）
> 二十九　児童手当法（昭和46年法律第73号）
> 二十九の二　平成22年度等における子ども手当の支給に関する法律（平成22年法律第19号）
> 二十九の三　平成23年度における子ども手当の支給等に関する特別措置法（平成23年法律第107号）
> 三十　高齢者の医療の確保に関する法律
> 三十一　介護保険法
> 三十二　前各号に掲げる法律に基づく命令
> 三十三　行政不服審査法（前各号に掲げる法令に係る不服申立ての場合に限る。）

　社会保険労務士は，50以上にのぼる労働・社会保険諸法令に基づいて，行政機関に提出する書類や申請書等を依頼者に代わって作成する事務及び提出代行または事務代理をはじめ，帳簿，書類等の作成などの仕事を基本に，人事・労務管理のコンサルタントや関連知識の講師としても活動しています。

　社会保険労務士法2条（第1号，第2号，第3号）で定められている，社会保険労務士が行いうる主な業務は，以下のようなものです。

1　行政機関に提出する書類等の作成及び事務手続（提出代行・事務代理）
1号業務

　社会保険労務士が行政官庁等に提出する書類として作成し，その提出を代行したり事務代理をしているものとしては，主に次のようなものがあります。

・労働保険，社会保険の新規加入と脱退，及び被保険者資格の取得，喪失等

の手続
- 健康保険・厚生年金保険の算定基礎届及び月額変更届，労働保険の年度更新手続
- 健康保険の傷病手当金や出産手当金などの給付申請手続
- 労災保険の休業（補償）給付や第三者行為の給付手続
- 死傷病報告等の各種報告書の作成と手続
- 解雇予告除外認定申請手続
- 年金裁定請求手続
- 審査請求，異議申立，再審査請求などの申請手続
- 各種助成金の申請手続
- 労働者派遣事業などの許可申請手続
- 求人申し込みの事務代理　等

　また，労働基準法89条1項の規定により，常時10人以上の労働者を使用する使用者に作成が義務づけられる就業規則の作成は，これを所轄の労働基準監督署長に届け出なければなりません。また，近年，関係法令が頻繁に改正されていますので，既に就業規則を作成している事業所でも，その見直し・改定届が必要となります。

　社会保険労務士が作成する就業規則は本則のほか，附属規程には，次のようなものがあります。

　給与（賃金）規程，退職金規程，安全衛生規程，災害補償規程，福利厚生（慶弔見舞金）規程，育児・介護休業規程，出向規程，旅費規程，寮・社宅管理規程　等

　社会保険労務士は，従業員の採用から退職（解雇）までの間に必要な労働・社会保険手続のすべてを事業主に代わって行います。また，年金裁定請求手続や労災保険の給付申請手続などの事務を個人に代わって行います。

　「提出代行」とは，労働・社会保険諸手続書類の記入漏れや添付書類漏れがないよう作成し整えて行政機関に提出するまでの行為をいい，「事務代理」は事業主の行うべき事務について「提出代行」までの行為に加え，労働社会保険諸法令に基づく申請，届出，報告などの手続や行政官庁等の調査・処分に関し

て代理人として当該行政官庁等に対して主張・陳述することです。例えば、労働基準監督署による企業への立入調査のときに、事業主の依頼を受けて立ち会いを行い、代理人として意見を述べる、ということです。この提出代行と事務代理については、数次の社会保険労務士法の改正により次第に確立していきました。なお、事務代理業務には、1998（平成10）年の第5次社労士法改正によって認められた、行政官庁等の処分に関する不服申立て（審査請求、再審査請求など）の代理業務も含まれています。

2　帳簿等の書類作成・届出　2号業務

　帳簿等とは、労働者名簿、賃金台帳及び出勤簿（特にこれらは**法定3帳簿**と呼ばれています）等をいいます。労働者名簿は労働基準法107条で記載項目と様式を定められた帳簿であり、賃金台帳とは、源泉徴収事務として作成される「源泉徴収簿（一人別帳）」とは異なり、労働基準法108条によって作成が義務づけられているものです。出勤簿は、労働時間管理には必須の書類であり、近年の労働時間に係るトラブルではたびたび証拠として提示されています。適正に作成し、保管することが必要です。

　このほかに、健康診断個人票や労働保険料の徴収等に関する保険料控除計算書などがあります。

　また、いわゆる「10人未満の労働者を使用する使用者」の就業規則作成については、作成された就業規則が労働基準法91条（制裁規定の制限）、92条（法令及び労働協約との関係）、93条（労働契約との関係）の適用を受け、106条の規定に基づき備え付け等による周知義務が課されている書類であることから、2号業務となります。

　この1号業務と2号業務の事務は、社会保険労務士法27条（業務の制限）により、社会保険労務士または社会保険労務士法人でない者が他人の求めに応じ報酬を得て、業として行うことが禁止されています。従って、アウトソーシング等を行う法人組織、経営コンサルタント会社等の無資格者はもちろん、原則として他士業や他の国家資格者も、報酬を得て労働・社会保険諸法令の作成・届出を行ったり、就業規則の作成・変更や帳簿等の調製をすることはできません。また、無資格者が、給与計算システム等を使用し、給与計算に付随して労

働社会保険諸法令に基づく申請書等及び帳簿書類を作成することも同様に社会保険労務士法違反となります。

　国家資格者である社会保険労務士は，身分を証明する社会保険労務士証票及び都道府県社会保険労務士会会員証を所持しています。

3　相談・指導・企画　3号業務

　社会保険労務士は，法律で認められた唯一の労務管理コンサルタントであり，多くの社会保険労務士が企業から人事・労務管理上の諸問題の相談を受け，企業の実情に応じて適切なアドバイスを行っています。また，賃金・人事制度及び退職金制度の設計・運用，採用・異動・退職・解雇等の雇用管理，労働時間管理（休日，休暇を含む），福利厚生，安全衛生，教育訓練，各種年金，高齢者問題などに関するコンサルテーションやそれらに係るセミナー・研修の実施，関連図書の執筆も行っています。

4　紛争解決手続代理業務

　社会保険労務士法第7次改正（2005（平成17）年6月10日成立）により，特定社会保険労務士制度が創設されました。社会保険労務士が**特定社会保険労務士**になるには，厚生労働大臣が定める研修を修了し，「紛争解決手続代理業務試験」に合格したあと，その旨登録に付記を受けなければなりません。

　特定社会保険労務士とは，労働者と使用者が争いになった個別労働関係紛争において，次の**ADR**機関における代理人として，裁判によらない円満解決を図ることができる社会保険労務士のことを指します。第1回から2013（平成25）年実施の第9回までで13,062名の合格者を輩出しました。会員の3人のうち1人が特定社会保険労務士，ということになります。

　代理業務は下記の4つで，依頼者の紛争の相手方との和解のための交渉及び和解契約の締結の代理を含みますが，この場合の「和解」は「民法上の和解」となります。

　① 個別労働関係紛争について厚生労働大臣が指定する団体が行う裁判外紛争解決手続の代理（紛争価額が120万円を超える事件は弁護士の共同受任が必要）

② 個別労働関係紛争解決促進法に基づき都道府県労働局が行うあっせんの手続の代理
③ 男女雇用機会均等法，育児・介護休業法及びパートタイム労働法に基づき都道府県労働局が行う調停の手続の代理
④ 個別労働関係紛争について都道府県労働委員会が行うあっせんの手続の代理

　しかしながら，特定社会保険労務士の意義は，いわゆるADRでの代理に限ったことではありません。依然，手続業務は，社会保険労務士業務としての基本ですし，労使紛争の生じない労働環境を未然防止的に指導していくことは，本来の社会保険労務士業務として今後さらに重要性を増すと思われます。頂としてADRの代理業務を行うことにより，社会保険労務士にとって予防法的な指導力は増し，リーガルマインドをもったうえでの，手続業務，コンサルティング業務が期待されるところです。

5　個人の方からの相談

　相談業務としては，事業主や企業の人事総務関係部署から，人を雇用していくにあたっての日常問題から労働基準法などの労働法ならびに労務管理について相談を受けることが多い社会保険労務士ですが，こうした企業からの相談に加え，近年は個人からの相談も増えているといえます。例えば，障害年金の申請，精神疾患に関する労災保険給付申請，離婚の際の年金分割に関する申請などがあげられます。

　障害年金とは疾病や負傷によって一定程度の障害になった方に対して支給される年金をいいますが，障害年金を受けられる状態にあるのに制度を知らなくて受けていない，また手続が困難で断念して受けていない方が多数潜在しているといわれています。こういった方たちは，是非とも年金の専門家である我々社労士を頼って欲しいものです。

　労災保険の申請相談においては，会社の管理責任に起因する精神不調の方からの相談が増えているといえます。職場での長時間労働やハラスメントの問題が背景にあると考えられます。

　そして離婚時の年金分割に関しては，分割請求は離婚時から原則2年以内と

いう制約があるなど、手続も複雑であることから、あらかじめ、早めにご相談いただくと良いと思われる事案です。

いずれにせよ、労働社会保険諸制度の恩恵を等しく受けることのできる安定した生活環境が実現されるよう、個人の方からの相談を積極的に受けていくことは社会保険労務士の重要な役割といえます。

第4節 社会保険労務士の区分

社会保険労務士制度は、社会保険労務士法に基づく制度です。

社会保険労務士になるには、社会保険労務士試験に合格したあとに、全国社会保険労務士会連合会に備える社会保険労務士名簿に登録（実務経験2年以上または事務指定講習の修了が必要）することが必要です。登録と同時に都道府県社会保険労務士会の会員となります（表1-1）。

社会保険労務士は、士業の中でもかなり広範囲な業務をその範囲としていることから、開業及び法人社員の社会保険労務士は主に企業の顧問として活躍しているほか、勤務社会保険労務士は、企業の中でその資格を活かした業務を行っています。

開業社会保険労務士とは、社会保険労務士法14条の2より、「他人の求めに応じ報酬を得て、第二条に規定する事務を業として行おうとする」者を指し、勤務社会保険労務士とは、同条により「事業所に勤務し、第二条に規定する事務に従事する」者を指します。

開業社会保険労務士は、原則として事務所は1カ所であり、また、正当な理由がなければ依頼を拒んではならないとされています。業務に関する帳簿を備え、これに事件の名称、依頼を受けた年月日、受けた報酬の額、依頼者の住所及び氏名または名称その他厚生労働大臣が定める事項を記載しなければならず、この帳簿をその関係書類とともに、帳簿閉鎖のときから2年間保存しなければなりません。

東京都社会保険労務士会では、社会保険労務士への「業務委託のメリット」として、企業本来の事業に専念できること、企業の省力化を推進することがで

表 1-1 社会保険労務士登録者数（会員数）

会員種別	全国	東京
会員	38,698 人	9,285 人
開業会員	22,952 人	3,896 人
勤務会員	14,501 人	4,983 人
法人の会員	1,245 人	406 人
法人会員	688 法人	215 法人

（注）2014（平成 26）年 7 月末現在。
（出所）全国社会保険労務士会連合会の集計より。

きること，事務手続がスピードアップし，より確かになること，情報が入りやすく，経営の円滑化の役に立つこと，人事・労務管理の専門家の適切なアドバイスが活かせること，をあげています。開業社会保険労務士は，主に企業の顧問としてその能力を発揮していますが，個人からの年金相談や裁定請求を業としている者も多数います。

　勤務社会保険労務士は企業や団体に属し，その勤務先に限定された社会保険労務士としての業務を行うことができます。企業の人事・総務部門の要となったり，社内の人事・賃金制度の改定を担っている者，企業の安全衛生やメンタルヘルスにその力を注いでいる者など，その能力を多くの部門で発揮しています。なお，特定社会保険労務士である勤務社会保険労務士は，所属する企業に関連した ADR を行うに留まります。

　「勤務」登録が正式に資格として認められているのは，士業の中でも社会保険労務士だけであり，企業経営になくてはならない存在として認められている証左ともいえます。

　2003（平成 15）年から，社会保険労務士事務所の法人化が認められました。社会保険労務士法「第四章の二　社会保険労務士法人」の各条文に規定されているとおり，社員は社会保険労務士であり，同法 25 条の 9 により，社会保険労務士法 2 条に規定する業務のほか，定款で定めるところにより（社会保険労務士法 25 条の 9 第 1 項，社会保険労務士法施行規則 17 条の 3 第 1 号），賃金の計算に関する事務を行うことができます（その他業務を法人の目的にすることはできません）。なお，法人の事務所に勤務する社会保険労務士は，勤務社会保険労務士に区分されます。

　開業社会保険労務士や社会保険労務士法人が，顧客から受け取る報酬に関する取扱いについて，以前は各都道府県の社会保険労務士会の会則で一定のガイドラインとしての報酬基準が定められていましたが，当時の政府が強力に推進していた「規制緩和」の流れに対応した措置として 2002（平成 14）年 11 月 27

表 1-2　2014（平成 26）年の社会保険労務士試験の概況

受験者数 44,546 人，合格者数 4,156 人（合格率 9.3%。前年 5.4%）

合格者の内訳
　年齢構成

20 歳代まで	11.1%	50 歳代	17.9%
30 歳代	35.8%	60 歳代	6.7%
40 歳代	28.5%	最年少 20 歳，最高齢 79 歳	

　職業別構成

会社員	55.3%	自営業	3.8%
公務員	6.8%	個人の従業者	2.1%
団体の職員	4.4%	役員	2.4%
無職	16.1%	学生	0.7%
自由業	1.3%	その他	7.1%

　男女別構成

男性	64.3%
女性	35.7%

（注）　社会保険労務士試験の詳細は「社会保険労務士試験オフィシャルサイト」参照。

日をもって撤廃されています。

　消費者保護の観点から，社会保険労務士法施行規則が改正され，開業社会保険労務士及び社会保険労務士法人には，業務の依頼を受任しようとする場合，あらかじめ依頼者に対し，報酬額の算定方法等を明示すべきことが義務づけられました（社会保険労務士法施行規則の一部を改正する省令（平成 21 年厚生労働省令第 18 号，平成 21 年 4 月 1 日施行））。

　登録上の「種別」には，「開業」，「法人社員」，「勤務」のほか，非開業の区分のひとつとして，「その他」という区分があります。全国社会保険労務士会連合会においては，「勤務」と「その他」を合算して「勤務」として取り扱っています。

　これは個人資格で登録している者をいい，企業か官庁に勤務していたとしても勤務先を登録していない者です。非開業ですから，報酬を得て社会保険労務士法で定める業務を行うことはできませんが，その資格と肩書を利用して，ほかの者でも行いうる講演や原稿の執筆，社会保険労務士会が行う行政への協力参加を行うことができます。

第5節　社会保険労務士のなりたち

第二次世界大戦終了後，**GHQ**（General Headquarters，連合国軍最高司令官総司令部）は，戦後日本の混乱期について，勤労者全体の賃金が低く，購買意欲がそがれ国内経済が極度に低迷していることに鑑み，労使構造を抜本的に是正するため，**労働改革**により，労使関係の改革と労働者の地位向上を目指しました。

この労働改革は，1945（昭和20）年12月の労働組合法（労働者の団結権・団体交渉権・スト権を承認），1946（昭和21）年9月の労働関係調整法（労働争議の仲裁・調停などの方法を規定），1947（昭和22）年4月の労働基準法（労働条件の最低基準を定めています）の**労働三法**の公布により整います。さらに，1947（昭和22）年9月には片山内閣によって労働政策担当の官庁として労働省が設置されました。

これと時を同じくして労働組合が次々と結成され，1946（昭和21）年には全国組織として右派の日本労働組合総同盟，左派の全日本産業別労働組合会議が結成されました。

1946（昭和21）年11月公布，翌年5月3日から施行された日本国憲法27条では，「勤労の権利」が定められ，これを具現化し労働者を支えるため，先に述べた労働基準法のほか，労働者災害補償保険法（労災保険法），失業保険法（現在の雇用保険法の前身となる法律）が次々と公布され，労働関係法令の整備が急速に進みました。また，日本国憲法25条で定められた「健康で文化的な最低限度の生活を営む権利」を具現化する新しい社会保障制度推進のため，1954（昭和29）年の厚生年金保険法改正をはじめ社会保険制度も拡充の動きが加速しました。1958（昭和33）年に制定された国民健康保険法は1961（昭和36）年に改正されて**国民皆保険**となり，同年4月の国民年金法の全面施行により，ついに**国民皆年金**も実現しました。

このような労務と社会保険の2つの大きな枠組みを整えながら高度経済成長期を迎えた社会経済情勢の中で，中小企業では労働力の増加により，人事労務管理や手続の必要性が増してきました。最初は個人で代行したり，労務管理や

手続を行っていた担当者がその企業の中で力をもってくる，といった流れでしたが，その後，それらの担当者や個人が様々な団体をつくり始めました。1950〜1960年代にかけて急増した「労務管理士」や「社会保険士」と称する人事労務手続の代行業者の数は，全国で約2,300名，これらを利用している中小企業は約76,000社となり，特に大都市圏に集中しました[1]。また，企業の中で「労務管理士」や「社会保険士」の団体に属しながら業務を行っている者が2万人余りいた，といわれています。1950年代は，日本独自の雇用システムが急速に発展・定着し，この後の経済成長と相まって「労務管理の近代化」が叫ばれた時期であり，人事労務の手続だけではなく，管理手法の如何により力をもつ者もあらわれてきましたが，民間資格としての業務の粗さも一部には見られたため，資格法制化の動きは労働省の中でも次第に論議が詰められていきました。法制定以前は，中小零細企業の労務管理の近代化推進の一環として労務コンサルタント的役割をもつ「労務管理士」の系統と，社会保険業務の円滑な推進に資するため助言・指導を主たる任務とする「社会保険士」の系統がそれぞれ任意に称号を名乗るという状況が続きました。

資格法制化が一気に進んだのは，中小企業の近代化や労務改善が時代の要請であったことに加え，1965（昭和40）年1月に日本が「ILO87号条約」（結社の自由及び団結権の保護に関する条約）に批准したことや，同年6月に労災保険法が改正され，事務組合制度の設立や特別加入制度の新設がなされたことが大きな契機となりました。

行政書士など他士業や経済団体との調整を経て，1968（昭和43）年5月，社会保険労務士法が議員立法により制定され，同年12月2日（この日は「社労士の日」とされています）に施行されました。士業の中では後発といえます。

社会保険労務士法が施行されると，社団法人日本社会保険労務士会連合会と社団法人日本社会保険労務士会が設立されましたが，1976（昭和51）年に両者が合併して社団法人全国社会保険労務士会となり，1978（昭和53）年に社会保険労務士法の改正により同法の規定に基づく法定団体である現在の全国社会保

---

[1] 全国社会保険労務士会連合会編集『社会保険労務士制度四十年の歩み』（全国社会保険労務士会連合会，2009年）57頁。

図1-4 社会保険労務士団体の主な変遷図

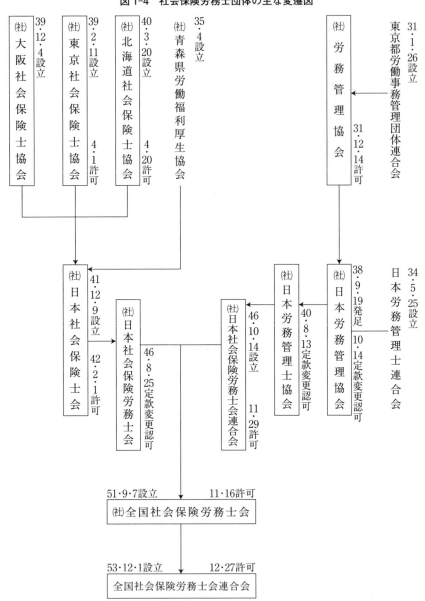

(参考資料) 『社会保険労務士制度四十年の歩み』(全国社会保険労務士会連合会編集, 2009年)。
年号はすべて昭和。

表1-3 社会保険労務士法の改正

	改正時期	内　容
第1次社会保険労務士法一部改正	1978(昭和53)年5月	① 提出代行業務の追加 ② 社会保険労務士会及び連合会の設立等
第2次社会保険労務士法一部改正	1981(昭和56)年6月	① 提出代行業務範囲の拡大 ② 団体登録制への移行
第3次社会保険労務士法一部改正	1986(昭和61)年5月	① 事務代理業務の追加 ② 勤務社会保険労務士に関する規定の整備
第4次社会保険労務士法一部改正	1993(平成5)年6月	登録即入会制への移行
第5次社会保険労務士法一部改正	1998(平成10)年5月	① 試験事務の委託等 ② 事務代理業務範囲の拡大
第6次社会保険労務士法一部改正	2002(平成14)年11月	① あっせん代理業務の追加 ② 社会保険労務士法人の創設 ③ 会則記載事項の整備
第7次社会保険労務士法一部改正	2005(平成17)年6月	① 紛争解決手続代理業務範囲の拡大 ② 労働争議不介入規定の削除
第8次社会保険労務士法一部改正	2014(平成26)年11月	① 民間ADRでの紛争目的価額引き上げ ② 補佐人制度の創設 ③ 一人社会保険労務士法人

(出所)　全国社会保険労務士政治連盟設立35周年記念式典しおり。

険労務士会連合会が設立されました。この間の経緯は,「社会保険労務士団体の主な変遷図」(図1-4) と巻末年表に詳細を譲ります。

　成立からずっと,全国社会保険労務士会連合会は行政出身者が会長を歴任していましたが,社会保険労務士を取り巻く情勢に迅速・的確に判断を行い,また社会保険労務士自身の感覚で問題点を捉える必要性があったことから,ついに2001(平成13)年,初めて現役の開業社会保険労務士である大槻哲也氏が会長に就任しました。

　その後,司法制度改革,規制改革,年金記録問題など様々な重要課題に対して全国社会保険労務士政治連盟と密接に連携して成果を挙げ,社会保険労務士は日本の労働問題や社会保障制度の普及・定着に大きな役割を担い,その使命を果たしています。

　2014(平成26)年11月には,第8次の社会保険労務士法改正として,個別労働関係紛争に関する民間紛争解決手続における紛争目的価額の上限を120万

円に引き上げること，裁判所での出廷陳述権の付与（補佐人制度），一人法人制度創設の3点が可決成立しました。今後も国民からの付託に応えるべく，適正な法改正が望まれます（表1-3参照）。

参 考 文 献

全国社会保険労務士会連合会ホームページ　http://www.shakaihokenroumushi.jp

社会保険労務士試験オフィシャルサイト（全国社会保険労務士会連合会試験センター）http://sharosi-siken.or.jp

東京都社会保険労務士会ホームページ　http://www.tokyosr.jp

全国社会保険労務士会連合会編集『社会保険労務士業務の理論と実務』（白堂社，1980年）

全国社会保険労務士会連合会編著『社会保険労務士法詳解』（労働法令協会，2004年）

全国社会保険労務士会連合会編集『社会保険労務士制度四十年の歩み』（全国社会保険労務士会連合会，2009年）

斎藤邦吉・河野正『社会保険労務士法の解説』（労務行政研究所，1968年）

長谷川廣「戦後日本の労務管理の歩みと特徴——日本的労務管理の「アメリカ化」をめぐって」（『名城論叢』2003年3月号）

ism # 第I部
労働法と人事労務管理の今日的課題

第2講 労働法
―― その歴史的展開と現在 ――

細川　良

第1節 「労働法」の歴史的展開

1 「労働法」の誕生
（1） 近代市民社会の誕生と労働者の状況

「働く」ということは，人間が社会生活を営むうえで（とりわけ，経済生活を形作るうえで）密接不可分の活動であり，その意味において，「労働」ははるか昔から存在していたと考えることができます。

とはいえ，「労働法」という法分野が確立したのは20世紀に入ってからのことと言われています。そして，「労働法」を歴史的な視点でみた場合，18世紀末〜19世紀における近代市民法社会の形成期が，その起点として説明されるのが一般的です。実際のところ，18世紀以前にも労働に関する規制が存在しなかったわけではなく，たとえば，農業労働者の契約期間満了前の離脱禁止を定めたイギリスの1349年労働者勅令，職人等の仕事完成前の離脱禁止を定めたアメリカの1632年ヴァージニア法，労働者による結社・陰謀等を禁止したフランスの1749年国王勅許状などが存在しています。これらの法は，近代社会以前の封建的な秩序を維持するための規制という色彩が強く，現代の「労働法」とは異なる性格を持つものでした。近代市民法社会は，市民革命等を契機として，すべての市民を封建的な支配・束縛から解放することにより，「自由」で「平等」な「自立した個人」による「契約」関係を基礎とした社会とし

て説明されますが、それでは、なぜその近代市民法の時代に「労働法」が誕生することとなったのでしょうか。

「労働法」が誕生することとなった社会的な背景として、19世紀当時の初期の資本主義社会において、労働者が、低賃金・長時間労働・有害で危険な労働環境といった、劣悪な労働条件のもとでの過酷な労働を強いられ、また貧困によって不健康な生活を強いられたことが挙げられます[2]。このような状況は、国によって時期や程度に差異はあるものの、ほぼ必然的に生じていたものでした。

それでは、こうした労働者の状況はなぜ生じることになったのでしょうか。前提となる社会的背景としては、以下の2つの点が挙げられるでしょう。すなわち、第1に、上に説明した近代社会の形成が、（封建的な支配からの解放の一方で）近代以前の社会が有していた、伝統的な共同体秩序に基づく保護や安定——それは典型的には、地域社会や同業組合などの、近代化のプロセスにおいて打倒の対象とされた「中間団体」によってもたらされていました——を失わせることとなったという点にあります。第2に、産業革命による工業化・都市化の進展が挙げられます。すなわち、近代以前の社会においては、日常生活に加え、生産活動においても、熟練した職人の存在を基礎とした、家族的・共同体的な形態がとられるのが一般的であったのに対し、工業化の進展にともなって、熟練を要求されない（＝市場価値が高くない）「労働者」が大量に生まれることとなったのです。

そして、以上のような社会的背景が、近代市民法の原理と結びつくことによって、労働者は劣悪な労働条件での就労に追いやられていくこととなりました。近代市民社会は「契約」関係を基礎とする社会ですから、労働関係についても、「契約（労働契約・雇用契約）」を基礎として形成されることとなります。そして、この「労働契約」それ自体が、たとえば物品や土地の売買取引などとは異

---

1 水町勇一郎『労働法（第5版）』（有斐閣、2014年）9頁。他に19世紀以前の労働に関する規制の歴史については、同『集団の再生』（有斐閣、2005年）11頁以下、同『労働社会の変容と再生』（有斐閣、2001年）8頁以下、石田眞『近代雇用契約法の形成』（日本評論社、1994年）25頁以下、宮島尚史『労働法学』（青木書店、1964年）15頁以下などを参照。

2 当時の状況については、フリードリッヒ・エンゲルス『イギリスにおける労働者階級の状態』（新日本出版社、2000年）等を参照。

なり，人間そのものが取引対象とされるという性質を有していたこと，そして，熟練した職人が自己の判断のもとで技術を発揮していた近代以前の社会とは異なり，労働者が使用者の「指揮・命令」に従って働く——その点で，自らの判断で行動するという自由が奪われた，従属的な状態に置かれる——という状況を強いられるという性質を有していたことが，労働者を追い詰める要因の一つです。加えて，上でも指摘したように，工業化の進展にともなって市場価値が高くない労働が増加し，多くの労働者が労働力の他に日々の糧を得る手段を有していないこと（無資力性），労働力は価格に不満があっても売り惜しみをして値上がりを待つことができないために買い叩きに遭いやすいこと（非貯蔵性）が原因で，資本家に対して経済的に弱い立場に置かれやすく，不本意な条件であったとしても，契約に同意せざるをえないという状況があったのです。

　このように，近代の労働関係においては，労働者は使用者に対して従属的な立場に置かれ，結果として劣悪な労働条件，過酷な労働環境のもとに置かれるリスクが高くなるということは，ある意味で構造上の必然というものでした。しかしながら，前記のとおり，近代市民法の原理は，（労働者も含めた）すべての市民が「自由」「平等」であり，「自律した個人」同士の契約関係を前提とした社会を想定していましたから，たとえ劣悪な労働条件を強いる内容であったとしても，その「労働契約」は，当事者（労働者と使用者）の「自由意思による契約」とみるほかなく，結果として労働者が置かれた劣悪な状況に対処することができなかったのです。

（2）「労働法」の誕生
（a）　集団的労働関係法の形成[3]

　(1)で述べたような状況のもとで，これを改善しようとする2つの動きが現れることとなります。そして，この動きが「労働法」の誕生につながっていくこととなります。

　第1の動きは，労働者自身の団結による労働条件の改善・地位向上運動です。すなわち，労働者が，「団結」，すなわち労働組合を組織し，使用者と集団として交渉（「団体交渉」）し，場合によってはストライキ等の「団体行動」をとる

3　集団的労働関係をめぐる法政策の変遷については，西谷敏『労働組合法（第3版）』（有斐閣，2012年）20頁以下等も参照。

ことを通じて，労働者が自らの手でその地位の向上を図ろうとしました。これは，一人ひとりでは資本家に対抗することが困難であり，実質的に自由を抑圧される状態にあった労働者が，集団という形をとることによって，使用者との「対等」な交渉力を確保しようする，いわば労使間の力関係の格差を是正しようという動きでした。

このような労働者の動きに対して，当初，国家権力はこれを全面的に禁止するという姿勢で臨み，徹底した弾圧・処罰を行いました（たとえば，イギリス1799年・1800年団結禁止法，フランス1791年ル・シャプリエ法など）。そこには，労働運動が国家秩序を乱すという治安維持的な発想もありましたが，むしろ，労働組合という団体の関与が，労働者と使用者との間の自由な取引（契約の自由）を妨げるのではないかという，近代市民法の原理が侵されることへの警戒がありました（実際，こうした自由主義的な発想から，「（中世のギルドに代表される）中間団体」を否認する姿勢が最も強かったフランス（ル・シャプリエ法）では，労働者だけでなく使用者の団結も刑事罰によって禁止していました）。

しかし，上記のような団結禁止法制は次第に廃止されていき，団結それ自体は認容・放任されるようになっていきます（イギリス1871年労働組合法，フランス1884年ワルデク＝ルソー法，北ドイツ連邦1869年営業法など）。この段階では，あくまでも労働組合の結成それ自体が認められているに過ぎず，ストライキなどの活動は刑事法（脅迫罪など）・民事法（損害賠償請求）による大きな制約を受けていましたが，20世紀に入ると，より積極的な団結権の承認がなされるようになり（ドイツ1919年ワイマール憲法，アメリカ1935年ワグナー法など），労働組合の活動が労働社会の中に包摂されていくこととなります。現代における集団的な労働関係法（労働組合法など）は，これらの，国家が団結権を積極的に保障する法政策が基礎となっています。

（b）労働者保護法の形成

労働者の状況を改善しようとするもう一つの動きは，労働者保護立法を通じた，国家による労働条件についての直接的な規制です。すなわち，法律によって労働条件・職場環境に関する一定の基準（最低基準）を定め，罰則の適用などによって使用者にこれを遵守することを強制するという方法です。こうした動きは，イギリスの1802年工場法（徒弟の健康および風紀に関する法律）に始

まる一連の工場立法による労働時間規制を皮切りに、工場労働に関する労働条件の最低基準規制という形で始まりました。

　こうした立法による規制についても、当初は「国家による営業の自由の侵害である」と主張する資本家側の強い抵抗もあり、とりわけ過酷な就労を強いられていた鉱山や工場における年少者（イギリス1802年法、フランス1841年法、プロイセン1839年法）、次いで女性（イギリス1844年法、フランス1874年法）を対象とする保護に限った例外的・恩恵的な保護規定としてスタートしたに過ぎませんでした。しかし、その後、対象が工場以外の事業、さらには成人男子労働者にも適用が拡大されていき、保護の内容についても、労働災害補償、最低賃金、休日・休暇、解雇などのさまざまな事項に拡大していきます。

　また、イギリス1833年法で導入された工場監督制度を端緒とする、行政による労働監督制度の整備も、法律による最低労働基準の遵守の実効性という観点から、重要な役割を果たすこととなりました。さらに、20世紀に入ると、失業保険制度などの雇用対策・失業対策の立法が整備されていくこととなりました。

　以上のような、立法による労働者保護という動きが発展した背景については、当初の年少者・女性に対する保護については、将来の労働力・軍事力の保護（労働力再生産機能の保護）のためであるなどと説明され、また成人男子を含めた労働者一般を対象とする保護の拡大については「労働力が全体として摩滅し、枯渇することへのおそれ」、あるいは「激しい労働運動への譲歩の結果」などといったさまざまな説明がなされています[4]。いずれにせよ、これらの国家による政策的な対応が、現代における個別的労働関係法（労働基準法など）および労働市場立法（政策）の基礎となっています。

2　労働法の発展と動揺

（1）　労働法の発展

　ところで、「労働法」（英語：labour law、フランス語：droit du travail、ドイツ

---

[4] 水町・前掲注1『労働法（第5版）』、13頁注4、西谷敏『労働法（第2版）』（日本評論社、2013年）3頁、大河内一男『社会政策原理』（勁草書房、1951年）93頁以下、岸本英太郎『窮乏化法則と社会政策』（有斐閣、1955年）等。

語：arbeitrecht）という用語が生まれたのは，最初に述べたように，20世紀に入ってからのことといわれています。そして，この20世紀において，労働法は大きな発展を遂げることとなりました。この，労働法の発展の背景としては，大きく2つの点が指摘されています。

　その第1は，テイラー・システム，フォーディズムに代表される，大量生産システムの確立とその普及です。こうしたシステムは，第二次世界大戦後の経済成長時代を支える原動力となると同時に，大工場における画一的・集団的な労働に従事する大量の労働者を生み出すこととなりました。こうした労働者については，労働組合との団体交渉による，集団的な労働条件の決定に適合的であり，また労働保護法による画一的な最低労働条件基準の設定にも適合的だったのです。

　第2に，こうした大量生産システムの確立と，それを支えるための大量消費を実現する必要性もあり，国家の積極的な市場介入による完全雇用の実現を通じた購買力の向上が経済政策として有益であるという，いわゆるケインズ主義と呼ばれる経済思想の台頭も，各国の労働立法政策の積極的な推進を基礎付ける役割を果たしました。

　このようにして，1930年代以降，とりわけ第二次世界大戦後の経済成長の時代において，労働法は（社会保障制度とともに）大きな発展を遂げることとなり，「工場で集団的・従属的に働く均質な労働者」に対し，国家が集団的・画一的な保護を与えるとともに，労働組合による団体交渉を通じて，経済成長の果実を分配するという，労働法の一つのモデルが確立することとなります。

（2）　労働法の動揺

　(1)で述べたように，20世紀に誕生し，発展を遂げてきた労働法は，しかしながら，1970年代以降，経済状況・社会状況の変化にともなって大きく動揺していくこととなります。

　その第1の要因は，1973年のいわゆるオイル・ショックに始まる経済成長の停滞と低成長時代への突入です。この結果，(1)で述べた労働法政策（および社会保障政策）のモデルを支えていた，経済成長による富の拡大と，その再分配としての労働条件の向上・社会的保護の拡大というモデルは，行き詰まりを生じることとなりました。

第2の要因として，産業構造の変化が挙げられます。すなわち，労働法が大きく発展した1930年代から戦後の経済成長期の先進諸国においては，製造業を中心とした第2次産業が中心でしたが，とりわけ1980年代以降，いわゆる脱工業化の時代に入り，産業構造の重心が製造業からサービス業へと移っていくこととなりました。その結果，労働法がモデルとして想定していた，「工場で集団的・従属的に働く均質な労働者」という枠には当てはまらない労働者（典型的には，一定の自律・裁量を有するホワイトカラー労働者）が増加していくとともに，産業構造，ひいては企業の経営体制も非常に多様で複雑なものとなっていき，国家による集団的・画一的な保護というあり方が必ずしもそぐわない状況が生まれてきました。また，これにともなって，労働者の働き方も多様なものとなっていき，その結果，労働組合による団体交渉を通じた，統一的な労働条件の設定にそぐわない労働者が多く生まれてきたことは，労働組合を軸とした集団的労働関係を動揺させることとなったのです。

　こうした状況に加え，1980年代の規制緩和政策および1990年代における情報化社会の進展がもたらした，経済のグローバル化と国際競争の激化が，労働法をさらに激しく揺さぶることとなります。すなわち，一面において企業は加速化し，激化する市場競争に対応する必要に迫られ，ひいては国としても経済を維持するために，規制緩和に代表されるような，企業の要請，市場の要請に対応する必要に迫られることになります。しかしながら，その一方で，規制を緩和し，競争を推進することは，結果として労働者に対する保護を薄くし，「格差社会」を生み出すリスクを内包することとなるため，国家は，市場競争への対応と，労働者に対する（社会的）保護との間の適切なバランスを保つことが求められ，労働法も，こうした時代の要請に対応する必要に迫られているのです。

第2節　日本の労働法システム

1　日本における労働法の形成と展開
（1）　戦前期の状況と戦後労働法の成立

　日本における産業革命と資本主義社会の形成は，明治維新以降，西欧諸国から約100年遅れてスタートしました。したがって，第1節第1項で述べたような労働法の形成過程についても，同様に遅れてのスタートとなりましたが，その一方では，共通する段階も踏んでいます。

　すなわち，明治期後半において発展した製糸・紡績業における紡績工女を中心とした過酷な工場労働，炭鉱・土木工事におけるいわゆるタコ部屋・納屋制度の存在，農村の子女の人身売買的奉公を典型とする，搾取的な労働関係が多く存在していました（当時の状況については，横山源之助『日本之下層社会』(1899年初版：『横山源之助全集〈別巻1〉』(社会思想社，2000年）所収，農商務省商工局（犬丸義市校訂）『職工事情』(1903年初版：岩波文庫，1998年），細井和喜蔵『女工哀史』(1925年初版：岩波文庫，1980年）などに詳細なルポルタージュがなされています）。

　こうした状況の中で，日本における労働（組合）運動は，1890年代後半（明治30年代）から生じてきましたが，西欧諸国と同様，日本においても，こうした労働運動は1900（明治33）年制定の治安警察法などによって，徹底的に弾圧されることとなりました。その後，1919（大正8）年のILO（International Labour Organization，国際労働機関）の創設と加盟を契機として，日本においても労働組合を抑圧するよりも，これを容認して健全な労働組合運動を育成するという方向に政策が転換し，以降，労働組合法制定のための試みが続けられました。こうした動きは，産業界の反対，1920年代の慢性不況とその後の世界恐慌，さらには戦時体制への移行にともなって，いったんは消滅することとなりますが，こうした蓄積が，戦後短期間で労働組合法の制定に至る基盤となったと考えられています。

　一方，労働者保護立法についてみると，その端緒となったのは，1911（明治44）年に制定された**工場法**でした。この法律は，「常時15人以上の職工を使用

する工場であって事業の性質が危険な工場または衛生上有害の恐れのある工場」に適用対象が限られ，その規制内容も，女子・年少者の就業制限（具体的には，最長労働時間の法定，深夜業の禁止，一定の休日・休憩の義務化，危険有害業務の就業制限），工場の安全衛生のための行政官庁の臨検，業務上の疾病・死亡についての扶助制度といったものに限られていましたが，その後，いわゆるソーシャル・ダンピングについての諸外国からの非難もあり，解雇予告または予告手当の支給，就業規則の制定・届出義務などを定める改正がなされていき，また職業紹介法，労働者災害扶助法・労働者災害扶助責任保険法，商店法の制定などの法整備がなされました。結局，成年男子労働者を含めた一般的な労働者保護立法の制定には至らなかったものの，これらの立法の蓄積もまた，戦後の労働基準法等の制定の基盤になったと考えられています。

　日本の現在の労働法制は，戦後復興期における各種の立法，すなわち，1945（昭和20）年制定の旧労働組合法（1949年に大幅改正），1946（昭和21）年制定の労働関係調整法，1947（昭和22）年制定の労働基準法，同年の職業安定法などを基礎に発展してきたものです。これらの諸立法は，GHQ主導による民主主義国家建設のための施策，いわゆる五大改革の一環としてなされたものであり，戦前期に存在した封建的な労働関係の打破・労働関係の近代化を目的としてなされたものでありますが，他方で，上に述べたように，戦前から蓄積されてきた労働関係の近代化のプロセスを基礎にするものでもありました。

2　日本的雇用システムと労働法

　労働法は，どの国であっても，その背景にある社会システム，とりわけ雇用システム・雇用社会と密接な関係にあります。日本においても，労働法は，「日本的雇用システム」と密接に関わりあいながら展開されてきました。

（1）　日本的雇用システム

（a）　長期雇用慣行（終身雇用制）

　日本的雇用システムには，諸外国の雇用システムと比べた場合にいくつかの特徴がありますが，その中でも最も大きな特徴とされるのが，長期雇用慣行でしょう。すなわち，企業が新規採用を，新規学卒者の一括採用を中心に行い，その後は原則として（重大な非違行為や，深刻な経営危機が生じない限り）定年

までの雇用を保障するという慣行です。

　こうした慣行が普及したのは、もちろん労使双方にとって相応のメリットが存在したためです。すなわち、労働者の側にとってみれば、この慣行によるメリットは、いうまでもなく、雇用が保障され、失業のリスクが低いということです。実際、1970年代のオイル・ショック以降、欧米諸国の多くが高失業率という問題に悩まされてきたのに対し、日本においては、比較的低失業率が維持され、少なくとも欧米に比べれば、失業問題が深刻化することが少ない状況が続いてきました。

　これに対して、使用者側にとってみても、長期雇用慣行にはメリットがありました。すなわち、採用した労働者が原則として定年まで雇用が保障されるということは、裏を返せば、労働者が会社を離れることなく、（定年までの）長期間、残ってくれることが期待できます。そこで、使用者の側とすれば、労働者を長期間かけて（長期的な視野で）育成することが可能となりますし、また費用回収前に会社を去ってしまうリスクをそれほど考慮することなく、労働者の育成のための費用を投入することが可能となったのです。こうして、日本においては、OJT（on the job training）を通じて、それぞれの企業の必要に応じた、熟練かつ柔軟な能力を育成することが可能となったとされています。

　（b）　年功的処遇

　（a）で述べた長期雇用慣行も背景にして、日本においては、労働者の処遇について、年功的な処遇がなされてきたといわれています。年功的処遇とは、一般に、賃金（昇給）および地位（昇進）といった処遇について、年齢および勤続年数を重要な評価基準として決定する処遇システムとされています。実際、日本の多くの企業で採用されている、いわゆる職能資格（職能給）制度においては、初任給は基本的に学歴および年齢によって決定され、その後の昇給・昇格についても、年齢および勤続年数が重要な役割を果たしているとされています（ただし、同時に人事考課等も考慮されているのであり、能力や成果が全く考慮されていないわけではありません。また、西欧諸国においては、仕事の種類と等級によって賃金が決定される、いわゆる職務給型の制度が一般的ですが、こうした制度においても、等級の決定に際して「経験年数」などが相応に評価されており、年齢や勤続年数が賃金の決定に全く反映されていないというわけではありません。そ

の意味で，日本の年功的処遇制度は，賃金決定にあたっての年齢および勤続年数が占めるウエイトが相対的に高い制度として把握するのがよいでしょう）。

　この年功的処遇は，一般的に，若年期には会社に対する貢献に比べて低い賃金が支給され，他方で，中高年になると実際の貢献よりも高い賃金が支給される結果になりやすい仕組みです。もっとも，たとえば入社したての新入社員の場合，教育訓練が中心となり，会社に対する実質的な貢献がほとんどないケースが少なくないわけです。このようにしてみると，年功的処遇は，実際の貢献と支給される賃金の額に，短期的には齟齬が生じる時期がありながらも，長期的にみればその総量が一致するという，いわば「長期決済」のシステムと把握することができるでしょう。

　このような年功的処遇は，人事管理上，以下のような2つの大きなメリットをもたらすと考えられてきました。その第1は，(a)で述べた長期雇用慣行を支えるための，長期雇用の促進効果です。すなわち，労働者の側からみた場合に，主として若年期に生じた，実際に支給された賃金と会社への貢献度との差額分を中高年期に取り戻す必要があるため，会社から離脱することなく働き続けなければなりません。このようにして，採用した労働者を長期間定着させるための効果をもたらします。

　第2としては，長期間頑張って働いていれば，相応に報われるという仕組みの結果として，従業員の間に，平等意識をもたらし，また会社に対するロイヤルティ（忠誠心）を醸成する効果があります。日本の労働者は，欧米の労働者に比べて勤勉であり，会社に対する忠誠心が高いということは一般にしばしば指摘されてきたことですが，こうした勤勉さや忠誠心は，年功的な処遇システムによって形成されてきた部分が少なくないでしょう。

（c）　企業別組合

　(a)で述べた長期雇用慣行や，(b)で述べた年功的処遇システムに加えて，日本的雇用システムのもう一つの重要な特徴は，労働組合が基本的に企業別に組織されているという，企業別組合です。

　(a)(b)で述べてきたように，日本においては，労働者が一つの企業（グループ）内で長期的に雇用される中で，企業内において職業訓練を受け，賃金および地位といった処遇が決定・展開されるという，いわゆる「内部労働市場」

が形成されてきました。このような状況にあって，労働者の利益関心は，必然的に自らが所属する企業との関係（のみ）に存在し，その帰結として，労働条件についての交渉 —— 労働組合を通じての団体交渉 —— は，当該企業との間でのみ行えばよいということになります（これに対して，仮に雇用が流動的であり，（同一職種，あるいは同一産業の）他の企業に移る可能性が高い状況下にあれば，必然的に，労働者の関心，ひいては労働組合による団体交渉の対象は，（企業単位を超えた）同一職種，あるいは同一産業全体にまで広がりを示すこととなるでしょう）。こうして，日本の労働組合は，労働者が共通の利害を有する企業を単位として，企業別組合という形で形成されていくこととなりました。

　このような，企業別労働組合を中心とした労使関係には，大きく2つの特徴があるといわれています。すなわち，第1に，各企業の状況に応じた，柔軟な労使交渉が可能となるということです。たとえば，産業ないし職種を単位として全国レベルで展開される，ドイツやフランスにおける労使交渉は，その広がりのゆえに，画一的・集約的なものとならざるをえない傾向にあります——むろん，こうした広がりは，他方では，団体交渉・労働協約による労働条件基準のコントロールを（大企業から中小・零細企業まで）幅広く行うことができるというメリットがあるのですが——が，日本の企業別交渉は，企業あるいはそれを取り巻く経済社会の状況に合わせた迅速・柔軟な対応が可能というメリットがありました。

　第2に，企業別労働組合は，(a) (b)で述べた特徴とも相まって，労使協調の傾向を強めるという特徴があります。すなわち，企業別労働組合が形成された背景にもあるように，労働者・労働組合の利益関心が企業を単位として形成され，自らの雇用の確保，処遇の改善のためには，（交渉相手たる）所属企業の生存・成長が必須となるがゆえに，労働者・労働組合としても，使用者と協力して企業の生存・成長に協力をし，強調していくことによってその利益に与るという手法が極めて有益となるのです（これに対して，西欧諸国にみられる産業別の交渉システムと流動的な労働市場にあっては，関係する産業全体の生存・利益には関心が払われますが，他方で，一企業の状況については，相対的に関心が薄まることとなります（たとえ，ある企業が経営難に陥っても，労働者として同一産業の他の企業に移ることが容易であるなら，それは重大な問題とはならないため））。

（2） 日本的雇用システムと労働法

（1）で述べたように，日本においては，欧米諸国とは異なる，「日本的雇用システム」が形成されてきました。それでは，こうした日本的雇用システムは，労働法にどのような影響を与えているのでしょうか。

（a） 解雇権濫用法理に基づく「厳格」な解雇制限

日本において，（正社員≒期間の定めのない労働者の）解雇の可否に関する法律による規定は，労働基準法19条等によって定められている，解雇が禁止される労働者を除いては，長らく民法627条1項の規定「当事者が雇用の期間を定めなかったときは，各当事者は，いつでも解約の申入れをすることができる。この場合において，雇用は，解約の申入れの日から二週間を経過することによって終了する。」しか存在しませんでした。

しかしながら，最高裁判所は，日本食塩製造事件（最判昭和50年4月25日）および高知放送事件（最判昭和52年1月31日）という2つの判決により，いわゆる解雇権濫用法理を確立し，「合理的な理由」および「社会的な相当性」という2つの要件を満たさない解雇については，「権利の濫用として無効」であるというルールを確立しました。現在，このルールが，労働契約法16条において「解雇は，客観的に合理的な理由を欠き，社会通念上相当であると認められない場合は，その権利を濫用したものとして，無効とする。」という条文として規定されているのは，よく知られていることだと思います。実は，このような「合理性」と「社会的相当性」という一般的な基準それ自体は，ドイツやフランスなどの欧州諸国においても類似したものがみられる基準であり，特別に厳格なものだというわけではありません。ただ，日本の裁判所は，上記のような基準に照らした場合に，「使用者の解雇権の行使が権利濫用とはならない」という場合を厳格に解釈する傾向にあったため，結果として，解雇権濫用法理は，使用者の解雇権の行使を厳しく制約する効果をもたらすこととなりました。

それでは，なぜ裁判所は，使用者による解雇権の行使について，厳格に解釈する立場をとったのでしょうか。それは，日本的雇用システムにおいて，新卒一括採用が中心であり，このようにして採用された労働者は，長期雇用（終身雇用）となるということが，慣行として根付いていたからにほかなりません。

すなわち，このようなシステムのもとにあっては，新卒で採用された労働者は，長期間（端的にいえば定年まで）雇用されるという期待を有するのが合理的であり，こうした労働者の期待を軽々に裏切って解雇をすることは，裁判所からみて信義に反すると考えられたのです。

（b）　労働条件に関する変更の柔軟性

（a）で述べたとおり，解雇について厳格な制約がなされてきたのが，日本的雇用システム（長期雇用慣行）を背景とする，日本の労働法の大きな特徴ですが，他方で，労働条件に関する変更については，使用者に対して非常に柔軟な裁量を認めていることも，また日本の労働法の大きな特徴です。

具体的にみると，まず配置転換（配転）については，これも法律上の規定は特に存在せず，東亜ペイント事件（最判昭和61年7月14日）によって確立した判例法理によって規律されているところですが，この判決では，「（労働協約および）就業規則に，業務上の都合により従業員に転勤を命ずることができる旨の定めがあれば，会社は個別的同意なしに労働者の勤務場所を決定し，転勤を命じて労務の提供を求める権限を有する」とされ，実際の配転命令権の行使にあたっても，その濫用は許されないとしながらも，解雇権の濫用に関する判断とはある意味で正反対に，「業務上の必要性が存しない場合，不当な動機・目的をもってなされたものであるとき，もしくは労働者に対し通常甘受すべき程度を著しく超える不利益を負わせるものであるときといった，特段の事情が存在する場合でない限りは，当該転勤命令は権利の濫用にはならない」という，非常に緩やかな基準を示しました。

また，賃金の引き下げなどといった労働条件の引き下げについても，就業規則の変更によってこれを行う場合，判例は，秋北バス事件（最大判昭和43年12月25日）において，「新たな就業規則の作成又は変更によって，既得の権利を奪い，労働者に不利益な労働条件を一方的に課することは，原則として，許されないと解すべき」と述べつつも，他方では「当該規則条項が合理的なものであるかぎり，個々の労働者において，これに同意しないことを理由として，その適用を拒否することは許されない」として，合理的な範囲であれば，労働条件を使用者が一方的に変更する（引き下げる）ことを許容しています。こうした，就業規則の変更を通じた，使用者による労働条件の一方的な変更を可能と

するルールは，現在では労働契約法10条に「使用者が就業規則の変更により労働条件を変更する場合において，変更後の就業規則を労働者に周知させ，かつ，就業規則の変更が，労働者の受ける不利益の程度，労働条件の変更の必要性，変更後の就業規則の内容の相当性，労働組合等との交渉の状況その他の就業規則の変更に係る事情に照らして合理的なものであるときは，労働契約の内容である労働条件は，当該変更後の就業規則に定めるところによるものとする。」という条文で取り込まれています。

さらに，労働時間についてみますと，確かに，労働基準法の32条は，1日8時間，1週間に40時間という法定労働時間を定めていますが，これは，労働時間の上限を厳格に規定するものではなく，労働基準法36条に基づく，いわゆる「36協定」を締結すれば，割増賃金の支払が必要になるとはいえ，理屈のうえでは業務命令を通じて，労働者を際限なく働かせることも可能な仕組みとなっています。

欧米諸国では，上に述べたような配置転換や労働条件の変更は，すべて「契約内容の変更」に当たりますから，契約の当事者である労働者の同意がない限り，すなわち使用者が一方的にこれを実施することはできないというのが基本です。また，時間外労働についても，本来の契約外の労働である以上，応じる必要がないのが基本ですし，これを認める仕組みが作られている場合であっても，労働時間の上限や休日についての法律による厳格な規制が定められているのが一般的です。

それでは，なぜ日本においては，このような労働条件の変更が柔軟に認められているのでしょうか。それは，日本的雇用システムにおける「長期雇用慣行」と裏腹の関係にあるという指摘がなされています。すなわち，日本においては，「長期雇用の保障」と「使用者の指揮命令による労働者（労働力）の柔軟な利用」とが，バーターの関係になっているということです。

このようにして，日本の労働法（判例法理）は，「長期雇用慣行」を中心とした日本的雇用システムを背景にして，解雇権濫用法理による厳格な解雇の制限を確立し，他方では，企業がその運用を可能とするために，配置転換や就業規則の変更による労働条件の変更を柔軟に認めることで，長期雇用の維持を実現できるような法システムを作り上げてきたと評価することもできるでしょう。

（c） 集団的労働関係法における「団体交渉中心主義」

(1) (b)で述べたとおり，日本の集団的労使関係においては，企業別労働組合を中心とすることで，その帰結として労使協調に向かう傾向にありました。その結果，使用者と労働組合との間で，ストライキを中心とした「闘争型」の紛争解決よりも，団体交渉における相互の妥協を軸とした「協調型」の紛争解決に向かう傾向が生じることとなりました。

こうした傾向もあり，日本の労働組合法においては，労使間で対立が生じた場合に，まずは団体交渉による解決を促すという考え方が強いように思われます。実際，日本の労働組合法は，「団体交渉を通じた正常な労使関係の確立」が目的であるとする見解も非常に有力です。

具体的に労働組合法の制度をみても，労働組合には「団体交渉権」が認められ，労働組合法7条2号によって，使用者は団体交渉の申し入れに対して，誠実に交渉に応じなければならないこととされています（団交応諾義務・誠実交渉義務）。さらに，労働委員会を通じた不当労働行為の救済制度を通じて，使用者に交渉に応じるように命じるという仕組みも存在しています。

実は，欧米諸国においては，この「団体交渉権」が権利として認められていないケースが少なくありません。たとえば，ドイツにおいては，基本法（憲法）において，団体交渉権の規定は存在しませんし，団体交渉拒否に対する救済制度もありません。フランスでは，法律によって「義務的団交事項」が定められていますが，これは1年（場合によっては3年または5年）に1度，主要な労働条件について交渉しなければならない旨を定めるものであり，日本のように幅広い事項について交渉義務を定めているわけではありません。これに対し，日本においては，企業別労働組合とその帰結としての労使協調の傾向を，労働組合法による団体交渉権の保障がサポートする関係となっているのです。

3　日本的雇用システムの変容と労働法の課題

以上に述べてきたように，解雇権濫用法理，あるいは柔軟な労働条件変更システム等といった，日本の労働法制の特質は，日本的雇用システムを背景として，ある種の必然をもって形成されてきたものであり，労働者と使用者の双方の利益と必要に適うものでした。

しかし，近年，日本的雇用システムは，それを取り巻く社会状況の変容とともに，変化が生じてきています。それにともなって，日本の労働法も一定の変化が必要とされているようにも思われます。ここでは，いくつかの課題を例として挙げてみます。

（a）少子・高齢社会の到来

日本が抱えている大きな社会問題の一つに，人口構造の変化による少子・高齢社会の到来が挙げられることは，異論のないところだと思われます。そして，この少子・高齢社会の到来は，日本の雇用社会にも大きな影響を及ぼし始めています。

問題は大きく分けて2つあり，第1の問題は，企業における若年労働者の割合の減少という問題です。この結果，企業内における年齢構成のバランスが崩れ，最も分かりやすい影響としては，年功的な賃金制度が財務上立ち行かなくなるという問題があります。第2として，これは多くの指摘があるところですが，将来的な労働力不足の懸念です。

前者については，法政策的な対応が即座には思いつきにくいところですが，後者については，従来は十分に活用されてこなかった層の労働者の活用を促進するという形で，法政策的な対応がすでに試みられているところです。すなわち，女性の活用促進のために，男女雇用機会均等法が制定・発展してきた過程はよく知られているところですし，育児休業，介護休業等育児又は家族介護を行う労働者の福祉に関する法律（育児介護休業法）その他のいわゆるワーク・ライフ・バランスの促進も，直接・間接に女性の労働力の活用・推進に寄与する側面も有するものといえるでしょう。また，高年齢者雇用安定法や，障害者雇用促進法を通じた，高年齢者や障がい者の雇用の促進も，従来活用されてこなかった労働力の活用推進という目的に適うものといえるでしょう。この他，外国人労働者の活用についても，今後の重要な政策課題となることが予想されています。

（b）労働者の個別化

日本的雇用システムのもとでは，労働者は，専業主婦との組み合わせも相まって，家庭よりも職場（会社）に対する帰属意識が強い傾向にありました。近年，しばしば用いられる「メンバーシップ型雇用」という用語は，こうした日

本の労働者，雇用システムのありようを端的に示している言葉といえるでしょう。

　しかしながら，最近は，価値観の多様化にともない，会社・仕事との一定の距離を保ち，個人的な余暇・家庭との結びつきを重視する価値観を持つ労働者も増加する傾向にあります。こうした労働者にとっては，たとえ長期雇用の保障とのバーターであっても，会社の強力な指揮命令権に従って，会社の都合に何でも従うことをよしとしないという価値観も強まりつつあります。このように，日本の労働者の中にも，従来の日本的雇用システムを強力に支えてきた強力な「メンバーシップ」意識とは必ずしも相容れない，多様な価値観が生じてきています。このような，労働者の価値観の多様化に応じた雇用システム，そしてそれを支える労働法システムの活用も，今後の大きな課題の1つといえるでしょう。

　そして，この労働者の多様化は，集団的労使関係にも大きな課題を投げかけています。すなわち，日本の年功型賃金は，企業別組合における交渉とも相まって，企業ごとの均一な労働条件システムを支えてきました。しかし，近年は，産業構造の変化に加え，企業内における業務の個別化，労働条件・雇用管理の個別化が進展し，企業レベルの労働組合にあってさえ，集団的な労働条件決定システムで対応することが困難な状況が生じつつあります。このような，労働条件・雇用管理が個別化していく中で，他方では個々の労働者が使用者と対等に労働条件について交渉することが困難な状況下にあって，公正な労働条件を実現するための集団的労使関係システムとはどのようなものか，再検討することが必要となるでしょう。

　（c）　経済のグローバル化と労働法の役割

　第1節第2項(2)で述べたような，1980年代以降，とりわけ1990年代から2000年代に入ってからの経済のグローバル化の急速な拡大と，企業間競争の激化に対しては，日本の雇用社会もこれと無縁でいることはできませんでした。その結果，競争の激化にともなうコスト削減の要請もあり，パートタイム，有期契約労働者，派遣労働者の活用に加え，外部委託等の活用が推進され，他方で，労働に関する規制緩和の動きが推進されることとなりました。

　こうした動きは，国際競争力の確保という観点から必要な措置であったとい

う評価もある一方で,非正規労働者を中心とした処遇格差の問題,雇用の不安定化の問題を引き起こしたという批判も強く存在します。これに対し,近年はパートタイム労働法,労働者派遣法,労働契約法における有期労働契約に関する規定などの改正により,このような雇用の不安定化,処遇格差の問題に対応する政策もとられているところですが,企業の競争力の確保という要請と,非正規労働者を中心とした,労働者の保護の要請とのバランスを,いかにして確保していくか,日本の労働法は,今後もこの重要かつ困難な課題に対応していく必要に迫られているといえるでしょう。

参 考 文 献

浅倉むつ子・島田陽一・盛誠吾『労働法』第4版(有斐閣アルマ,2011年)
荒木尚志『労働法』第2版(有斐閣,2013年)
菅野和夫『新・雇用社会の法』補訂版(有斐閣,2004年)
菅野和夫『労働法』第10版(弘文堂,2012年)
土田道夫『労働法概説』第3版(弘文堂,2014年)
西谷敏『労働法』第2版(日本評論社,2013年)
濱口桂一郎『新しい労働社会―雇用システムの再構築へ』(岩波新書,2009年)
濱口桂一郎『日本の雇用と労働法』(日経文庫,2011年)
浜村彰・唐津博・青野覚・奥田香子『ベーシック労働法』第5版(有斐閣アルマ,2013年)
水町勇一郎『労働法』第5版(有斐閣,2014年)

第3講 募集・採用
―― 従業員を雇用するということ ――

大津 章敬

第1節 雇用契約の基礎知識

1 雇用契約とは
（1） 雇用契約の基本は「労務提供」と「賃金支払」の双務契約

日本国憲法27条は，国民に勤労の義務を課していますが，通常，「働く」ということは多くの国民の生活において当たり前のことであるため，それが契約に基づいていると意識することは少ないのかも知れません。しかし，正社員であっても，アルバイトであっても，仕事を行う際には，民法623条に基づき，使用者と労働者の間で**雇用契約**が締結されており，労使双方に一定の義務が課されています。

民法623条は「雇用は，当事者の一方が相手方に対して労働に従事することを約し，相手方がこれに対してその報酬を与えることを約することによって，その効力を生ずる」としていますが，この条文を分解すると，雇用契約においては労働者には「労務提供義務」が，使用者には「賃金支払義務」が課されていることが分かります。

（2） 重要性を増す安全配慮義務など使用者の付随的義務

このように雇用契約とは，労働者の労務提供と使用者の賃金支払により構成される諾成・有償・双務契約であるとされます。この契約の締結により，労使双方は様々な付随的な義務を負うことになりますが，使用者には，**安全配慮義**

務や職場環境保持義務といった付随的義務が課せられます。このうち，使用者の安全配慮義務の重要性が非常に高まっていますが，社会保険労務士の実務としてもこの安全配慮義務に関する相談が急増しています。典型的な事例は，過重労働やハラスメントにより従業員がメンタルヘルス不調に陥るというケースでしょう。労働契約法5条は「使用者は，労働契約に伴い，労働者がその生命，身体等の安全を確保しつつ労働することができるよう，必要な配慮をするものとする」として，安全配慮義務の内容を規定しています。しかし，現実の職場に目を向けてみると，月間100時間を超えるような時間外労働が行われていたり，上司からのパワーハラスメントや職場のいじめなどにより，うつ病などを罹患し，最悪の場合，死に至るという不幸な事件が発生しています。

　このような事件が発生した際には通常，労働災害として労働者災害補償保険法からの給付を受けることとなりますが，近年はそれに止まらず，労働者側（遺族側）より使用者に対し，債務不履行（安全配慮義務違反）または不法行為による高額の民事損害賠償請求が行われることも増加しており，問題発生時の企業のリスクはより大きなものとなっています。そのため，人事労務管理における安全配慮義務の履行が強く求められており，社会保険労務士はその推進役としての動きが期待されています。具体的には経営者および労働者の意識改革を促し，また仕事の進め方を変革することで労働時間の削減を進めたり，方針の明確化や研修の実施などにより職場のハラスメントを防止するといった役割が重要になっています。なお，こうした議論を行う際には，どうしても企業のリスクに論点が偏りがちですが，安全配慮義務の問題でもっとも重要なことは，現実に労働者が健康を害し，場合によっては命を落としてしまうということであることを忘れてはなりません。会社のことを信頼して入社してくれた労働者を裏切るようなことは絶対にあってはなりません。社会保険労務士は，企業経営と労働者の幸せという双方にバランスよく配慮し，アドバイスを行うことにより，労使共に笑顔で頑張ることができるような環境を構築するコンサルタントとして活躍することが求められています。

（3）　**誠実労働義務，自己保健義務など労働者が負う付随的義務**

　一方，労働者も雇用契約において，労務提供義務以外に，以下のような様々な付随的義務を負っています。

① 誠実労働義務

　会社の指揮命令に従って，組織秩序を乱すことなく，雇用契約上求められる水準で働く義務

② 競業避止義務

　使用者と競業する企業に就職したり，自ら事業を起こしたりしない義務

③ 自己保健義務

　自ら健康管理を行い，健康を維持した上で，会社に対して十分な労働力を提供する義務

④ 秘密保持義務

　業務を行う中で知った会社の営業上の秘密を保持する義務

　近年，使用者の安全配慮義務の履行が強く求められていますが，これと表裏一体の関係にあるのが，労働者の**自己保健義務**です。具体的な内容としては，採用時における既往症等の申告義務，健康診断の受診義務，健康異常の申告義務，健康管理措置への協力義務等が挙げられます。労働安全衛生法によるストレスチェックも健康異常の気付きを促進するものですが，健康の維持・増進のためには，まずは労働者自身の健康状態の把握および管理が不可欠となりますので，自己保健義務については就業規則などに改めて明記し，その意識を高めることが求められるでしょう。

　労働者がこれらの義務に違反し，使用者に損害を与えた場合には，債務不履行に基づく損害賠償責任（民法415条）を負うことになります。また労働者の行為が不法行為の要件を満たす場合にも損害賠償責任（同法709条）を負うこととなり，更に第三者に損害を与えた場合には，使用者はその使用者責任を負うことにもなります（同法715条）。なお，労働者の不法行為によって使用者が損害を負った場合，使用者は労働者にその金銭賠償を求めることができますが，その際には，損害の全額が認められるわけではなく，「損害の公平な分担という見地から信義則上相当と認められる限度において」のみ，認められるとされています。その際の具体的な判断基準としては，① 労働者の故意・過失の有無および程度，② 労働者の地位・職務内容・労働条件，③ 損害発生に対する使用者の寄与の度合いが勘案され，判例においては労働者の重大な過失がある場合であっても責任を4分の1程度に軽減しているケースなどが見られます

(茨石事件，最判昭和51年7月8日)。

2　労働契約の種類

(1)　労働基準法には2種類しかない労働契約の種類

労働基準法は，第2章において**労働契約**に関する様々な条文を置いていますが，同法においては労働契約を「期間の定めのない契約」と「期間の定めのある契約」の2つに分類しています。多くの企業では，正社員，パートタイマー，アルバイト，契約社員など様々な契約名称が用いられていますが，これは人事管理上区分されているものであって，労働基準法など法律上の区分ではありません。

関連して，ここで「雇用契約」と「労働契約」の違いについて整理しておきましょう。そもそも労働者が他人の指揮命令下において労働を行う契約関係については，上記のとおり，民法において雇用契約とされています。民法の基本的立場は，対等な人格である当事者が，その合意によって自由に契約を取り結び，当事者が相互に遵守すべきという点にあります。しかし，現実の労働の現場においては，雇用契約は強者たる使用者と弱者たる労働者の間で締結されることが通例であり，結果的に労働者に不利な条件で締結される傾向が強く見られます。よって戦後，労働基準法は労働者保護に関する様々な法規制を設け，新たに労働契約という概念を設定したのです。よって，労働契約という概念には実質的に不平等な労使関係における契約という性格付けがなされていることになります。なお，日頃の人事労務管理実務において両者の実質的な差はほぼ存在せず，労働基準法が労働条件の最低基準を設定した上で締結される労働契約が基本となっていると考えて差し支えありません。

(2)　期間の定めのない契約

期間の定めのない契約は，文字どおり，契約期間に定めが設けられていないため，通常は定年制が設けられており，特に問題がなければ定年まで勤務することになります。一般的には正社員がこの期間の定めのない契約とされていることが通常ですが，今後は，労働契約法の無期転換ルールにより，正社員以外の雇用区分ながら期間の定めのない契約で就労する労働者の増加が予想されます。

（3） 期間の定めのある契約（有期労働契約）

近年，パートタイマー，契約社員など，いわゆる非正規労働者が増加していますが，こうした労働者の契約は，一般的に3か月間や1年間といった期間の定めのある契約として締結されることが多くなっています。この期間を定めるにあたって，労働基準法14条はその上限を原則3年と定めています。

雇用の安定を考えれば，労働契約期間は長期であればあるほどよいと考えられるにも関わらず，このような上限規制がなされていることにはわが国の労働史にその原因を求めることができます。わが国においては特に女子労働者を長期労働契約で拘束することの弊害が多く見られ，それが身分的な隷属関係を生ずる原因となっていました。そのため，かつて内務省社会局において，女子労働者の長期契約による弊害排除のため，一般の製糸女工は1年，見習工は3年を原則とし，これを超える労働契約をする製糸工場には，労働者募集の許可をしない方針が決定されたことがありました。[1]このような経緯から，現代の労働基準法においても，労働者の不当な拘束を防止するという労働者保護の観点から契約期間の上限が定められているのです。

但し，これにはいくつかの例外が設けられています。まず，一定の事業の完了に必要な期間を定めるもの，および労働基準法70条による職業訓練のための長期の訓練期間を要するものについては，3年を超えて契約することが認められています。また，満60歳以上の労働者および以下に掲げられるような専門的な知識，技術または経験であって高度のものとして厚生労働大臣が定める基準に該当する専門的知識等を有する労働者については，5年までの労働契約が認められています。

1) 博士の学位を有する者
2) 公認会計士，医師，歯科医師，獣医師，弁護士，一級建築士，税理士，薬剤師，社会保険労務士，不動産鑑定士，技術士，弁理士のいずれかの資格を有する者
3) システムアナリスト試験またはアクチュアリー試験に合格している者
4) 特許法に規定する特許発明の発明者，意匠法に規定する登録意匠を創作

---

1 寺本廣作『労働基準法解説』183頁。

した者，または種苗法に規定する登録品種を育成した者
5) 一定の学歴および実務経験を有する農林水産業の技術者，鉱工業の技術者，機械・電気技術者，建築・土木技術者，システムエンジニアまたはデザイナーで年収が 1,075 万円以上の者
6) システムエンジニアとしての実務経験 5 年以上を有するシステムコンサルタントで年収が 1,075 万円以上の者
7) 国等により，有する知識等が優れたものであると認定され，上記 1) から 6) までに掲げる者として厚生労働省労働基準局長が認める者

期間の定めのある契約は，原則として期間満了により当然に終了します（民法 628 条）が，その期間中途での解約については「やむを得ない事由がある場合でなければ」できないとされています。ここで注意が必要なのは，この「やむを得ない事由」とは，解雇権濫用法理でいうところの「客観的に合理的な理由」があり「社会通念上相当である」という要件よりも厳しい事由が想定されていることです。よって，期間の定めのある労働契約で雇用される労働者は，その契約期間中においては，期間の定めのない契約の労働者よりもその地位が保証されていると考えられています。こうした背景から，期間の定めのある契約は原則として 3 年まで認められていますが，実務的には複数年に亘る労働契約を締結することは稀で，通常は数か月から 1 年程度の契約を締結し，更新することが多くなっています。

(4) **有期労働契約者の雇用安定化の仕組み**

近年，いわゆる非正規従業員と呼ばれる有期労働契約者が増加していますが，リーマンショックの際には，多くの有期労働契約者の契約が更新されず，社会的に大きな雇用不安が発生しました。これにより，有期労働契約者の雇用の不安定さに注目が集まり，有期労働契約者の雇用安定を進める様々な施策が実施されています。

その中でももっとも大きなものが，2013（平成 25）年 4 月に施行された改正労働契約法で導入された**有期労働契約の無期労働契約への転換ルール**の創設です（同法 18 条）。この制度では，同一の使用者との間で有期労働契約が通算で 5 年を超えて繰り返し更新された場合，その契約期間の初日から末日までの間に，当該労働者は無期労働契約への転換の申込みをすることができます（大学

の教員など一部例外あり)。なお、通算契約期間のカウントは、改正法が施行された2013年4月1日以後に開始する有期労働契約が対象とされ、2013年3月31日以前に開始した有期労働契約は、通算期間に含まれません。また無期転換を申し込まないことを契約更新の条件とするなど、あらかじめ労働者に無期転換申込権を放棄させることはできないとされています。労働者よりこの無期転換の申込みがされると、使用者がその申込みを承諾したとみなされ、その時点で無期労働契約が成立し、申込時の有期労働契約が終了する翌日から、当該契約が無期労働契約に転換されることとなります。なお、無期労働契約における職務、勤務地、賃金、労働時間などの労働条件は、別段の定めがない限り、直前の有期労働契約と同一となります。

また、上記改正と同時に、いわゆる「**雇止め法理**」も法定化されています（同法19条)。有期労働契約の反復更新により無期労働契約と実質的に異ならない状態で存在している場合、または有期労働契約の期間満了後の雇用継続につき、合理的期待が認められる場合には、雇止めが客観的に合理的な理由を欠き、社会通念上相当であると認められないときは、雇止めが認められず、有期労働契約が更新（締結）されたとみなされることになります。

こうした法改正に際し、企業に具体的なアドバイスを行うことは社会保険労務士の大きな役割の一つとなっています。法律の内容を説明するのではなく、その企業の業種・業態、採用環境、人材の代替性の高さ、地域における企業のステイタスなどを総合的に勘案し、どのような雇用形態で人材を調達するのがよいかを提案していくのです。単に無期転換は雇用のリスクが高まるので、5年以内に雇止めを行えばよいというものではないのです。ここに社会保険労務士のコンサルタントとしての役割があります。

第2節　労働契約の締結

1　採用の自由と禁止される不当な採用差別

（1）　採用の自由

個人の契約関係は、契約当事者の自由な意思に基づいて決定されるべきであ

り，国家は干渉してはならないとする「契約の自由」は民法の基本原則であり，労働契約法3条1項も「労働契約は，労働者及び使用者が対等の立場における合意に基づいて締結し，又は変更すべきものとする」とし，労働契約は労使双方の合意により締結されることを明らかにしています。

この採用の自由の内容は，雇入れ人数の決定，募集方法，選択，契約締結，調査の各事由から構成されており，使用者は自らの自由な意思により，採用における各種決定を行うことが認められています。

（2）禁止される不当な採用差別

こうした採用の自由も，あくまでも公共の福祉，労働者保護，公序良俗などの原理に基づく法律による制限に反してはならないことは言うまでもありません。例えば，選択の自由においては，労働組合加入有無によって採否の決定をすることは制限されています（黄犬契約，労働組合法7条）。調査の自由に関しても，応募者の人格的尊厳やプライバシーの侵害がないように，社会通念上妥当な方法で行うことが求められます。

ちなみに選択の自由に関し，雇用対策法10条は，年齢により応募資格に制限を設けることや，年齢によって採否を決定することを原則的に禁止し，以下の場合において例外的に年齢制限をつけることができるとしています。

1) 定年年齢を上限として，その上限年齢未満の労働者を期間の定めのない労働契約の対象として募集・採用する場合
2) 労働基準法等，法令の規定により年齢制限が設けられている場合
3) 長期勤続によるキャリア形成を図る観点から，若年者等を期間の定めのない労働契約の対象として募集・採用する場合
4) 技能・ノウハウの継承の観点から，特定の職種において労働者数が相当程度少ない特定の年齢層に限定し，かつ，期間の定めのない労働契約の対象として募集・採用する場合
5) 芸術・芸能の分野における表現の真実性等の要請がある場合
6) 60歳以上の高年齢者または特定の年齢層の雇用を促進する施策の対象となる者に限定して募集・採用する場合

（3）入社時の健康診断とセンシティブ情報の収集

労働安全衛生規則43条は「事業者は，常時使用する労働者を雇い入れると

きは，当該労働者に対し，次の項目について医師による健康診断を行わなければならない」として，1）既往歴および業務歴の調査，2）自覚症状および他覚症状の有無の検査，3）身長，体重，腹囲，視力および聴力の検査，4）胸部エックス線検査，5）血圧の測定，6）貧血検査，7）肝機能検査，8）血中脂質検査，9）血糖検査，10）尿検査，11）心電図検査という11項目を指定しています。この雇入れ時の健康診断は，そもそも採用選考のために行われるものではなく，「常時使用する労働者を雇い入れた際における適正配置，入職後の健康管理に資するための健康診断」とされています。

一方，採用時の個人情報収集について，職業安定法5条の4はその基本原則を「求職者などの個人情報については本人の同意がある場合その他正当な理由がある場合を除いて，業務の目的の達成に必要な範囲内で収集・保管・使用しなければならない」と定めています。その上で，就職差別になるなどの理由において，センシティブ情報についてはその収集に一定の制限が設けられています。まず，平成11年労働省告示第141号においては，労働者の募集を行う者は，特別の業務上の必要性があり，収集目的を示して本人から収集する場合を除き，人種，民族，社会的身分，門地，本籍，出生地その他社会的差別の原因となるおそれのある事項，思想および信条，労働組合への加入状況に関する情報を収集してはならないとされています。また平成18年厚生労働省告示第614号は，採用面接に際して，結婚の予定の有無，子供が生まれた場合の継続就労の希望の有無等一定の事項について女性に対してのみ質問することは，男女雇用機会均等法5条に違反するとしています。

また，厚生労働省は，就職の機会均等を確保するために，応募者の基本的人権を尊重した公正な採用選考を実施するよう雇用主に協力を呼び掛けており，以下については採用選考時に配慮すべき事項としています。

① 本人に責任のない事項の把握
　・本籍・出生地に関すること
　・家族に関すること（職業，続柄，健康，地位，学歴，収入，資産など）
　・住宅状況に関すること（間取り，部屋数，住宅の種類，近郊の施設など）
　・生活環境・家庭環境などに関すること
② 本来自由であるべき事項（思想信条にかかわること）の把握

・宗教に関すること
・支持政党に関すること
・人生観，生活信条に関すること
・尊敬する人物に関すること
・思想に関すること
・労働組合・学生運動など社会運動に関すること
・購読新聞・雑誌・愛読書などに関すること

2　採用内定

（1）採用内定とはなにか

　新規学卒者の採用の場合には，正式に労働契約を締結する前に「内定」という手続きが採られることが通常です。この内定の法的性格については通常，「始期付解約権留保付労働契約」の成立とされており，その取消しは制限されています。これを採用内定へのプロセスにあわせ，見てみることにしましょう。新規学卒者を採用しようとする企業は，まず就職情報サイトへの求人掲載やセミナー開催など労働者の募集を行います。これは法的には，使用者による労働契約申込みの誘引行為であるとされています。これに対し，労働者は必要書類の提出等エントリーを行い，採用試験を受験しますが，これは労働者からの契約の申込みという行為になります。その上で，使用者が採用を決定し，採用内定通知を発信することにより，その契約の承諾がなされ，始期付解約権留保付労働契約が成立することになります。

　上記契約成立の判断は様々な状況を総合的に勘案して行われますが，判例（大日本印刷事件，最判昭和54年7月20日）では，内定通知後，入社誓約書まで提出している場合は契約が成立しているという考えが示されています。なお，新規学卒者を例に挙げると，始期とは一般的に大学を卒業した後の4月1日から契約が始まるということであり，それまでの間に大学を卒業できないような場合や採用内定通知などに記載されている採用内定取消事由が生じた場合には契約を解除する可能性が留保されているということになります。

（2）制限される採用内定の取消し

　リーマンショック後には新卒採用の内定取消しが社会問題化しましたが，合

理的な理由がない限り，内定の取消しはできず，恣意的な内定取消しについては，債務不履行（誠実義務違反）または不法行為（期待権侵害）に基づく損害賠償請求が認められることになります。

　一般的に内定取消しが認められる場合としては，内定当時知ることができず，また知ることが期待できない事実が後に判明したこと，それにより内定を取り消すことが，客観的に合理的と認められ，社会通念上相当として是認できること（具体的には学校を卒業できなかった，病気・事故などにより正常な勤務に耐えられない場合など）が求められます。

　なお，やむを得ない事情により新規学卒者の内定を取り消す際には，事業主はあらかじめハローワークおよび施設の長（学校長）に通知することが必要とされています（職業安定法35条）。また，採用内定取消しの防止のための取組を強化するため，2009（平成21）年1月に職業安定法施行規則の改正等が行われ，採用内定取消しの内容が同一年度内において10名以上の者に対して行われたなど，厚生労働大臣が定める場合に該当するときは，その内容が公表されることとなっています。

3　労働契約の手続き・内容

（1）　労働契約締結の際の手続

　労働契約を締結する際には，第3節で述べる労働条件を明示した上で，労使双方でその内容を書面で確認することが重要となります。その際，使用者から労働条件通知書を交付することが通常（労働基準法15条，後出第3節参照）ですが，できれば労使双方の意思を確認する意味で，労働契約書を作成することが望まれます。

（2）　身元保証契約

　採用の際，企業は採用予定者に身元保証書を提出させることがあります。身元保証書とは，その労働者が使用者に損害を与えた場合に，身元保証人が当該労働者と連帯して，その損害を補償する義務を定めた契約書となります。このような身元保証契約については，身元保証人に過度の負担を与えることがないよう，身元保証法により一定の制限が設けられています。まず身元保証契約の期間は，期間の定めがない場合には3年間，期間の定めがある場合であっても

最長5年間に制限されています。その上で、身元保証契約に基づく賠償の対象範囲も制限されており、その対象は労働者本人の直接または間接の労務に関連した行為により使用者が受けた損害に限られます。また、身元保証人の損害賠償の責任およびその金額についてはその損害全額ではなく、当該労働者の監督に関する使用者の過失の有無、身元保証人が身元保証をするに至った事由、およびそれをするときにした注意の程度、被用者の任務または身上の変化その他一切の事情を照らし合わせて決定されることになります。

また実務上は、使用者の通知義務の履行が漏れていることが少なくありません。使用者は身元保証人に対して、本人に業務上不適任または不誠実な事跡があって、このために身元保証人の責任の問題を引き起こすおそれがあることを知ったとき、そして、本人の任務または任地を変更したことにより身元保証人の責任が加重され、またはその監督が困難になるときにその事実を通知する義務を負っています。身元保証人は、これらの通知を受けたときは、身元保証契約を将来に向けて解除することができるとされています。

身元保証契約の基本的な内容は以上のとおりですが、労使の良好な関係を構築することが大きな仕事の一つである社会保険労務士の視点で見ると、身元保証人は債務の連帯保証という機能よりも、その従業員が健康を維持し、会社で十分な能力発揮を行うことができるよう、社外における様々なサポートをお願いする保護者といった意味合いも大きいと考えられます。その点からすれば、入社前に身元保証人と面談をするといった人間関係構築のアドバイスなども求められます。

4 試用期間

（1）試用期間とはなにか

多くの企業では、正規従業員を採用するにあたり、当初の数か月間を試用期間として設定しています。この試用期間とは、本採用決定前の「試みの期間」であって、その間に労働者の人物、能力、勤務態度等を評価して社員としての適格性を判定し、本採用するか否かを決定するものです。その場合、既に労働契約は成立しており、勤務もしていることから、法的には解約権留保付労働契約とされています。ここで実務上よく問題になるのが、パートタイム労働者や

トライアル雇用から正社員に登用する場合の試用期間の設定です。そもそも試用期間を設ける目的は社員としての能力や適格性を判断することにありますので、既に一定期間の勤務を行っているパートタイム労働者等について、改めて試用期間を設定し、その適格性を判断する合理的な理由を見出すことは困難です。よって、パートタイム労働者等として勤務していたときとは異なる職務に配置するなど、改めてその適格性を判断する特別の必要性があるような場合以外は、試用期間を設けるべきではないとの判断の裁判例もあります（ヒノヤタクシー事件、盛岡地判平成元年8月16日）。

(2) **試用期間の長さ**

試用期間の長さとして、もっとも多く見られるのは3か月間ですが、近年の労働トラブルの増加の影響から、その期間を長めに設定する例が増えており、最近は試用期間を6か月間とする例が筆者の経験では多くなっています[2]。なお、試用期間の長さを直接的に規制する法令は存在しませんが、試用期間は雇用を不安定なものとするため、合理的範囲を超えた長期の試用期間の定めは公序良俗に反し、その限りにおいて無効とされる場合があります（ブラザー工業事件、名古屋地判昭和59年3月23日）。また試用期間の延長についても、当該労働者の雇用を不安定にする要因となることから、就業規則などで延長の可能性、事由、延長期間などの定めをしておくことが求められます。

(3) **試用期間中の解雇**

先に述べたように試用期間は、解約権留保付労働契約とされますが、実務上の運用としては本採用拒否や試用期間中の解雇等、その解約権の行使に関して問題となることが少なくありません。試用期間中の解約権の行使については、三菱樹脂事件（最大判昭和48年12月12日）において、留保解約権に基づく解雇は通常の解雇よりも広い範囲において解雇の事由が認められて然るべきとしながらも、「解約権留保の趣旨、目的に照らして、客観的に合理的な理由が存し社会通念上相当と是認されうる場合にのみ許される」としており、試用期間だからといって自由に解約権が行使できるわけではありません。本採用拒否のトラブルを防止するためには、労働契約を締結する際に、会社が期待している

---

2 「従業員関係の枠組みと採用・退職に関する実態調査」『JILPT』2005年。

能力や役割を具体的に伝えた上で，試用期間中の勤務状況を観察し，担当職務等について十分な能力や適格性がないと判断された場合には本採用を行わないことを明確にしておくことが重要です。

第3節　労働条件

1　労働条件の明示
（1）労働条件の明示とその背景

近年，労働トラブルが増加しているとよく言われますが，実際のケースを分析してみると，事前に労働条件が明確にされないままに労働契約を締結してしまい，後になっておかしいと問題になる例が非常に多く見られます。しかし，こうした状況は戦前においても同様だったようです。戦前には，労働者の雇入れにおいて労働条件を示さないままに労働契約を締結していた場合が多く，結果的に募集員の甘言を信じた労働者が，予期しない低労働条件で労働を強いられるという問題が発生していました。中でも就職のために住居を移した場合には退職して帰郷するにも旅費の工面ができず，やむを得ずその職場に止まらざるを得ないという状況が見られました。そこで労働基準法では，労働契約の締結にあたって労働条件を明示すべきことを使用者に義務付け，更にはその明示された条件が事実と相違する場合においては，労働者は即時に労働契約を解除することができ，14日以内に帰郷する場合には使用者に必要な旅費を負担させる義務を課したのです。

（2）労働契約締結時の労働条件の明示

労働基準法15条は，使用者は労働契約の締結に際し，労働者に対して賃金，労働時間その他労働条件を明示しなければならないとしていますが，その具体的な内容は以下のとおりとされています。

(1) 労働契約の期間に関する事項
(2) 就業の場所および従事すべき業務に関する事項
(3) 始業および終業の時刻，所定労働時間を超える労働の有無，休憩時間，休日，休暇，並びに労働者を2組以上に分けて就業させる場合における就

業時転換に関する事項
(4) 賃金の決定,計算および支払いの方法,賃金の締切りおよび支払いの時期に関する事項
(5) 退職に関する事項(解雇の事由を含む)
(6) 昇給に関する事項
(7) 退職手当の定めが適用される労働者の範囲,退職手当の決定,計算および支払いの方法並びに支払いの時期に関する事項
(8) 臨時の賃金,賞与および最低賃金額に関する事項
(9) 労働者に負担させるべき食費,作業用品その他に関する事項
(10) 安全および衛生に関する事項
(11) 職業訓練に関する事項
(12) 災害補償および業務外の傷病扶助に関する事項
(13) 表彰および制裁に関する事項
(14) 休職に関する事項

このうち,(1)～(6)は必ず明示しなければならない事項,(7)～(14)は制度を設ける場合に明示しなければならない事項とされています。更には(1)～(5)については必ず書面を作成し,労働者に交付することにより明示しなければなりません。またパートタイム労働法により,パートタイム労働者に対しては,「昇給の有無」,「賞与の有無」,「退職手当の有無」,「相談窓口」についても,書面を交付することにより明示しなければなりません。

2　労働条件における各種規制

(1)　労働基準法上の強行法規

労働基準法は,最低労働条件の確保を目的とした労働者保護法規です。そのため,同法を強行法規とし,個別労働契約において同法の基準に達しない労働条件を定める部分を無効とした上で,無効となった部分を同法所定の基準を適用するとしています。分かりやすい例を挙げれば,労働契約において「年次有給休暇はなし」と定めたとしても,その部分は無効となり,労働基準法所定の日数の年次有給休暇が付与されることになります。このような規定は使用者との関係において不利な労働条件を強いられる危険性が高い労働者の保護・救済

という観点からは非常に重要な条文となっています。

(2) 国籍，信条，社会的身分による差別の禁止

労働基準法3条では，労働者の国籍，信条または社会的身分を理由として，賃金，労働時間その他の労働条件について，差別的取扱いをすることを禁じています。日本国憲法14条1項は「すべて国民は，法の下に平等であって，人種，信条，性別，社会的身分又は門地により，政治的，経済的又は社会的関係において，差別されない」と国民の法の下の平等を高らかに謳いあげていますが，この労働基準法の定めは憲法における根本的理念を労働分野においても体現することを規定しているのです。なお，この条文で差別禁止の対象とされている「国籍」とは，国民たる資格および人種を，「信条」とは，思想，信条，そのほか宗教的信条，政治的信条，その他の諸々の思想を含む人の内心におけるものの考え方を，そして「社会的身分」とは，生来的または後天的なものであって，自己の意思によっては逃れることができない社会的な分類を意味しています。

(3) 男女同一賃金の原則

労働基準法4条では，労働者が女性であることを理由として，賃金について男性と差別的取扱いをすることを禁じています。更に男女雇用機会均等法6条は，労働者の性別を理由として，労働者の配置（業務の配分および権限の付与を含む），昇進，降格および教育訓練，住宅資金の貸付けその他これに準ずる福利厚生の措置，労働者の職種および雇用形態の変更，退職の勧奨，定年および解雇並びに労働契約の更新についての差別的取扱いを禁じています。またこれに関連し，実務上問題になりやすいのがコース別人事の取扱いです。男性労働者は総合職，女性労働者は一般職といった配置を行い，昇進・賃金などの面において差別的取扱いを行うような場合も問題となります。この点に関しては近年，転居を伴う転勤の有無によるコース別取扱いについての法的規制が強化されています（平成25年12月24日厚生労働省告示第384号）。

(4) 損害賠償予定の禁止

労働基準法16条では，労働契約の不履行について違約金を定め，または損害賠償額を予定する契約をすることを禁じています。旧来のわが国の封建的労働慣行として，労働契約期間の途中において労働者が転職したり，帰郷する等労働契約の不履行の場合に，一定額の違約金や損害賠償を支払うことを労働者

本人またはその身元保証人と約束する取扱いが見られました。しかし，こうした制度は労働の強制や労働者の自由意思を不当に拘束し，労働者を使用者に隷属せしめることになるため，戦前の工場法の時代から禁止されています。なお，損害賠償額の予定とは，債務不履行の場合に賠償すべき損害額を，実害の如何に関わらず一定の金額として定めておくことであり，使用者が実際に損害を被った場合に，その実損害額に応じて賠償を請求することを禁じるものではありません。

　（5）**最低賃金制度**

　賃金額については労使双方の合意によって決定するのが原則となりますが，賃金の低廉な労働者について，賃金の最低額を保障することにより，労働条件の改善を図り，もって，労働者の生活の安定，労働力の質的向上および事業の公正な競争の確保に資するとともに，国民経済の健全な発展に寄与することを目的として最低賃金制度が設けられています。最低賃金には，地域別最低賃金と特定最低賃金の2種類がありますが，使用者は，この最低賃金額以上の賃金を支払わなければならないとされています。わが国の最低賃金については，他の先進国と比較して，その低さが指摘されており，近年，その引き上げが急ピッチで行われています。

　（6）**そ の 他**

　その他，労働基準法においては強制労働の禁止（5条）や前借金相殺の禁止（17条）などの禁止事項を定めています。こうした規定はいずれも労働者の自由な意思によらない労働や不当な拘束を防止するという観点から設けられています。こういったところに不当な手段によって労働を強制する過去の封建的悪習との決別と「何人も，いかなる奴隷的拘束も受けない」と規定された日本国憲法18条の理念を実現しようとする労働基準法の強い意思を感じることができるのです。

第4節　定年制と60歳以降の雇用確保義務

1　60歳定年制

定年制とは，労働者が一定の年齢に達した際に労働契約が終了する制度のことを言います。通常は就業規則において，その年齢に到達した際に当然に契約が終了するという定めをおくことになります。

定年の年齢については，かつては55歳定年制が一般的でしたが，その後の高年齢者雇用安定法改正により，「事業主がその雇用する労働者の定年の定めをする場合には，当該定年は，60歳を下回ることができない」（8条）とされ，現在は60歳定年制が定められています。なお，60歳未満の年齢による定年制を設けたとしても，その制度は無効となるので，注意が必要です。

2　企業に課せられる60歳以降の雇用確保義務

わが国では急速な高齢化が進行しています。それに対応し，高年齢者が少なくとも年金受給開始年齢までは意欲と能力に応じて働き続けられる環境の整備を目的として，2013（平成25）年4月1日に高年齢者雇用安定法の一部が改正され，原則として希望者全員の65歳（年金支給開始年齢）までの雇用確保義務が課せられています。具体的には使用者は，定年年齢の引き上げ，継続雇用制度の導入，定年の定めの廃止のいずれかの措置を講じなければならないとされています。

このうち，大半の企業は継続雇用制度の導入を選択しています。[3]具体的には60歳定年で一旦，労働契約を終了させ，その後，1年契約の更新制などにより，65歳までの雇用を確保していることが通常です。その際，心身の故障のため，業務に堪えられないと認められること，勤務状況が著しく不良で，引き続いて従業員としての職責を果たし得ないこと等，就業規則の解雇または退職事由（年齢に係るものを除く）に該当する場合等には，継続雇用しないことができます。また，継続雇用は定年前に勤務していた企業での受入れが原則となります

3　厚生労働省『平成26年　高年齢者の雇用状況』。

が，特殊関係事業主（当該事業主の経営を実質的に支配することが可能となる関係にある事業主，その他グループ企業）との間で，当該事業主の雇用する高年齢者を雇用することの契約を締結した場合には，特殊関係事業主での雇用であっても継続雇用したと認められることになります。

　今後，年金支給開始年齢の更なる引き上げや労働力人口の減少といった要因により，65歳定年制の義務化や70歳に向けた雇用確保など，一層の高齢者雇用の拡大が予想されます。社会保険労務士としては，安定的な労働力の確保に向け，こうした高齢者の能力や意欲を最大限に高めるような人事諸制度の構築が強く求められています。

参 考 文 献
有泉亨『労働基準法』（有斐閣，1963年）
菅野和夫『労働法』第8版（弘文堂，2008年）
厚生労働省「公正な採用選考のために～男女差別以外に採用選考時に配慮すべき事項～」
厚生労働省労働基準局編『平成22年度版　労働基準法（労働法コンメンタール）』（労務行政，2011年）
厚生労働省労働基準局編『労働基準法解釈総覧』改訂15版（労働調査会，2014年）
寺本廣作『労働基準法解説』（信山社，1948年（1998年復刊））
水町勇一郎『労働法』第5版（有斐閣，2014年）

第4講 就業規則
——人材マネジメントにおける就業規則の機能——

杉山 秀文

　社会保険労務士にとって就業規則は大きな位置を占めます。就業規則の作成・改定を業務として請け負う場合はもちろんのこと，そうでない場合でも，就業規則は顧客の受託業務を遂行する上でなくてはならない重要なドキュメントになります。なぜなら，就業規則は，会社の人事・労務管理の基本となるものだからです。依頼主の人事・労務管理の改善・改革を生業とする社会保険労務士にとって，就業規則はいわば基本法典ともいうべきドキュメントなのです。
　本講では，この就業規則はどのような機能をもつものなのか，そして社会保険労務士は就業規則にどのように向き合うべきなのかを述べていきます。

第1節　就業規則を考える2つの視点

　「就業規則はなぜ作らなくてはならないのか」という問いかけに対し，多くの人は「法で定められているから」と答えます。これは確かにその通りです。**労働基準法**89条は「常時10人以上の労働者を使用する使用者は，次に掲げる事項について就業規則を作成し，行政官庁に届け出なくてはならない。次に掲げる事項を変更した場合においても，同様とする」と，**就業規則の作成・届出義務**を定めています。
　しかし，法的義務という視点は，就業規則の一面でしかありません。そのような視点だけで捉えると，就業規則の本質を見誤ります。就業規則の本質は，

経営のツールという点にあります。法規制の有無にかかわらず,会社を経営する以上,就業規則は必須のツールなのです。

もちろん,就業規則を考える上では,法的視点も欠かせません。就業規則は,会社と労働者の関係を規定するとともに,**労働条件の最低基準**を定めるという効力をもちます。このように,労働関係の基本を定める重要な文書になりますから,そこに一定の法規制が必要になります。

以上から,就業規則は,次の2つの視点で捉える必要があるのです。
① 経営の視点
  1) 労働力の組織化
  2) 社員の活性化
② 法の視点
  1) 労働基準法
  2) 労働契約法

1 経営の視点
（1） 労働力の組織化

組織は,複数の人が集まって,何らかの目標を達成するために存在します。会社組織であれば,その目標は利益を上げることになります。組織とは何か,どのような組織がいいのかについては,数多くの理論が展開されていますが,究極のところ,組織を作るのは,一人ではできないことを実現するためです。

会社は集めた人材を,部署に配置し,職務を割り当てます。こうした分業体制,組織労働が滞りなく,効率的に遂行されるよう,指揮命令系統を作り,要所々々に管理職を配置します。社員は管理職の指揮命令の下で職務を遂行することが義務づけられます。また,会社はその必要性に応じ,社員を配置転換し,場合によっては出向・転籍といった人事措置を実行します。こうした組織労働が円滑に遂行され,組織が成果を上げていくためには,ルールが必要になります。

これらのことをまとめると,会社の**人材マネジメント**と捉えることができます。人材マネジメントとは,人材を活用し成果を上げていくための一連の仕組みを指します。人材マネジメント諸施策をまとめたドキュメントが就業規則な

のです。

　人材マネジメント施策と就業規則はコインの表裏の関係にあります。通常は人材マネジメント施策が先行します。たとえば，経営戦略として分社化を行い，人材マネジメント施策として出向制度を取り入れることにしたとします。そうすると，就業規則に出向規定を入れることになります。出向制度の内容を規定として実装するわけですが，その際には当然，既存の制度，すなわち就業規則の内容との整合性などがチェックされます。場合によっては，制度の修正を行います。また，実際に出向を運用するにあたって必要なことが検討され，規定化されます。

　このように，人材マネジメント施策と就業規則は，お互いに関連し合いながら経営目標達成を推進するのです。

　（2）　社員の活性化

　就業規則を考える場合，社員の活性化という視点もなくてはなりません。これには，次の2つの側面があります。

　①　社員の安心

　社員にとって，自分の労働条件がどうなっているのかは最大の関心事です。1日何時間働くのか，休日はいつか，賃金はどのように決まるのかといったことが明確になってはじめて，安心して働くことができます。

　就業規則にこのようなことが，分かり易く明快に記述されていることが，活性化のベースになります。

　②　社員のモチベーション

　モチベーションの向上は，重要な人事課題です。モチベーションのあり方は業績に大きな影響を与えます。

　就業規則の規定のあり方も，社員のモチベーションを左右します。たとえば，人事評価がどのような考え方で行われるのかを記載することにより，社員は自分が何を求められているかを理解します。そのことが，モチベーションアップにつながるのです。

2　法の視点

　（1）　労働基準法

就業規則の作成・制定義務は前述の通り労働基準法89条に定められています。また，記載事項についても同条に定められています。
　就業規則に関する定めとして同法ではさらに，次の定めをおいています。
　90条　作成の手続き
　91条　制裁規定の制限
　92条　法令及び労働協約との関係
　93条　労働契約との関係
　これらを踏まえた就業規則作成・見直しのポイントについては後述します。
　ここで押さえておきたいのは，93条の「**労働契約**との関係」です。現在この部分は，「労働契約と就業規則との関係については，労働契約法12条の定めるところによる」となっています。つまり，就業規則の民事的効力については**労働契約法**にゆだねることとしているのです。そして，労働契約法12条には「就業規則で定める基準に達しない労働条件を定める労働契約は，その部分については無効とする。この場合において無効となった部分は，就業規則で定める基準による」と就業規則が**労働契約の最低基準**を規定する効力をもつことが定められています。
　会社の人事労務において，ここは重要なポイントとなります。たとえば，当初は予定していなかった就労形態，業務内容の社員を採用することとなり，かつ，労働条件が，既存の社員を下回るという場合を想定してみます。正社員しかいなかった会社が，新たにパートタイマーを雇うことになったというような場合が典型例です。このようなときに，パートタイマー用の就業規則を作成しないまま，あるいは，既存の就業規則にパートタイマーに関する条項を記載しないまま，個別の労働契約において就業規則を下回る労働条件を定めても，下回る部分については無効となる可能性があるのです。現実にこのような杓子定規な法解釈がされるとは限りませんが，トラブルの火種になることは確かでしょう。

（2）　労働契約法
　就業規則とは，就業上の規律や労働条件について定めたものです。これらは，会社と労働者が締結する労働契約の内容にもなります。
　就業規則は，会社が一方的に作成するものです。会社にイニシアチブがあり

ます。一方，労働契約は，会社と働く人のお互いの合意で成立します。この点は，労働契約法6条にも次の通り明記されています。

「労働契約は，労働者が使用者に使用されて労働し，使用者がこれに対して賃金を支払うことについて，労働者及び使用者が合意することによって成立する。」

ここで問題になるのは，会社が一方的に作成することのできる就業規則と，合意によって成立する労働契約の関係です。この点が労働契約法7条に明記されました。

「労働者及び使用者が労働契約を締結する場合において，使用者が合理的な労働条件が定められている就業規則を労働者に周知させていた場合には，労働契約の内容は，その就業規則で定める労働条件によるものとする。ただし，労働契約において，労働者及び使用者が就業規則の内容と異なる労働条件を合意していた部分については，第12条に該当する場合を除き，この限りでない。」

この条文は，労働契約の成立過程における就業規則と労働契約の関係を定義したものです。

労働契約締結時においては，使用者は，労働者に労働条件を明示すること，そして賃金，労働時間など主要な労働条件については書面で明示することが労働基準法で義務づけられています。具体的に何を明示すべきかは同法施行規則5条1項に定められています。

しかし，日本の労働関係において，**労働契約書**や**労働条件通知書**に，労働条件のあらゆることが記載されているということはあまり見られません。ここを補完するのが就業規則となります。すなわち，就業規則の内容が**合理的**で，かつ，それを労働者に**周知**させていた場合は，就業規則の内容が労働契約の内容となるのです。ここでいう「合理的」とは，個々の労働条件そのものを指します。明らかに不当と判断されるような内容でないことが求められます。また，周知ということですが，これは当然，当該事業場に既に在籍している労働者のみならず，新たに労働契約を締結する労働者も対象になります。したがって，労働契約締結前または締結時に就業規則を示し，内容を理解してもらう必要があります。

就業規則と労働契約の関係については，就業規則変更時にも重要な問題となります。この点については後述します。

第2節　就業規則が備えるべき要件

就業規則は，① 人材マネジメントの機能化，② 労務コンプライアンスの確立，③ 労務リスクの管理の3つの要件を満たさなくてはなりません。就業規則に取り組む社会保険労務士はこの3点を意識におく必要があります。

1　人材マネジメントの機能化

前述の通り，会社の人材マネジメント施策と就業規則は表裏の関係にあります。そして，就業規則は，この人材マネジメント施策を有効に機能させるものでなくてはならず，そのためには，会社の人材マネジメント施策の考え方と内容を伝えるものになっている必要があります。

たとえば賃金制度を例に，この点を見ていきます。就業規則を読んでも，個々の賃金がどのように決まるのか，よく分からないということがあります。賃金制度というのは，会社が働く人に対して発するメッセージです。会社は社員をどのように処遇しようと考えているのか，社員にどのような貢献をしてもらいたいのかを形にしたのが賃金制度なのです。そのような思いで作った賃金制度であっても，そのことが社員に伝わっていない状態では，狙い通りに機能しません。そこで，賃金制度を機能させるために，就業規則に，賃金決定の基準などを記載するのです。

実務的には，就業規則には基本的なことだけを記載し，詳細は「手引き」などの別文書にすることが少なくありません。それでも問題はありません。重要なのは，どこを見ればいいのかが明確になっていること，そしてそのことをきちんと知らせていることなのです。

2　労務コンプライアンスの確立

就業規則の記載事項は労働基準法89条に定められています。就業規則は同

条に則って作成されなくてはなりません。そして，当然のことながら，その内容は法令を遵守するものでなくてはなりません。この点は労働基準法92条に「就業規則は，法令又は当該事業場について適用される労働協約に反してはならない」と明記されています。このように，法に則った就業規則を作成するのは，使用者の義務なのですが，そのことが結果として社員に，法の内容を周知させ，法令を遵守させることにつながります。

セクシュアル・ハラスメント（セクハラ）を例に，この点を説明しましょう。セクハラという言葉は既に社会に定着していますが，正しい理解がされているとは限りません。また，依然としてこの問題を深刻に捉えていない人もいます。そこで，就業規則（セクハラ防止規程）に，セクハラの定義，セクハラ行為をした場合の処罰などを記載することにより，この問題に対する正しい理解を進め，もってセクハラの予防策につなげることができます。

このように，就業規則を通して法令を周知させることにより，労務コンプライアンスを確立させることができるのです。

3 労務リスクの管理

（1） 労務リスクとは何か

労務リスクは，①コンプライアンスリスク（法令違反が引き起こす，訴訟などのリスク），②人的リスク（従業員が直接引き起こすリスク），③健康・メンタルヘルスリスクの3つに分類できます。

このようなリスクは以前から存在していたものですが，近年特にリスクが高くなっています。それは次の3つが主な要因です。

① 個人の意識の変化

バブル経済崩壊後の長期不況・リストラ時代を経て，「自分の身は自分で守る」という意識を誰もがもつようになっています。その結果，強くなってきたのが法律意識と権利意識です。また，インターネットで何でも検索できる状況です。法律に関する情報も，ネット上にあふれかえっています。これらは，よい・悪いの問題ではありません。

権利意識・法律意識が高まり，理論武装もした人が増えている中，会社もしっかりとしたリスク対応をしておく必要性が高まっているのです。

② 労働紛争解決手段の整備

個別労働関係紛争解決促進法，労働審判法など，労務トラブルを解決する手段が整備されてきました。これ自体は，紛争の迅速な解決を可能にする望ましい動きなのですが，当然これは，労務トラブルを公の場にもち込む手段が増えたことを意味します。その分，労務トラブルが表に出やすくなったのです。

③ 雇用・労働問題への関心の高まり

長時間労働，メンタルヘルス，ハラスメントなど，雇用・労働をめぐる問題への関心が，近年急速に高まっています。「ブラック企業」という言葉がマスコミを賑わせる一方で，労働法制の規制緩和が政府の成長戦略の重点課題にあげられるという状況です。

労務トラブルに対する世間の目が厳しくなっており，問題が顕在化しやすくなっているのです。

（2）コンプライアンスリスク

コンプライアンスリスクは，具体的には，① 労働基準監督署の臨検監督，② 訴訟，③ 風評被害のような形で現れます。これらのリスクに対応するためには，「労務コンプライアンスの確立」の項で述べた通り，就業規則を法令に則って作成し，会社全体に労務コンプライアンス意識を定着させる必要があります。

（3）人的リスク

人的リスクとは，社員が不祥事や問題行動を起こし，それによって会社が有形・無形の損害を被ることを指します。たとえば，次のようなものがあげられます。

・職場や仕事になじめない「不適応社員」や問題行動を起こす「問題社員」
・社員による不祥事，法令違反
・情報漏洩

就業規則で人的リスクを防ぐ上でポイントになるのが，「**服務規定**」と「**懲戒規定**」です。服務規定は社員の行動基準，すなわち，社員に守ってほしいこと，やってほしくないことを示したものです。また懲戒規定は，社員が何か不始末をした場合にどんな処罰がされるのかを示したものです。リスク管理の観点でいえば，服務規定は予防策，懲戒規定は事後策といえます。

(4) 健康・メンタルヘルスリスク

かつては，健康管理は本人の責任とされていました。しかし今日では，このような考えは通用しません。

会社の義務としてまずあげられるのが，**労働安全衛生法**です。ここには，健康診断や安全衛生管理体制など，会社が取るべき措置が定められています。

次にあげられるのが「**安全配慮義務**」です。これは労働契約法5条に次のように定められています。

> 「使用者は，労働契約に伴い，労働者がその生命，身体等の安全を確保しつつ労働することができるよう，必要な配慮をするものとする。」

健康・メンタルヘルスに関して会社がさらされているリスクは法的なものだけではありません。もっと大きいのが，労務面のリスクです。社員が心身の健康を害した場合，戦力ダウン，他の社員の負荷の増大，品質やサービスへの悪影響，労働災害といった様々な影響が生じます。

以上から，就業規則は次の要件を満たすものでなくてはなりません。
・労働安全衛生法上の義務を果たす
・安全配慮義務を果たす

具体的には，次の制度を整備し，就業規則で規定する必要があるのです。
・心身の健康を保ち，健康障害を予防するための施策
・健康障害を早期に発見するための施策
・健康を害した場合のケア
・長期に休む場合の措置と，復帰のための措置

第3節　就業規則の足取り

1　近代産業発祥から工場法施行まで

就業規則は，明治時代，近代産業が勃興するとともに，各企業において作成されていました。この頃の就業規則は，会社が労働者を取り締まるという性格が強かったようですが，それに対して，何らかの法的規制を加え，日本の労働関係を近代的なものにしようという動きが出たのです。それが形となったのが，

1898（明治31）年に作成された工場法案です。同法案16条には，職工規則の作成義務，そして17条には職工規則の内容，31条には違反に対する罰則が規定されていました。

同法案は結局日の目を見ることがないままになったのですが，その後の産業社会の発展とともに，1911（明治44）年に工場法は制定され，1916（大正5）年から施行となりました。そして，1926（大正15）年の工場法施行令によって，就業規則に関する法制が整備されたのです。同施行令27条の4には，以下の通り記されています。

「常時50人以上職工ヲ使用スル工場ノ工業主ハ遅滞ナク，就業規則ヲ作成シ之ヲ地方長官ニ届出ツヘシ。

就業規則ヲ変更シタルトキモ亦同シ

就業規則ニ定ムヘキ事項左ノ如シ

1　始業終業ノ時刻，休憩時間，休日及職工ヲ二組以上ニ分チ交替ニ就業セシムルトキハ就業時転換ニ関スル事項
2　賃金支払ノ方法及時期ニ関スル事項
3　職工ニ食費其ノ他負担ヲ受サシムルトキハ之ニ関スル事項
4　制裁ノ定メアルトキハ之ニ関スル事項
5　解雇ニ関スル事項

地方長官必要ト認ムルトキハ就業規則ノ変更ヲ命スルコトヲ得」

また，工場法施行規則も改正され，12条に次の規定がおかれました。

「工業主ハ就業規則ヲ適宜ノ方法ヲ以テ職工ニ周知セシムヘシ

工業主ハ始業及終業ノ時刻並休憩及休日ニ関スル事項ヲ各作業場ノ見易キ場所ニ掲示スヘシ」

現在の視点から見れば不十分という面があるとはいえ，届出義務や周知義務が既に存在しているなど，今日の就業規則法制に通じる部分があるのが分かります。

2　戦後の労働法制整備と就業規則

終戦後の1947（昭和22）年，労働基準法の制定により，就業規則の作成義務，作成手続，記載内容のことなどが定められました。その後，同法は46次に渡

る改正が重ねられましたが，就業規則に関しては，2007（平成19）年の第45次改正までは，大きな見直しは行われませんでした。この改正により，93条の条文が労働契約法12条に移されました。就業規則と労働契約の関係については，労働契約法制定までは，労働基準法93条で，労働契約に対する就業規則の最低基準を定めていたのみでした。

人事労務の現場では，就業規則の不利益変更がしばしば問題になりますが，この点についての明文の規定はなく，学説も対立していました。そんな中，昭和43年，最高裁が判断を下しました。

「新たな就業規則の作成または変更によって，既得の権利を奪い，労働者に不利益な労働条件を一方的に課すことは，原則として許されないと解すべきであるが，労働条件の集合的処理，とくにその統一的かつ画一的な決定を建前とする就業規則の性質からいって，当該就業規則条項が合理的なものであるかぎり，個々の労働者において，これに同意しないことを理由として，その適用を拒否することは許されない」（秋北バス事件，最大判昭和43年12月25日）

さらに，「合理的」の判断基準について，同じく最高裁が以下の通り判示しています。

「合理性の有無は，具体的には，就業規則の変更によって労働者が被る不利益の程度，使用者側の変更の必要性の内容・程度，変更後の就業規則の内容自体の相当性，代償措置その他関連する他の労働条件の改善状況，労働組合等との交渉の経緯，他の労働組合または他の従業員の対応，同種事項に関する我が国社会における一般的状況等を総合考慮して判断すべきである」（みちのく銀行事件，最判平成12年9月7日）

これらの判例をほぼ踏襲する形で，2008（平成20）年施行の労働契約法において，就業規則と労働契約との関係が規定されることとなったのです。

第*4*節　就業規則はどう作るのか——作成・見直しのポイント

就業規則作成・見直しの具体的な手続については，様々な専門書・実務書で

述べられています。紙数の関係上，ここでその詳細を述べることはできませんが，どのような点に注意して作成・見直しを行うべきなのかを解説していきます。

（1）　あるべき姿から現状診断

就業規則の作成・見直しにおいて最初にやるべきことが「現状診断」です。

①　作成時の現状診断

新たに就業規則を作成する際に行う診断は，会社の人事・労務の現状診断です。会社の労働時間管理，賃金決定基準や支払方法といった，現実に会社で行われている人事・労務管理施策を，就業規則の記載項目に沿った形で洗い出していきます。

②　見直し時の現状診断

就業規則見直しの際，目の前にある就業規則を眺め，「ここはまずいな」とか「この項目が抜けている」とチェックを入れていくというやり方がよく見られます。

いま存在する就業規則をじっくり読み込み，そこから問題点を探していくということも，必要なことです。しかし，これだけで十分な見直しはできません。漏れ・抜けが生じます。見直し対象の就業規則現物に，引きずられてしまうのです。したがって，就業規則見直しにあたっては，「本来こうあるべき」「こうあってほしい」という，「目指す姿」からのチェックが必要なのです。そのために「**就業規則チェックリスト**」を用意し，リストを元に就業規則をチェックしていきます。こうすることにより，抜けている項目や見直すべき項目が明らかになるとともに，内容を漏れなくチェックできます。

（2）　必要記載事項の網羅

就業規則には「**絶対的必要記載事項**」と「**相対的必要記載事項**」，そして「**任意的記載事項**」の3つがあります。

このうち，「絶対的必要記載事項」は，就業規則である以上絶対に記載しなくてはならないことですから，漏れがあってはなりません。

ここをはずした就業規則を作ってしまうことはまずないと思われますが，意外と漏れるのが「相対的必要記載事項」です。相対的必要記載事項の具体的な内容についても，労働基準法89条に詳細に定められています。注意すべきは

同条10号で「前各号に掲げるもののほか，当該事業場の労働者すべてに適用される定めをする場合においては，これに関する事項」とある点です。つまり，退職手当に関する事項のように同条に具体的に列挙されている事項以外でも，労働者全員に適用されることがあれば，就業規則に何らかの形で定めをおかなくてはならないのです。これは，「一定の範囲の労働者のみに適用される事項ではあるが，労働者のすべてがその適用を受ける可能性があるものも含まれると解すべき」（『平成22年版労働基準法　下』厚生労働省労働基準局編）とされています。

（3）　手続遵守

就業規則の作成手続は，①会社が就業規則案（改定案）を作成，②労働者過半数代表の意見聴取，③所轄労働基準監督署長へ届出，④周知です。就業規則作成，見直しに当たっては，当然，この手続を遵守しなくてはなりません。ここでは，問題になりやすいポイントを解説します。

①　過半数代表について

過半数代表とは，事業場の労働者の過半数を代表する労働組合がある場合はその労働組合，そのような労働組合がない場合労働者の過半数を代表する者を指します。

労働組合は結成されていても，労働者の過半数が加入していないという場合は，別途過半数代表者を選ばなくてはなりません。この過半数代表者に労働基準法41条2号の管理監督者がなることはできません。

注意しなくてはならないのは，「過半数」の分母，すなわち，事業場の全労働者には，管理監督者も含まれるということです。管理監督者を除いた労働者の過半数ということではありませんので，注意が必要です。

②　意見聴取について

労働基準法が義務づけているのは，過半数代表の意見を聴くことです。同意までは求めていません。

作成・変更した就業規則を所轄労働基準監督署長に届け出る際には，過半数代表の意見書を添付しますが，そこに反対意見が述べられていても受理されます。もし過半数代表が，意見を述べること自体にも反対したら，意見を求めたことが客観的に明らかになる書面を添付すればよいとされています。

しかし，これはあくまでも労働基準法上の問題，すなわち，労働基準法違反になるかどうかという問題です。事業場の労働者の多くが反対している就業規則が，労働条件の最低条件を定め，労働契約内容を規定する効力をもつのかどうかという点は，労働基準法上の問題とは別問題になります。

③ 法定の手続を怠った場合の就業規則の効力

では，労働基準法所定の手続を欠いた就業規則の効力はどうなるのでしょうか。

この点について，裁判例は「労基法所定の周知方法が採られていないからといって，直ちに就業規則の効力を否定すべきではないが，使用者において内部的に作成し，従業員に対し全く周知されていない就業規則は，労働契約関係を規律する前提条件を全く欠くというべきであるから，その内容がその後の労使関係において反復継続して実施されるなどの特段の事情がない限り，効力を有しないというべきであり」（関西定温運輸事件，大阪地判平成10年9月7日）と判示しています。労働者への周知が就業規則が効力をもつ最低要件であるということです。

④ 労働基準法の規定と民事上の効力の問題は区別する

以上から，就業規則に携わる社会保険労務士の方が意識すべきことは，就業規則の労働基準法上の規定と，**就業規則の民事上の効力**とをしっかり峻別して捉えるということだといえます。労働基準法の要件を満たしていなくても，その就業規則が民事上無効になるとは限りません。しかし，当然，労働基準法違反の罪には問われます。一方，労働基準法の規定に反していなくても，その就業規則が民事上の効力を否定されることもあります。両方に目配りして取り組む必要があるのです。

(4) **不利益変更への対応**

就業規則は「生き物」である

就業規則はいったん定めたあとも常に見直し・変更が繰り返されます。法改正への対応もありますし，そもそも，会社の人事制度を具体的な文書としたものが就業規則ですから，こうしたものが変われば，当然就業規則も変更されます。さらに，企業業績の悪化に伴う変更もあります。

こうした就業規則の変更が問題になるのは，労働者にとって不利な変更の場

合です。

就業規則の不利益変更と労働契約

労働契約法9条には,「使用者は,労働者と合意することなく,就業規則を変更することにより,労働者の不利益に労働契約の内容である労働条件を変更することはできない。ただし,次条の場合は,この限りでない」と,労働条件の不利益変更は合意が原則であることをまず述べています。

その上で,次の10条の場合は,「その限りではない」としています。

「使用者が就業規則の変更により労働条件を変更する場合において,変更後の就業規則を労働者に周知させ,かつ,就業規則の変更が,労働者の受ける不利益の程度,労働条件の変更の必要性,変更後の就業規則の内容の相当性,労働組合等との交渉の状況その他の就業規則の変更に係る事情に照らして合理的なものであるときは,労働契約の内容である労働条件は,当該変更後の就業規則に定めるところによるものとする。(以下,略)」

つまり,次の2つの要件を満たしている場合は,たとえ個々の労働者が同意をしていなくても,就業規則の不利益変更が可能だということです。

① 就業規則変更の内容が**合理的**である
② 変更後の就業規則を**周知**している

この「合理的」の判断基準は以下の通りとなります。

① 労働者の受ける不利益の程度
② 労働条件の変更の必要性
③ 変更後の就業規則の内容の相当性
④ 労働組合等との交渉の状況
⑤ その他の就業規則の変更に係る事情

労働者の受ける不利益の程度と労働条件の変更の必要性

これは,変更をしないままでいた場合に経営に与える悪影響の度合いと,変更により労働者が被る不利益の度合いとのバランスということです。両者のバランスを考えて,労働者に過剰に不利益とならないようにする必要があります。

特に,賃金や退職金などの重要な労働条件の不利益変更については,変更しなければ会社の存続にかかわるといった差し迫った経営の危機にあることなどが求められます。

変更後の就業規則の内容の相当性

就業規則の変更内容が，一般的な通念・常識から見て妥当かどうか，ということです。変更の代償として行われる措置や，関連する労働条件の改善状況なども判断材料に含まれます。

労働組合等との交渉の状況

「労働組合等」には，労働者の過半数が所属する労働組合から，少数労働組合，労働者の過半数代表者，労働者で構成される親睦団体まで，労働者の意思を代表するものが幅広く含まれます（「労働契約法の施行について」（平成20年1月23日基発第0123004号））。就業規則の不利益変更を実施するにあたって，労働者側と誠意をもって話し合ったかどうかが問われるということです。

（5） 人事制度改革と就業規則

就業規則は，人事制度改革に合わせて変更することもあります。この場合，業績悪化などの差し迫った経営危機があるために変更するとは限りません。将来の成長戦略のために，人事制度を改革することもあるからです。このような**人事制度改革に伴う就業規則変更**の場合，結果として労働条件が上がる社員もいれば，労働条件が下がる社員もいます。典型例が，賃金体系を年功序列型から成果・貢献度重視型へ変更する場合でしょう。このような場合，現実の不利益があるとは限りません。しかし，一部の社員でも労働条件が不利益になる可能性がある場合は，不利益変更にあたるとされています。そのため，人事制度改革などに合わせた就業規則の変更の際にも，前述の就業規則の不利益変更の法理が適用されます。

しかし，このような就業規則の変更を，経営危機等による就業規則の不利益変更の場合と全く同じ基準で判断するのは，適切ではありません。人事制度改革に合わせた就業規則変更の場合は，次の5点で合理性を判断するのが適切と思われます。

① 制度内容，評価基準が公正・透明であること

制度が一定のポリシーのもとに設計されており，内容が公開されている必要があります。特に成果・貢献度重視型の人事制度に変更する場合，ここをしっかり押さえなければなりません。なかでも，人事評価制度の内容や評価基準を公正・透明なものにすることは，最重要ポイントといえます。

② 賃金総原資は同じであること

　人事制度の改革に伴う就業規則変更では，「原資イコール」が原則です。つまり，社員によって賃金が上がったり下がったりすることがあっても，全体で見れば，変更前と同じ金額を会社が支払っているということです。

　③ 一定の経過措置が設けられていること

　新人事制度導入によって労働条件が下がる社員に対し，激変緩和措置など一定の経過措置を設けているか否かも，重要なポイントとなります。

　④ 特定の層に不当な不利益を課すものでないこと

　中高年など特定の層を狙い打ちにしたような制度変更は，無効とされる可能性が高くなります。

　⑤ 労働組合等と十分な協議を尽くしていること

　労働組合や労働者代表などと誠意をもって協議することは，ここでも重要な要件となります。

第5節　就業規則に取り組むスタンス

　本講の最後に，社会保険労務士はどう就業規則に取り組むべきなのかを述べていきます。

　これまで述べてきた通り，就業規則は経営ツールのひとつです。この意識をもつようにしなくてはなりません。そのためには，経営者の考えや思いをおさえた上で取り組む必要があります。当社の社員には，どのような人材になってもらいたいのか，どのように働いてもらいたいのか，といったことです。

　ただし，コンプライアンスはしっかりおさえます。経営者の考えが，法令上問題がある場合はもちろんのこと，そこまでいかなくても，従業員を不当に苦しめることにつながるようであれば，そのような就業規則を作るべきではありません。

　いずれにしろ，就業規則を作成・変更する際は，会社の戦略，会社の課題，会社の進む方向を踏まえて内容を検討します。たとえば，創造性を伸ばしたい，コンプライアンス意識を高めたい，規律・秩序，営業力を強化したい，などと

いったことです．何を重点課題，戦略課題とするのかによって，人材マネジメント施策は異なり，就業規則の作りも異なります．

一方，社員目線を忘れないことも大事です．働く人のやり甲斐，安心感などを踏まえて人材マネジメント施策を考え，就業規則を考えるということです．

それと関連しますが，就業規則の分かり易さにも留意する必要があります．就業規則は，法律的な固い表現にしていることが多いです．致し方ない面もありますが，やはり，読んだ人がまったく理解できないような代物にはすべきではないでしょう．どうしてもそうなってしまうのであれば，手引書などの解説をつけるのがいいですね．こうした少しの工夫が，社員の会社に対する信頼感につながるのです．

また，情報のアンテナを張っておくことも大事です．法制の動きは当然のこととして，世の中の動き，人々の意識の変化などもきちんと捉え，臨機応変に就業規則に反映させることが望まれます．

参考文献
厚生労働省労働基準局編『平成22年版 労働基準法』（労務行政，2011年）
杉山秀文『労務トラブルを未然に防ぐ就業規則作成＆見直しマニュアル 改訂版』（すばる舎リンケージ，2010年）
菅野和夫『労働法』第10版（弘文堂，2012年）
杉山秀文『就業規則はこう使え』（労働調査会，2013年）
浜田富士郎『就業規則法の研究』（有斐閣，1994年）
本多淳亮，佐藤進『増訂 就業規則――理論と実務』第4版（ダイヤモンド社，1972年）

第5講 労働条件
──賃金・労働時間など──

若林 正清

わが国の誇れることとは何でしょうか。いろいろあると思います。桜がきれいなことも，そのひとつだと思います。しかしながら，私の考えでは「みんなが誇りを持って，いきいきと働いていること」，「みんなが助け合って生きていること」だと思っています。そしてこのことを下支えしているのが，わが国の「労働・社会保障」であると考えています。

そもそも働くこと，即ち労働契約の根本は，労働者から労務提供が行われ（基本的には労働時間で計られる），それに対して使用者は賃金を支払うということであり，この点において，本講の「賃金」と「労働時間」は，労働条件の中で最も重要な部分であるといえます。

第1節 賃　金

1 賃金とは

労働基準法では，「**労働者**」について9条にて「この法律で『労働者』とは，職業の種類を問わず，事業又は事務所（以下「事業」という）に使用される者で，賃金を支払われる者をいう。」と定義されています。また，「**賃金**」については同法11条にて「この法律で賃金とは，賃金，給料，手当，賞与その他の名称の如何を問わず，労働の対償として使用者が労働者に支払うすべてのものをいう。」と定義しており，相互規定関係にあることがわかります。また，賃

金は，労働の対償として使用者が労働者に支払うすべてのものをいうことから，就業規則などであらかじめ支給条件が定められている賞与や退職金なども賃金に含まれることになります。

2　賃金に関する相談例
（1）　出来高払制の保障給

　新たに業務用資材の卸売業を始めるＡ社長より，自分が営業マンとして腕をふるってきた経歴があるだけに「新たに営業職を採用するにあたって，完全出来高払制としたいので，その旨賃金規程に入れてほしい」との相談がありました。

　我々社会保険労務士にとって，創業前から顧問となり，種々相談を受けることは，たいへんやりがいを感じるものです。賃金額の決定から，求人広告の文言に至るまで，雇用に関する，ありとあらゆることが質問として出てきます。そして社長自身，経営者としては初めての経験であり，労働基準法等について詳しくないのが通常です。しかしながら，このような場合，いきなり労働基準法27条「出来高払制その他の請負制で使用する労働者については，使用者は，労働時間に応じ一定額の賃金の保障をしなければならない。」，「法律ではこうなっています。」と話すのでは，なかなか納得してもらえません。「出来高払制は，出来高に応じて賃金が支払われるため，モチベーションを高める効果がある反面，出来高が常に一定の水準を維持するとは限らないので，いきおい労働者の生活も不安定になってしまいます。労働者にとって生活の安定は働く上で大きな目的であることから，出来高払制が適用される労働者に対し最低限の生活を保障するというのが本条の意義となります。」と法律の趣旨を丁寧に説明しました。また，比較的理解を得やすい，「最低賃金法は労働者に等しく適用されること」も併せて説明しました。そして具体的には，本条には保障の額や率について規定はありませんが，規定の要求する保障給は「通常の実収賃金と余りへだたらない程度の収入が保障されるようにその額を定めるように」（昭和63年3月14日基発第150号）とされており，また，同通達にて「賃金構成からみて固定給の部分が賃金総額のおおむね6割程度以上を占めている場合には，『請負制で使用する』場合に該当しないと解される。」としており，最終的には

これにしたがって，固定給部分を決定しました。

そして，会社が始まり半年ほどが経過したころ，社長より「会社を始めたばかりで，社員から見れば自分には信用がないけれども，顧問の社労士さんがいてくれるので，社員も安心していきいきと働いてくれています。」と言われたときの喜びはひとしおでした。

（2） 年俸制と時間外手当の基礎

いわゆる年俸制で賃金が支払われる労働者についても，労働基準法24条2項の毎月1回以上，一定期日払いの原則は適用されます。このことは，仮に条文を知らなくても，一般的に使用者は労働者に対して，年俸額の12分の1を毎月一定の期日を定めて，支払っています。また，年2回の賞与時にも支払うことを念頭に，例えば年俸額を14分の1とし，毎月と賞与時に支払う会社もあります。

ところがときに「当社は正社員全員，年俸制なのでまったく時間外手当を支払っていません。」と悪びれずに言われることがあります。たしかに，年俸制は管理監督者や裁量労働制などに適用されることが多いですが，一般社員についてはいくら年俸制であっても時間外労働を行えば当然割増賃金としての時間外手当が必要となります。年俸制とは，たんに年単位で評価しこれからの1年間の支給額を提示しているにすぎないからです。もし年俸額に時間外手当も含まれているということであれば，年俸を提示する際に基本部分と時間外手当部分を明確に区分し，十分に年俸者への説明の上，了解を得ておく必要があります。また，実計算による残業代が各月ごとに支払われている時間外手当相当額を上回る場合は，差額を支払う必要があることは，第3節にて後述する「定額時間外手当」と同じです。なお，時間外手当の計算について，割増賃金の算定の基礎から除外される「賞与」とは，「その支給額が予め確定されていないものをいい」，「支給額が確定しているものは，名称の如何にかかわらず，これを賞与とはみなさない」（昭和22年9月13日発基第17号）としているので，年俸制で毎月払い分と賞与部分を合計してあらかじめ年俸額が確定している場合は，その賞与部分はここでいう「賞与」には該当しません。したがって，賞与部分を含めて当該確定した年俸額を算定の基礎として時間外手当の単価計算を行わなければなりません。

(3) 休業手当について

　企業のベテラン人事労務担当者からも，まれに「会社の都合で休ませた場合の休業手当は労働基準法に従って平均賃金の6割支払えばいいですよね。うちは，労働基準法に規定されていることは，なるべく就業規則に載せないようにしています。」といった趣旨の話を聞くことがあります。労働条件の最低基準を設定する労働基準法26条（**休業手当**）では，「使用者の責に帰すべき事由による休業の場合においては，使用者は，休業期間中当該労働者に，その平均賃金の100分60以上の手当を支払わなければならない。」として，100分の60以上の支払いを規定しているのであって，100分の60で良いとしているわけではありません。したがって，会社が100分の60としたいのであれば，就業規則に労働条件として規定し，日頃から周知していなければなりません。民法の上でも，民法536条（債務者の危険負担等）2項では，「債権者の責めに帰すべき事由によって債務を履行することができなくなったときは，債務者は，反対給付を受ける権利を失わない。」と規定しており，これに従えば，労働者は100分の100を受ける権利があることとなります。しかしながら，この条文は民法としての任意規定であることから，労使の合意によって適用を除外することが可能となります。したがって，このことからも休業手当に関しては，あらかじめ就業規則において規定することで包括的同意をとりつけておくべきだとわかります。なお，就業規則にて「支給割合は，その都度労使によって話し合うものとする。」と規定していれば，受注減による自宅待機を命じる事態になった際など，その都度労使で話し合い，平均賃金の100分の60以上を前提に，合意に至った労使協定等に基づく支給率にて休業手当を支払うこととなります。その際に注意すべきことは，労働基準法でいう平均賃金の6割とは，所定労働日のうち，会社の事情により休業させた日に対して支払うものであるため，もともと休日であった日に対しては支払われず，実際の給料としては，4割，5割程度となることがあります。このことを十分に理解の上で，支給率について合意を得ないと，事後トラブルの原因となります。

第2節　労働時間

1　労働時間とは

　労働時間について，実は法律のどこを探してもその定義はありません。法律にないとなれば，裁判における判決，それも最高裁判所における判決の解釈をあてはめていくことになります。労働時間の該当性については，次の判決がいわゆるリーディングケースとなっており，そこでは，労働時間とは「労働者が使用者の指揮命令下に置かれている時間」と定義しています。また，「使用者から義務付けられ，又はこれを余儀なくされたとき」は，「使用者の指揮命令下に置かれたもの」と評価することができるとしています（三菱重工業長崎造船所事件，最判平成12年3月9日）。他に労働時間の該当性を補完する判決として，「不活動仮眠時間において，労働者が実作業に従事していないというだけでは，使用者の指揮命令下から離脱しているということはできず，当該時間に労働者が労働から離れることを保障されていて初めて，労働者が使用者の指揮命令下に置かれていないものと評価することができる。」（大星ビル管理事件，最判平成14年2月28日）があり，不活動仮眠時間であっても労働からの解放が保障されていない限りは労働時間にあたるとしています。ただし，「当該労働契約において仮眠時間に対していかなる賃金を支払うものと合意されているかによって定まるものである。」とし，賃金額は合意によることを認めています（なお，法定以上の時間外割増賃金・深夜割増賃金は必要である）。

2　労働時間法制の変遷

　わが国の労働時間法制における週法定労働時間は，1988（昭和63）年以降，労働者の健康保持，貿易黒字の増大による国際的批判への対応，ひいては内需拡大を目的として，1947（同22）年の労働基準法制定以来続いた「週48時間労働制」を9年かけて段階的に「週40時間労働制」へと次のように短縮が図られました。

　① 1988年4月施行の改正にて，週40時間労働制が法本則（労働基準法32条1項）に明記されました。

② しかしながら,同年4月施行時から直ちにこの週40時間労働制が適用されるのでなく,同法附則第131条により週40時間にかえて,政令で定める時間が週法定労働時間として適用されることとなり,施行時からは週46時間労働制(猶予措置:週48時間制)となりました。

③ 改正法施行後3年経過した1991(平成3)年4月に週44時間労働制(猶予措置:週46時間制)へと移行しました。

④ さらに3年後の1994(同6)年4月に週40時間労働制(猶予措置:週44時間制)へと移行しました。

⑤ その後1997(同9)年4月には,それまでの猶予措置としての週44時間制も含めて,週40時間制が全面実施(特例措置対象事業場を除く)となりました。

3 変形労働時間制と社会保険労務士

金融機関から紹介を受けて,保育園を経営するB社会福祉法人の高齢の女性副理事長さんを訪ねました。平常は,労働時間が週40時間を超えることはないけれども,保育園のバザーやクリスマス会など,行事前の数日間は遅くまで作業をやってもらっているが,常日頃は労働時間が多くないことから,時間外労働扱いをしたくないとのご相談でした。

「**変形労働時間制**(労働基準法32条の2,32条の4,32条の4の2,32条の5)という制度があり,繁忙期の所定労働時間は長くし,閑散期の所定労働時間は短くするといったように,業務の繁閑などに応じて労使が工夫をし,労働時間の配分などを行い,結果,全体としての労働時間の短縮を図ろうとするものがあります。」と説明し,行事への繁忙対応であることから計画的に勤務時間を設定できるため,十分な説明により労働者の方たちの合意を得ることを前提に,1ヵ月変形労働時間制を採用することを提案しました。そして,就業規則にはその旨,また「具体的な勤務時間は前月中に勤務表にて特定する」ことを定めるようにしました。その後,①指導相談業務に加えて,②社会保険・労働保険等の手続き業務,③給与計算業務まで,依頼したいとのことで,早速顧問契約を交わしました。しかしながら,その後,打ち合わせのため訪問した際も,急に都合が悪くなったとキャンセルとなったりして,こちらも信頼感が持てな

い中も，何とか業務を進め，半年が経過したころ，その副理事長さんが病にて亡き人になった旨を聞くに至りました。自分の死期を知り，ご子息である理事長が困らないよう，また従業員の誰にでも頼めるものではなく，結果として全幅の信頼をもって社会保険労務士である私に後を託していただいたわけですが，残念ながら，そのお気持ちを副理事長さんが亡くなられてからしかわからなかったことが悔やまれました。ご自分が病気であることは一切話されませんでした。あの突然のキャンセルも，急に体調が悪くなったからだったのだと思います。今思えば，話すことができないほど病状は深刻だったのだと思います。

託していただいた気持ちにこたえるため，法人の発展を期して，今日も社会保険労務士としての役割を果たすべくがんばっています。

第3節　労働時間と今日的課題

1　管理監督者の適用除外

事業の監督または管理の地位にある者は，経営者と一体となって仕事をする必要があることから，労働時間等の規制は適用除外となります。**管理監督者**とは「一般的には，部長，工場長等労働条件の決定その他労務管理について経営者と一体的な立場にある者の意であり，名称にとらわれず」，労働時間等に関する規制を適用することがなじまないものについて実態に即して判断されます。そして「企業が人事管理上あるいは営業政策上の必要等から任命する職制上の役付者であればすべてが管理監督者として」，認められるものではなく「これらの職制上の役付者のうち，労働時間，休憩，休日等に関する規制の枠を超えて活動することが要請されざるを得ない，重要な職務と責任を有し，現実の勤務態様も，労働時間等の規制になじまないような立場にある者」(以上，昭和63年3月14日基発第150号)に限られ，具体的な判断基準としては，①経営者と一体的な立場にある，重要な職務と責任を有していること，②勤務時間についてある程度の自由裁量を有していること，③賃金等の待遇面で一般労働者と比べ，その地位にふさわしい待遇が講じられていること，が挙げられます。以上のことから，労働時間，休憩，休日等に関する規定が適用除外になる労働

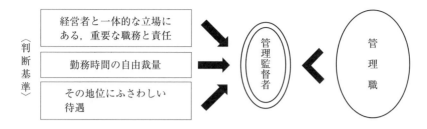

基準法41条の管理監督者はかなり限られた範囲の人といえます。日本マクドナルド事件（東京地判平成20年1月28日）以降，**名ばかり管理職**という表現のもと，多くの未払い残業代請求が発生し，また裁判でも管理監督者性を否定する判決が多くを占める中，現実的対応として，管理職のうち明らかに管理監督者である者を除いて管理監督者としての扱いを外し，従来から時間外手当相当分として支給してきた管理職手当等の部分がある場合は，あらためて個別同意を得た上で「定額時間外手当」としての規定化をし，実際に計算された時間外手当が定額時間外手当を超える場合は，差額を支給する方法が考えられます。

2 事業場外労働のみなし労働時間制（労働基準法38条の2）
(1) 要件の厳格化

労働者が労働時間の全部または一部について事業場外で業務に従事した場合において，使用者の指揮監督が及ばないため，労働時間を算定し難いときは，所定労働時間または当該業務の遂行に通常必要とされる時間，労働したものとみなします。この場合，要件として①労働時間の全部または一部について事業場外で業務に従事したとき，②労働時間を算定し難いとき，の2つを満たす必要があり，②の要件については近年の傾向として厳格化が進んでいるといえます。この点について，注目すべき最高裁判決を次に掲げることとします。

　　阪急トラベルサポート事件（第2事件）（最判平成26年1月24日）
　　①「本件添乗業務は，旅行日程が上記のとおりその日時や目的地等を明らかにして定められることによって，業務の内容があらかじめ具体的に確定されており，添乗員が自ら決定できる事項の範囲及びその決定に係る選択の幅は限られている」，②「本件添乗業務について，本件会社は，添乗員との間で，あらかじめ定められた旅行日程に沿った旅程の管理等の業務

を行うべきことを具体的に指示した上で，予定された旅行日程に途中で相応の変更を要する事態が生じた場合にはその時点で個別の指示をするものとされ，旅行日程の終了後は内容の正確性を確認し得る添乗日報によって業務の遂行の状況等につき詳細な報告を受けるものとされているということができる。」，上記①，②の「状況等に鑑みると，本件添乗業務については，これに従事する添乗員の勤務の状況を具体的に把握することが困難であったとは認め難く，労働基準法38条の2第1項にいう『労働時間を算定し難いとき』に当たるとはいえないと解するのが相当である。」

この判決は，原告が海外旅行派遣添乗員ということであり，業務の特質はあるものの，内容的には，事業場外労働のみなし労働時間制の適用の大半を占める営業職にも，適用される内容であることを示唆するものと考えられます。①の場合，いわゆるルート営業と呼ばれる得意先を巡回し注文を受けて回る営業の場合は，訪問先，訪問順など外勤業務の内容はあらかじめ具体的に確定されているといえます。また②の場合，営業社員に携帯電話を持たせるなどにより所属事業所へ報告や連絡をとりながら営業活動を行い，また帰社後は1日の外勤業務について営業日報などにより，遂行の状況等について詳細な報告を行うなどの場合は，このたびの判決内容と大きな差異があるとは思えません。よって，今後労務管理上の大きな課題として十分な注意が必要です。

（2） みなし労働時間

労働者が事業場外で業務に従事した場合において，労働時間を算定し難いときは，所定労働時間または当該業務の遂行に通常必要とされる時間労働したものとみなします。この場合，①所定労働時間，②当該業務の遂行に通常必要とされる時間，③②の場合であって労使で協定したときはその時間，のいずれかを労働したものとみなします。

この労働基準法38条の2に規定される**事業場外労働**のみなし労働時間制は，それまで施行規則に規定があったものを1988（昭和63）年4月施行の労働基準法の一部改正の際に新たに制定したものです。従来，旧労働基準法施行規則22条では「通常の労働時間労働したものとみなす。」となっていました。そして「通常の労働時間」は所定労働時間であると解釈されてきたので，結果として事業場外労働であって，かつ労働時間が算定し難い場合は，すべて所定労働

時間労働したものとみなされていました。しかし，実際にはその業務を遂行するためには所定労働時間を超えて労働することも多く，このような場合に対応するため法整備が図られました。

（3） 是正勧告を受けたＣ社の改善例

問題となりやすいのは，事業場外労働のみではなく，会社内での勤務いわゆる内勤も行うケースです。営業職であれば，外勤の前あるいは後に，見積書・提案書を作成したり，日報をつけたりすることは多いと思われます。このとき，内勤を含めてみなし労働時間とするのか，あくまで外勤のみをみなし労働時間とするのかの考え方が存在します。しかしこれについては，昭和63年1月1日基発第1号の行政通達によれば，（イ）事業場内での業務と事業場外での業務をあわせて，<u>通常所定労働時間を超えて労働する必要がない場合は，</u>「当該事業場内の労働時間を含めて，所定労働時間労働したものとみなされる」ことになります。一方，（ロ）「<u>当該業務を遂行するためには通常所定労働時間を超えて労働することが必要となる場合には，</u>当該業務の遂行に通常必要とされる時間労働したものとみなされ，労働時間の一部について事業場内で業務に従事した場合には，当該事業場内の労働時間と事業場外で従事した業務の遂行に必要とされる時間とを加えた時間労働したものとみなされる」ことになります。すなわち，事業場内での労働と事業場外での労働を合わせて，所定労働時間内に収まっていることが明らかである場合を除いて，みなし労働時間制による労働時間の算定の対象となるのは，事業場外で業務に従事した部分であり，事業場内で労働した時間については別途把握しなければならないことになります。しかしながら，中小企業の中には，そこまでの理解がなく，この場合であっても事業場内で労働した時間を含めてみなし労働時間としていることがあります。この結果，労働者より未払い残業代として請求される，あるいは労働基準監督署より是正勧告を受ける，などといったことが起こっています。

この問題について，労働基準監督署より是正勧告を受けた専門商社Ｃ社の改善例は，次のとおりでした。通常，是正勧告を受けてから是正報告を行う期限まで1ヵ月程度ということが多く，ゆっくりはしていられません。このため早急に営業職の方たちへのヒアリングを含め，勤務実態を調べたところ，朝は直接取り引き先へ行くことが多く，外勤後会社にて2時間以内の内勤を行って

いることがわかりました。会社から事業場外労働のみなし労働時間について，労働者へ説明を行ったところ，7時間が妥当であるということで，労使協定が成立しました。その結果，みなし労働時間7時間に内勤2時間を加えることで，毎日1時間が時間外手当となることから，これを満たす「定額時間外手当」を支給し，内勤が2時間を超過する場合は，実計算にて時間外手当を支給することとし，以上をまとめて是正報告書を作成し，労働基準監督署へ届出をしました。社会保険労務士にとって主たる顧問先・指導先である中小企業において，事業場外労働のみなし労働時間制で問題となるケースは，この内勤業務を含む際の取り扱いの間違いに起因していることが多いように思われます。

3　未払い残業代と社会保険労務士

（1）　社内における自主的解決の支援

わが国は，聖徳太子の十七条憲法第一条「和をもって貴しとなす」という言葉に象徴されるように，争いを好まず，話し合いで解決することを大切にしてきた国柄だと思います。訴訟社会ではなく，話し合いでの解決を大切にする社会において，社会保険労務士の持つ労働問題に関する未然防止から円満解決までという理念を生かし，より身近にあって，労使双方より信頼される存在になっていかなければなりません。しかし，それでも労務トラブルは起こり得るものであり，その際には，社内で自主的に解決することができるよう多くの相談にのり，その解決に導くことは，日頃から多くの社会保険労務士が取り組んでいるところです。さて，近年，相談が高止まりしているのが，いわゆる未払い残業代請求です。在職者ばかりではなく，退職者からも，ある日いきなり内容証明郵便で未払い残業代として請求が届いたりします。以下に，未払い残業代問題に関する社会保険労務士としての役割について考えてみたいと思います。

（2）　コンサルタントとして

根本的な対応としては，やはり時間外労働を減らしていくことにあると思います。会社が行う業務に対して，技術的なところは社会保険労務士としてはわからなくとも，時間外労働を減少させるというトップ自らが意思を明確にした上で，社員の意識改革と業務改善を進めるプロセスに対して，社内でのプロジェクトチームへ入り，触媒としての役目をコンサルタントとして担うことがで

きると思います。そして，労務管理のプロとして，変形労働時間制，フレックスタイム制（労働基準法32条の3），裁量労働制などの，労働時間に関する弾力的措置等の検討を促すため，要件・手続きなどを指導することができます。

(3) 未払い残業代に関する診断

未払い残業代に関する診断を企業の求めに応じて行えるのは，実務に精通した社会保険労務士しかいないといえるでしょう。以下に4つの診断項目を示すこととします。

① 労働時間数が適切に把握されているか

　残業時間の上限を決め，それを超えても残業代を支払わない等といった，いわゆるサービス残業や残業時間の端数処理が不適切に行われていないかなどを確認します。

② 労働時間性の認識に誤りはないか

　朝礼，掃除，作業準備，後片付け，研修などに要する時間が，使用者の指揮命令下に置かれている時間かどうか，また使用者から義務付けられ，またはこれを余儀なくされているものであるかどうか等を十分考慮し，労働時間性について検討します。

③ 残業代の計算方法に誤りはないか

　残業代の単価計算式の分子が間違っている例としては，労働基準法の割増賃金算定の基礎から除外できる住宅手当は，「住宅に要する費用に応じて算定される手当」でなければなりません。つまり，費用に定率を乗じた額が支給されるか，あるいは費用を段階的に区分し費用が増えるに従って多くの額が支給されるものでなくては，割増賃金の算定の基礎から除外できる住宅手当とは認められません（平成11年3月31日基発第170号）。意外なところでは，残業単価の計算式の分母が間違っている場合があります。分母は，年平均1ヵ月所定労働時間数となりますが，労働時間短縮によって，1ヵ月所定労働時間数が少なくなっているにもかかわらず，従来どおりの時間数を分母にそのまま変更せずに使っているケースがあります。

④ 残業代支給の非対象に誤りはないか

　前述した，事業場外労働のみなし労働時間制ならびに管理監督者の適用除外等について，会社の恣意的な運用によって，不適切に残業代支給の適

用対象から外していないかどうか，近年の重要なポイントとして，十分検討する必要があります。

4 定額時間外手当

　管理監督者，営業職などへの対応として，定額時間外手当を活用することは考えられても，一般の労働者に関しては総労働時間短縮の観点からも，あらかじめ時間外手当を定額で支給するのではなく，毎月実計算によって支給するのが本来のあり方であるといえます。また，制度的にも定額時間外手当を設定し適切と認められるためには，次の要件を満たしていなければなりません。
　① 時間外手当として支払う趣旨が明らかであり，その部分が明確に他の賃金と区分されている。
　② 実際に計算された時間外手当が定額時間外手当を超えた場合，実態としてその差額が支給されている（差額支給されていない場合，定額時間外手当そのものの有効性が否定される可能性がある）。
　③ 以上が就業規則・賃金規程等に規定されており，あらかじめ見込んでいる時間数・金額が給与支払明細書等にて明示されるなど雇用契約上明らかであること。
（参考裁判例：共立メンテナンス事件（大阪地判平成8年10月2日），創栄コンサルタント事件（大阪地判平成14年5月17日），テックジャパン事件（最判平成24年3月8日），アクティリンク事件（東京地判平成24年8月28日））
　定額時間外手当について，上記の要件を踏まえ，その規定ならびに運用が適切に行われているかいないかで，実務上の結果は大きく変わってきます。その一例を以下に見てみることにしましょう。
　製造業D社は，退職者からの未払い残業代の請求を受け，法令等に沿って，2年間の遡及額を試算することとなりました。基本給30万円，定額時間外手当として8万円を支給していたケースについて，とある月，時間外労働が30時間あった場合を見てみたいと思います。
　① 定額時間外手当として適切に規定，運用されていた場合
　　時間外割増賃金の1時間単価は，30万円÷21日÷8時間＝1,786円，1,786円×1.25＝2,233円となり，時間外手当の金額は，2,233円×30時

間＝66,990円相当となり，定額時間外手当の方が上回るため，追加払いは0円となります。
② 定額時間外手当として適切に規定，運用されていなかった場合
　時間外割増賃金の1時間単価は，(30万円＋8万円)÷21日÷8時間＝2,262円，2,262円×1.25＝2,828円となり，時間外手当の金額は，2,828円×30時間＝84,840円となり，84,840円がそのまま追加払いとなります。
　ポイントとしては，定額時間外手当にあたる手当が適切に規定，運用されていなければ，時間外手当そのものと認められないばかりか，時間外手当の1時間単価の計算にも跳ね返るということになります。

第4節　休日・休暇・休職

1　休日について

　休日については，労働基準法35条1項により「使用者は労働者に対して毎週少なくとも1回の休日を与えなければならない。」とされています。すなわち，これが法定休日の原則となります（同条2項により，4週間を通じ4日以上の休日という変形週休制を採用することも認められています）。よって，原則に従えば週休2日制の場合，法定休日を特定していなければそのうちの1日は法定外休日（所定休日）であって，その休日に勤務させた場合，そのことにより週の法定労働時間を超過する問題は生じても法定休日労働とはなりません。行政通達によれば休日，すなわち法定休日については「特定することが」望ましい（昭和23年5月5日基発第682号）となっていますが，実務上，他に同一週内に休日があるにもかかわらず特定した休日に労働した場合に3割5分の割増賃金を支払うことを避けるため，特定していない会社（就業規則上「休日」とのみ規定）も多いといえます。しかしながら，2010（平成22）年4月施行の労働基準法改正により，適用が猶予されている中小事業主以外では，1ヵ月60時間を超える時間外労働については5割以上の割増賃金の支払いを必要としますが，この「60時間」には法定休日における労働時間は算入されないことから，まったく反対の対応として積極的に法定休日を特定する会社もあります。

2 年次有給休暇について（労働基準法39条）

（1） 年次有給休暇に関する法規定の変遷

わが国における雇用の流動化・非正規雇用の増大といった労働環境の変化に対応すべく，労働基準法の改正がなされ，**年次有給休暇**の法規定は以下のような変遷をたどりました。

① 1988（昭和63）年4月施行の改正にて，労働時間の短縮ひいては国民生活の質的向上に資するため，年次有給休暇の勤続1年における付与日数が「6日」より「10日」に引き上げられました。また，取得率の向上を目的として計画的付与制度が導入され，さらに所定労働日数が通常の労働者と比べて少ない労働者（パートタイム労働者等）についても，通常の労働者の1週間の所定労働日数との比率に応じた日数（比例付与）の年次有給休暇が付与されることとなりました。

② 1994（平成6）年4月施行の改正では，雇用の流動化が進む時代背景を受けて，付与要件のひとつである「1年間継続勤務」が「6ヵ月間継続勤務」に短縮されました。

③ 1999（平成11）年4月施行の改正にて，勤続3年6ヵ月以降は，加算される付与日数が1年ごとに「2日」増加するようになり，勤続6年6ヵ月で最大の20日となるようになりました。これは，雇用の移動に伴う不利益を低く抑えるという目的によるものでした。

④ 2010（平成22）年4月施行の改正により，労使からの要望が強まっていた「時間単位」での取得について，労使協定の締結を条件に，年5日分を限度として取得可能となりました。

（2） 年次有給休暇の買上げ

「年次有給休暇を買い上げることは違法ですよね。」と言われることがあります。制度の趣旨からいって，当然労働者が請求し休暇を取ることが原則であり，年度内に使わなかった年次有給休暇を毎年買い上げることや買い上げるから年次有給休暇を使ってはいけない，などと言うのは明らかに違法といえます。行政通達においても「年次有給休暇の買上げの予約をし，これに基づいて法第39条の規定により請求し得る年次有給休暇の日数を減じないし請求された日数を与えないことは，法第39条の違反である。」（昭和30年11月30日基収第

4718号）としています。しかしながら，年次有給休暇の請求を十分に促した上で，それでも時効（2年）にかかり権利が消滅した年次有給休暇をたまたま恩恵的に買い上げること，また，退職時点で権利が消滅した年次有給休暇を恩恵的に買い上げることは違法とはなりません。なぜならば，このような状態の年次有給休暇は既に労働基準法に定められている年次有給休暇ではなく，年次有給休暇を全部使いきる社員と年次有給休暇を残し時効等にしてしまう社員との不公平を回避するため等に取られる手法といえます。この場合，買い上げる金額は，既に労働基準法の適用を受けていないわけであり，必ずしも「通常の賃金」等にて行う必要はなく，一律額での買上げも可能となり，むしろ高額での買上げは法律で定められた年次有給休暇の権利行使を抑制するものであり不適当であるといえます。

　また，年次有給休暇の本質は，有給であるということの前に，労働日における労働義務の免除であるということを押さえておく必要があります。ときに「パートタイマーが年次有給休暇をなかなか取れないので，今月から土日（所定休日）を対象に毎月1日分を有給手当として支給しようと思います。問題ありませんよね。」といった質問が寄せられます。所定休日に年次有給休暇を使用する余地はないのであって，この質問のケースはあくまで，毎月年次有給休暇を買い上げているにすぎないということになります。

3　メンタル不調と休職

　休職とは「労働者を就労させることが不能または不適当な事由が生じた場合に，労働関係を存続させつつ労務への従事を免除ないし禁止する措置である。」（荒木尚志『労働法』369頁）としており，例えば私傷病休職は，休職期間中に回復し就労可能となれば休職終了し復職となります。また，回復せず所定の期間が満了となれば自然退職または解雇となります。つまり，休職とは不就業（欠勤）による債務不履行に対する解雇の保留であり，かつ治癒を前提とするものであり，任意で，就業規則等で定めています。言い換えれば，使用者の解雇回避努力義務を制度化したものといえます。

　近年，メンタル面での不調者の増加傾向により，就業規則における休職規定を改正する企業が増えています。以下にその改正の主なポイントを挙げること

とします。
① 連続欠勤でなくても正常な勤務が行えない場合は,休職を命じられる。
② 復職にあたり主治医の診断書を提出するだけではなく,必要に応じて産業医あるいは会社の指定する医師の診察を復職の要件とする。
③ 復職後一定期間内に,同一ないし類似の事由により欠勤ないし通常の労務提供ができない状況に至ったときは直ちに休職となり,この場合休職期間は通算する。

休職は,多くの会社にて制度化されていますが,法律に定めのあるものではありません。それだけに,労務トラブルを防ぐ上で規定が重要となることを,社会保険労務士自身,深く認識しておく必要があります。

最後に,読者の中の,これから社会保険労務士を志すみなさん,あるいはこれから開業を志すみなさん,私たちとともに,労働・社会保障における最前線を担う社会保険労務士として,事業の発展と国民の幸福を目標に,険しくとも一緒に同じ道を歩みませんか。

参 考 文 献
荒木尚志『労働法』(有斐閣,2009年)
石井妙子『労働時間管理Q&A100問』(三協法規出版,2014年)
石嵜信憲編著『労働時間規制の法律実務』(中央経済社,2010年)
石嵜信憲『社員の健康管理の実務と法律知識』(経林書房,2005年)
岩崎仁弥・森紀男『5訂版 労働時間管理完全実務ハンドブック』(日本法令,2012年)
岩村正彦他編『実務に効く労働判例精選』(有斐閣,2014年)
中山慈夫・高仲幸雄『労働時間・休日・休暇・休業』第3版(中央経済社,2014年)
水町勇一郎『労働法』第5版(有斐閣,2014年)
山口寛志『裁判事例から見える労務管理の対応策』(新日本法規,2014年)
山口毅『労使紛争リスク回避のポイント』(労働調査会,2013年)
労働省労働基準局編著『新訂版 改正労働基準法の実務解説』(労務行政研究所,1988年)
「最新重要判例 労務トラブル解決の実務」『ビジネスガイド』No.783(日本法令,2014年)

コラム　いま一度「賃金」をみてみよう

二宮　孝

1　日本の特性からみてみよう

　2014年（平成26年）夏，世界遺産に登録された富岡製糸場を見学した。同製糸場は江戸時代が終わってまだ間もない1872年（明治5年）に操業を開始している。労務管理面では1日7時間45分労働で日曜日が休日，夏と冬それぞれ10日間の長期休暇もあったということだ。福利厚生面では地方出身者に配慮し宿舎完備で，医療補助なども充実していたという。賃金では等級制がしかれ，繭の選別などの見習い期間を経て1等に昇格すると給与は25円と3倍近くに上がる。1等まで上がれるのは3％のみという狭き門であった。1等の高下駄と赤いたすき姿は地元でも評判となったという〔以上，現地資料及び現地ガイド説明より〕。ちなみに，賃金は職務給に近い職能給であり，成果主義に巧みにモチベーション管理策を取り入れた制度であったといえよう。全てが先進的で画期的なものであった。

　日本の人事賃金制度をみると，江戸時代の武家社会における官僚機構，商家に民間企業のルーツを求めつつ，明治維新により殖産興業策の名のもとに多分に欧米の影響を受け，そして第二次世界大戦後の大改革などいくたびかの荒波を受けての変遷をたどってきた。

　日本の人事制度の特徴として終身雇用，年功序列制，企業内組合の3つが挙げられる。この3点は確かに一面をとらえているには間違いないが，別の見方から一言で表すと，「状況に応じ柔軟性に富むもの」であったということではないか。

　現在，情報化と国際化のなかで日本の人事賃金制度が曲がり角に来ている。この不透明感というのもこれまでの日本の柔軟性が乏しくなり，硬直的になってきているからではないかと感じている。

2　3つの原則からみてみよう

　賃金について，その3原則から追ってみよう。
　① 労働力の市場価格の原則

賃金は労働の市場価値から決定されるという原則である。この仕事を担うことができる人材を採用するためにはどのくらいの賃金が必要であるかという見方もできる。情報化と国際化のなかで価格競争が激しくなっている。

② 生活保障の原則

労働者は本来，一社から支給される賃金をもとに設計を立てているという原則である。生活給としての見方で，家族や住宅手当などの諸手当も意味を持ってくるものである。

最近では，一家の大黒柱という表現自体が死語になっている。女性の社会進出とともに共働きが当然になっており，標準者モデルの賃金設計から見直す必要がでてきている。

③ コストとしての原則

いうまでもないことだが，人件費総額として企業の支払い能力を超えると企業は存続できない。グローバル化のなかで，東南アジア諸国等との競争が進み，非正規雇用及び外注化なども含めて問題は複雑化している。

このように賃金決定にあたっての3原則は普遍的なものだが，時代の変化とともにその内容が大きく変わってきている。

3 働く側からみてみよう

次に賃金を従業員の目からとらえてみたい。最近，意識調査（従業員満足度調査）についての関心が高まってきている。熱心な企業では3年に1度定期的に実施しており，ある経営トップは，自分にとっての通知表だと信じている。この無記名の意識調査によって，従業員の見えない「心」をかいまみることができる。

例えば，3択設問のなかで，「貴方の賃金は，仕事に見合う水準だと思いますか？」という質問を設けることがある。

回答者のうち，『思わない』が3分の2,『どちらともいえない』が4分の1,『思う』が10％未満などの値がでることがある。経営者は大きなショックを受けるが，この設問において『そう思わない；見合わない』が相当に多いことはあらかじめ予測できる。このことは，従業員にとって賃金に関心が高いということの表われともいえる。

では，「いつ，何をきっかけに，どのように低いと思うようになったのか？」人事賃金コンサルタントはここに注目して，意識調査に続く面談調査で洗い出していく。

例えば，新入社員が，入社1年近く経った折に大学時代の友人と旅行に行った。「お前，冬のボーナスいくらもらった？」，「10万円」，「なんだ。俺は20万円もらったぞ…」何気ない一言で彼は自分の会社は賃金がよくないと決めつけてしまった事例があった。入社1年未満の賞与は各社によって基準が異なるにも関わらずにである。別の例では，上司・先輩からの何気ない「君の年齢のときに，自分はもっともらっていた…」などの一言をきっかけに会社に不信感を持つようになった事例もあった。また，日本の定期昇給制度は独自なものといえるが，昨年までは7,000円の昇給があったのに55歳になった今年は2,000円となり，5,000円上がったという部下の話を聞いて大きなショックを受けたという事例もある。昇給は相対的なものであり，月給50万円が支給されている従業員とまだ20万円の従業員を昇給額だけで比較しても本来は意味がない。これらの事例からも賃金はちょっとしたきっかけで印象によって左右されるという事象に直面する。

　人事賃金コンサルタントは理論家でもあり合理主義者であるが，経験を通じていろいろな場面で意外な点に気付く。当の従業員は賃金が低いと思っていても，客観的にみて低くはないということもおおいにありえるのだ。ここで初めてコミュニケーション不足の問題にいきつく。「隣の芝生は青い」という諺があるが，従業員がどこに目を向けているのか，秘められた心の内が大事なのだということにあらためて気付く。

4　評価からみてみよう

　昔は，賃金決定にあたって評価はそれほど重要ではなかった。私は賃金を決定するための評価を「査定」として使い分けている。査定とは，金額などの数字に置き換えるための基準，ルールを指すものである。すなわち，査定を通じて絶対評価で行った評価を相対評価のふるいにかけて昇給額や率，賞与月数に置き換えるために合理的で公平かつ客観的，納得性があるようにもっていくことである。能力主義，成果主義のもとに評価査定は飛躍的に重要度を増している。

　ところで個別の業績評価を行う手段，技法として多くの企業で活用されているのが，目標管理制度である。現在，これが現場サイドで大きな矛盾を生じている。例えば，上司もよくわからない専門業務の目標を難しく並べ立て，達成率が毎年150％続き，最上評価のS評価しかないといった状況を耳にする。また目標の難易度や困難度で点数を2割増し，5割増しなどとする便法も問題となっている。これらの問題は，本来，目標管理は，経営目標を個人までブレイクダウンするこ

とによってマネジメントを効果的に運営していくための考え方であり，評価制度から発生したものではないことからきている。査定にあたっての点数化が大きな壁になっているのである。ではどうすべきか。その解決の手掛かりは，点数化の限界を悟り，原点に戻ることだ。

5　これからの賃金をみてみよう

　賃金を語るには少し長い目でみる必要もあろう。残念ながら誰もがハッピーにはならない状況もみえてくる。気になる現象を2つ挙げてみよう。

　まず挙げるべきは，新たな格差の問題である。これまでの正規と非正規，男女の格差が問題になっていたが，能力や専門性の違いからくる格差が契約期間の定めのない無期雇用の従業員のなかでも大きくなっていくだろう。そういう意味では，正社員という呼称の持つ安定した響きもだんだんと変わってくると思える。

　2つ目は，個々にみてもライフプランとともに上がったり下がったりと変動化していくことである。年齢別のモデル賃金などはせいぜい30歳，35歳までしか意味を持たなくなるだろう。これらに関しては，時間外手当など時間管理のあり方が賃金にどう影響するかについても大きな課題になってくると思われる。

　以上のように，賃金はより格差が広がるとともに変動的，流動的な方向へと流れ，人事賃金管理はより複雑多様化し，混沌とした状態が当面続くであろう。派遣はもとより，一方で在宅勤務やインディペンデントコントラクターという事業主としての新しい形態もでてきているなかで，なかには勤務から開業，さらに勤務などの新しいキャリアルートや，半分開業で週に3日のみまたは午前のみ組織に勤務するような形態も発生してくるのではないか。

　いみじくも近代までは農林漁業従業者をはじめ，行商人など勤務しない自営業者が圧倒的に多かった。サラリーマンやOLと呼ばれる勤務者も時代からみればごく最近発生したものである。ある意味ではふり出しに戻っていくという見方もできるのかも知れない。一方でこのような時代だからこそ家族的で安定的な社風を売り物とする企業もでてくるからいっそう複雑で混沌としてくる。

6　賃金の差からみてみよう

　このようにみると，賃金の課題は個人の選択と責任であるとともに，企業としては「違い」すなわち「差」をどうするかということにいきつく。

　とある会社でのこと，大卒同期で入社した2人が5年目になり，賃金明細から

基本給をみると1万円の賃金の差が開いているとしよう。これをどうとらえればよいのだろうか。

考えてみると，能力または担当する仕事の価値であれ，会社貢献度の違いであれ，評価の点数差とその結果として基本給が1万円の差とは全く異なる次元のものである。また，金額からしてみても単純に大きいとか小さいとか説明がつくものでもない。すなわち，この賃金の差は客観的とはいいがたい経営的な判断からきているものである。

では，適正な差とはいったい何なのか。個々の従業員間の公正な競争ルールのもとに理解し，納得したうえでの「やる気」という心理について考えざるを得なくなる。

使命感と目標達成への絶え間ない良い緊張感からくる動機付け，長期的にみてあるべき差とリカバリーも期待できる短期的にみた差についての総合的なバランスを多面的に考慮しつつ，様子をみながらおそるおそる広げていくといったものだろう。日本の多くの組織において，付加価値ベースでとらえるとすれば10万円以上の差があるところを，賃金の差では10分の1以下に穏やかにとどめるという微妙な経営判断のもとに企業は慎重に賃金管理を進めてきた。年々ひっくり返って10年後にいくら賃金になるのか検討もつかない制度が良いともいえない。1年につき数百円程度の差からスタートし，リベンジも可能とするなかで中期的な期間をかけて徐々に差も大きくなるような柔軟性を持ちあわせた仕組みは今後とも尊重されるだろう。一方，その適正なバランスについては，企業ポリシーのもとに業種や階層，職種によって異なってくる。企業と従業員との目指すべき共生のあり方から決まるものといえよう。

これからの賃金設計においては，今まで以上に心理学の観点からの動機付けに関する検証が欠かせない。ここでいう行動心理学は，相手が生きた人間であるからこそその時代の変化を読みとることまで求められる。

すなわち，禅問答のようだが，合理的な賃金差とは従業員にとってわかりやすくみえる制度であるとともに，やる気すなわちモチベーション重視の人間の心理を突いた制度であるということにあらためて気付く。

7　社労士を目指す人へ

社労士資格を持つ人へ，社労士の勉強を続けている人へ，ぜひ人事賃金コンサルタントとしての眼を養っていって欲しい。

人事賃金制度改革は，経営全体からみて会社の将来を左右するほどの重要事項である。
　コンサルタントたる社労士は，アウトプットの場がすなわちインプットの場ともなり，ノウハウとして積み重ねられていく。会社の発展とともに自分自身も成長する。こんなにやりがいのある仕事はない。4分の1世紀ほど人事賃金コンサルタントとして歩んできた者から一言。このやりがいとは，その対象が今を生きている生身の人間そのものであるからこそだと感じている。

第6講 雇用形態
──雇用形態の多様化と柔軟な働き方──

小泉 孝之

　かつて外国の友人に「日本ではアルバイトでも，まるで父親の経営する企業であるかのように，真面目によく働く。とても不思議。」と驚かれたことがありました。確かに我が国には，人のために社会のために精一杯働くという美徳があるように感じられます。親族または金銭のためだけではなく，愛社精神を持って誠実に働くことに喜びを見出すこともあります。この講では，そのような気質で成り立っている我が国特有の働き方において，経済社会環境の推移等に伴ってどのような変化が起きているのかについて，また，これらに対応して社会保険労務士が担う役割，実務の着眼点等について考察していきます。

第1節　雇用形態の多様化の方向性

1　雇用形態の多様化はどのように展開してきたのか
（1）　各種雇用形態の呼称

　我が国の雇用慣行の特徴としては，終身雇用，年功序列，企業別組合が挙げられますが，それらは全て，いわゆる正社員を巡るものです。この「**正社員**」と呼ばれているのは，契約期間の定めがなく，月給制で，残業が多く，賞与・退職金があり，責任の重い労働者のことを指すのが一般的です。一方，そのいずれかを満たしていないことにより，多様な呼称が使用される正社員でない労働者を総称して，この講では，「**非正社員**」と呼びます。

正社員及び非正社員について，実は法律上の定義がありません。法律上は一律に「労働者」です。但し，フルタイムでない「短時間労働者」，労働者派遣の対象となる「派遣労働者」という用語は法律上あります。

　実務では，労働者の呼び方は各企業において，従業員，社員，職員，スタッフ等と実に様々です。短時間労働者はパートタイマー，派遣労働者は派遣社員とも呼ばれます。そして，各企業において実態に合わせて，正社員，契約社員，期間工，嘱託，パートタイマー，アルバイト等と独自に区別して自由に呼称を使用しています。それらは，各企業の就業規則において各々の定義が定められています。

　従って，同じパートタイマーと呼ばれる者でも，その労働条件は各企業で様々に異なり，一概に述べることは難しいのが実情です。その点を踏まえながらも，非正社員の主なタイプについて大まかな傾向で分類してみます。

（2）　各種雇用形態の特徴

①　契約社員，期間工，嘱託等

　まずは，契約期間の定めがある，主にフルタイムのグループです。例えば，日給月給制，残業あり，賞与若干あり，退職金なし，責任は正社員より軽いといったところです。主に，生産量の増減に応じて雇用されます。

　契約社員は，正社員に準ずる立場の者もいれば，プロジェクトに求められる特別な資質の高い者もおり，各企業で最も実態の分かれる呼称です。期間工は，製造業の工場で働く際の呼称です。正社員が定年後に再雇用される場合にも，有期労働契約となります。この場合，嘱託と呼ばれることもあり，社会保険の被保険者とならない程度にパートタイムで働くこともあります。

　1回の契約期間の上限は労働基準法上3年，一定の専門的知識を有する者及び定年後再雇用者は5年（労働基準法14条1項）ですが，実務においては，1年以下の契約が大半で，1年契約，半年契約，3か月契約等，必要に応じて様々な契約期間が設定されます。

　2013（平成25）年4月施行の労働契約法改正により，有期労働契約が**通算で5年を超えて繰り返し更新された場合**は，労働者の申込みにより，無期労働契約に転換（この講では以下，「**無期転換**」と呼びます）できる制度（労働契約法18条）が導入されたため，更新する可能性がある場合の通算契約期間に注目が集

まっています。なお，特例で大学教員等は5年ではなく10年です。また，事業主が厚生労働大臣から認定を受けると，「5年を超える一定の期間内に完了することが予定されている業務」に就く高度専門的知識等を有する者，及び定年後に継続雇用される者は，その期間（前者は上限10年）無期転換申込権が発生しない特例も設けられました（2015（平成27）年4月施行）。

② パートタイマー，アルバイト等

次に，契約期間の定めがある，主にパートタイムのグループです。例えば，時給制，残業少なく，賞与若干あり，退職金なし，責任は軽いといったところです。主に，付随的業務の遂行で雇用されます。

各企業で自由に呼称しているため，名称はパートタイマー，アルバイトでも実際はフルタイムで働いている者もいます。パートタイマーは比較的長期で更新があり，アルバイトは比較的短期で更新がないのが一般的です。フルタイムで長期にわたり働いているパートタイマーの中には，正社員同様に基幹的な役割を担っているケースもあります。

なお，パートタイマーにおいても，更新する可能性がある場合の通算契約期間に注目が集まっています。

③ 派遣社員

最後に，派遣社員は，あくまでも派遣元の労働者であって，派遣先の労働者ではありません。派遣元に雇用されている者ですが，派遣元と派遣先との労働者派遣契約に基づき，派遣先にて指揮命令を受けて働きます。派遣先は直接雇用するのではなく，外部より労働力を間接的に調達していることになります。

当初より派遣可能であった，いわゆる「26業務」には派遣期間の制限がありませんが，後から追加して可能となった一般業務（物の製造，一般事務等）は，派遣期間の制限（原則1年以内，派遣先の過半数代表者の意見を聴取して最長3年以内）があるため，その点に注意が必要です。

(3) 労働者派遣制度の展開

ここ数年で最も変化の激しいのが，派遣社員を巡る展開です。そもそも他企業の労働者を自企業の指揮命令のもとに使用することは，労働者供給の一形態として，1947（昭和22）年施行の職業安定法により業として行うことは禁止（職業安定法44条）されていました。戦前の苦い経験により，強制労働及び中間搾

取に繋がる恐れがあったからです。しかし、労働環境の変化に伴い、1986（昭和61）年に「労働者派遣事業の適正な運営の確保及び派遣労働者の就業条件の整備等に関する法律」（この講では以下、「**労働者派遣法**」と呼びます）の施行により、一定のルールを満たして許可されまたは届出した場合のみ、適法に労働者派遣事業として行うことが可能となりました。

当初は、いわゆる「26業務」のみであった派遣可能業務も、現在ではネガティブリスト方式といって、港湾運送、建設、警備等を除いてほとんどの業務で可能となっています。なお、日雇派遣は、当初は認められていましたが、2012（平成24）年の労働者派遣法改正により一部の例外を除き禁止されました。

（4）　新たな雇用形態の方向性

我が国は長年、正社員中心の雇用政策が採られてきました。その弊害として、正社員と非正社員との**格差の拡大（二極化）**が挙げられます。その格差があまりにも大きいため、正社員は非正社員になるのを恐れて、過剰な残業、欧米では離婚原因ともなり得る単身赴任等にも耐え、一方、一度非正社員となった者は、容易には正社員になれない状況です。

しかし、かつてのような高度経済成長を望むことは厳しく、また少子高齢社会を迎えている日本全体で見ると、従来の正社員中心の雇用慣行を維持していくのは難しくなっています。政府も大きな転換を決意しました。すなわち、正社員と非正社員といった二極化構造を改め、正社員と非正社員の垣根を緩やかなものとして、柔軟性を持った雇用形態を常態にしていこうという方向性です。そのような中で注目を集めつつあるのが、限定正社員、ジョブ型正社員等と呼ばれている正社員と非正社員の中間形態（この講では以下、「**多様な正社員**」と呼びます。）の明確化です。

労働契約法により、早ければ2018（平成30）年には、非正社員が無期転換した者（この講では以下、「**無期転換社員**」と呼びます。）が誕生してきます。その受け皿としても、この多様な正社員は期待されています。ただ、この無期転換社員は、正社員就業規則の対象なのか、非正社員就業規則の対象なのか、それとも新たな雇用形態として無期転換社員就業規則を別途作成するのか、現時点では各企業とも様子見の状態です。

2 柔軟な働き方はどこへ向かうのか
(1) 仕事と生活の調和の必要性
　働き過ぎの正社員と待遇の低い非正社員の二極化構造の中で，最も見過ごされてきたのが「**ワーク・ライフ・バランス**」，すなわち仕事と生活の調和です。「正社員たるもの，家庭の事情を職場に持ち込むな。」といった風潮の中で，雇用慣行が守られてきました。しかし，それは本当に企業のために，ひいては正社員本人のためになることだったのでしょうか。
　特に，この風潮の中で最も厳しい選択を迫られてきたのは，結婚・妊娠・出産・育児期の女性正社員でした。仕事か生活かの二者択一を求められ，多くの優秀な女性正社員が子育てを大切にして退職の道，あるいはキャリアを大切にして結婚及び出産を避ける道のどちらかを選んできました。子育てをしながら正社員を続ける女性は必ずしも多くはなかったのです。
　また，正社員における残業等の過重労働及び単身赴任は，女性正社員のみならず，子育てに積極的に携わりたい男性正社員にとっても辛いことです。
(2) ワーク・ライフ・バランスの展開
　このような中で，労働法分野で大きな転換が起こりました。2008（平成20）年の**労働契約法**の施行です。その中で「**仕事と生活の調和配慮の原則**」（労働契約法3条3項）が明確化されました。企業において，各人の家庭の事情を配慮した人事労務管理が求められます。
　また，「育児休業，介護休業等育児又は家族介護を行う労働者の福祉に関する法律」（**育児・介護休業法**），「雇用の分野における男女の均等な機会及び待遇の確保等に関する法律」（**男女雇用機会均等法**）の数度にわたる改正により，育児・介護期において休業による雇用継続及び柔軟な勤務の選択，男女間の待遇差別の撤廃等が図られてきました。

第2節　雇用形態の多様化における課題

1 非正社員の増加と新たな課題
(1) 雇用形態構成の変化

表6-1 雇用形態別の雇用者数の推移

	実数（万人）								割合（％）	
	役員を除く雇用者	正規の職員・従業員	非正規の職員・従業員						正規の職員・従業員	非正規の職員・従業員
			総数	パート	アルバイト	労働者派遣事業所の派遣社員	契約社員・嘱託	その他		
1986年2月	4056	3383	673	381	142	－	150		83.4	16.6
2000年2月	4903	3630	1273	719	359	33	161		74.0	26.0
2006年平均	5088	3411	1677	792	333	128	424		67.0	33.0
2013年平均	5201	3294	1906	928	392	116	470		63.3	36.7

（注） 労働者派遣法が施行された1986年及び2000年は特別調査，2006年及び2013年は詳細集計より抜粋。
（出所）「労働力調査」総務省（男女計）。

現在では，雇用者における非正社員の割合は，3分の1を超え，4割に迫る勢いです（表6-1）。その意味において，正社員中心の雇用慣行に基づいた制度運用では，各企業とも最適な雇用体制を維持できなくなってきています。今後益々，非正社員への効果的な人事労務管理について工夫が必要です。

(2) **教育訓練の継続的実施**

非正社員の課題としてまず挙げられるのは，教育訓練が手薄になっていることです。正社員には充実した**教育訓練の継続的実施**がなされてきましたが，非正社員に同様にはなされてきませんでした。企業の立場から考えると，非正社員はいつまでも自企業の労働者であるとは限らず，教育訓練投資の回収ができないからです。では誰が，非正社員に教育訓練を継続的に施していけばよいのでしょうか。これが未解決のまま，非正社員の比率だけが更に上昇すると，日本の産業界全体に悪影響が出る恐れもある大きな課題です。

(3) **ディーセント・ワークの実現**

もう一つの課題は，格差問題です。最低賃金で雇用されている非正社員も少なくない現状において，たとえフルタイムで働いても生活保護給付より低い賃

金しか得られない逆転現象の都道府県が，年によっては発生しています。このような非正社員に対して**ワーキングプア**という言葉まで生まれました。これでは勤労意欲が湧きません。今求められる「**ディーセント・ワーク**」とは，働きがいのある人間らしい仕事の意味です。すなわち，人間らしい生活を継続的に営める適正な労働条件が必要になります。しかし，一度できた格差を縮めていくことは，一朝一夕には改善されない根の深い課題と言えます。

（4）企業内における労働組合員比率の低下

労働組合に目を向けても，従来，非正社員は自企業の労働組合に加入できませんでした。多くの労働組合では，非正社員は組合員資格の対象外で，組合員である正社員の労働条件の向上のみを図ってきたからです。そのしわ寄せが，非正社員に及んでいたという一面もありました。

しかし，これほどまでに非正社員が増えてくると，非正社員を抜きにしていては，労働組合の企業内影響力は小さくなる一方です。例えば，労働協約の非組合員への効力拡張である一般的拘束力の要件としては，同種の労働者の4分の3以上への適用が必要（労働組合法17条）ですが，これ自体が難しくなってくることもあります。非組合員である管理職のポスト（人数）が減らないにも関わらず，非正社員数が増えて正社員数が減った場合等です。また，労使協定については，事業場における全労働者の過半数労働組合でないと結ぶこともできません。もはや非正社員を取り込んでいくしか道はない状況です。

但し，その場合，労働組合の中でコンセンサスをとるのは難しくなります。ある意味，従来は非正社員の待遇を度外視して正社員の待遇改善が図られてきていたのですが，これからは正社員と非正社員の一面では相反する要望を取りまとめなくてはならないからです。

2　労働者派遣制度の維持と抜本的見直し

（1）常用代替防止を巡る検討

労働者派遣制度に何らかの規制がかかるのは，**常用代替の防止**のためです。すなわち，派遣先で，派遣社員が正社員に取って代わることへの歯止めが必要だからです。この正社員を守る考え方は，現在でも維持されています。

（2）抜本的見直しの方向性

しかし，2014（平成26）年の労働者派遣法（2012（同24）年改正で正式名は「労働者派遣事業の適正な運営の確保及び派遣労働者の保護等に関する法律」）改正案の中では，常用代替の防止は維持しながらも，労働者派遣事業の果たせる**労働力の需給調整機能**を高く評価した考え方が示されました。すなわち，将来厳しい産業から将来有望な産業への労働力移行をスムーズに進めるためにも，労働者派遣事業の更なる規制緩和が必要といった考え方です。具体的には，派遣元に無期雇用されている場合は派遣期間の制限はなく，また，3年おきに派遣先の過半数労働組合等から意見聴取を行った場合は，事業所単位の派遣期間の延長が何回でもできる形です。

製造業を中心とした産業界からは歓迎されましたが，日本労働組合総連合会（連合）及び日本弁護士連合会（日弁連）からは，常用代替の防止がなし崩しになる恐れがある等として強く反対されました。国会審議は紛糾し，結局，この改正案は衆議院解散に伴い廃案となりましたが，依然として，今後の動向から目が離せない状況です。

第3節　事業主のニーズによる雇用形態多様化への対応

「事業主」とは，個人企業の場合は代表者個人であり，法人企業の場合は法人そのものですが，この節では，後者の場合も代表者個人を指すものとして使用します。

1　事業主は社会保険労務士に何を期待するのか

中小企業の事業主は経営上，行わなければならないことが多岐にわたります。大企業であれば役割分担できる業務であっても，一手に引き受けていることが少なくないのです。労働者には相談したくない業務，余り見せたくない業務（例えば，人事評価に基づく賃金額等）もあり得ます。そのような場合に，外部へのアウトソーシングとして社会保険労務士を活用します。国家資格者として法律上の守秘義務があるため，その点は安心です。

また，定例業務は自企業にて遂行できているが目まぐるしい法改正等に追い

付いていけないため，コンプライアンスの観点から専門的な知識を持つ社会保険労務士を顧問としておきたいというニーズもあります。その最たるものが，現時点においては，近い将来に発生する無期転換への取組みです。最近では大企業においても，この傾向が出てきています。それほど，ここ数年の労働環境を巡る変化は激しく，将来の経営に大きな影響を与えると考える先進的な事業主は，**社会保険労務士の専門性**に期待します。

2 社会保険労務士は事業主に対してどのような役割を担うのか

　まずは，正確で迅速な業務遂行です。そのためには，事業主（または実務担当者）との良好なコミュニケーションが必要です。

　次に，労働社会保険に関する事業主（または人事・総務部長）の相談に対して，的確なアドバイスを提供することです。「弁護士は問題が起こってからお願いする人，社会保険労務士は問題が起こる前に相談する人」ともよく言われます。社会保険労務士は**労働問題の未然防止**といった役割を担っています。早ければ2018（平成30）年に迎える無期転換に向けての対応が重要視されます。採用時における経営方針に沿った労働契約書作成へのアドバイス，無期転換社員を想定した就業規則の整備等です。社会保険労務士が従来携わってきた中小企業のみならず，むしろ非正社員を多数抱える大企業においても益々，社会保険労務士の活躍する場面が増えてきています。

　また一方で，社会保険労務士は法律上，中立公正の立場を求められているため，コンプライアンス遵守の観点から，時としては労働者の権利擁護の指摘をする必要に迫られる場合もあります。

　最後に，事業主にとって気心の知れた話し相手であることが，実は意外と大切なポイントです。事業主は，信頼する部下にも家族にも話せないような案件を一人で決断しなければならない場面が多く，思った以上に孤独なものです。自企業の実情を理解してくれていて話し易く，口の堅い，そしてウィットに富んだ話でヒントを与えてくれる社会保険労務士は，事業主にとって魅力的な存在とも言えます。事業主自身の中にある答えを引き出す役割も，顧問社会保険労務士なら担えます。

第4節　雇用形態の多様化における社会保険労務士の最前線

1　相談業務及び手続代行業務

(1)　労働契約書及び就業規則のチェックまたは整備

　まずは，最も大切な**労働契約書**です。これによって各人の労働条件が決定されるため，社会保険労務士としては，労働基準法違反の部分がないか等をチェックし，トラブルの未然防止に繋がる工夫をアドバイスすることになります。重要な事項は，契約期間，更新の有無と判断基準，就業場所，始業・終業時刻と休憩，休日，残業と休日労働の有無，休暇，賃金，割増賃金，昇給・賞与・退職金の有無，相談窓口，雇用保険・社会保険の加入有無等です。特に，非正社員の場合には幾通りもの勤務パターンがあり得るため，細心の注意が必要です。

　なお，一方的な通知に過ぎない労働条件通知書に比べ，当事者双方の署名（または記名・押印）を必要とする労働契約書の方が，企業のリスクヘッジの観点から効力を発揮します。

　ある程度の労働条件が共通して規定できるようになった場合には，非正社員の就業規則が作成されます。ここでのポイントは，正社員と異なる箇所について実態に即した規定となっているかのチェックです。労働者にとって就業規則より不利益な労働条件は無効となるため，各規定には慎重な検討が必要です。専門性が高いため，社会保険労務士が作成代行するスポット契約を結ぶことも一般的です。

　今後，**多様な正社員のワークルール明確化**が求められていますが，その前提にあるのは，非正社員のワークルールは既に明確化されている，つまり，非正社員就業規則が整備されている状態であることです。多様な正社員のワークルール明確化は，正社員及び非正社員の就業規則見直しのきっかけにもなります。

(2)　労働者派遣事業の許可申請等

　労働者派遣事業を行うためには現在のところ，常時雇用する労働者のみを派遣する特定労働者派遣事業には厚生労働大臣への届出，それ以外の一般労働者派遣事業には厚生労働大臣の許可が必要です。事業主に代わって業として手続

できるのは社会保険労務士のみで、派遣元の設立から携わることになるため、その責任は重いです。そして、労働社会保険手続代行、給与計算、人事労務管理アドバイス等の継続的な顧問契約を結ぶことも一般的です。

2 人事労務管理における社会保険労務士の着眼点
（1） 適正な更新手続と雇止め

非正社員のほとんどは、1年以内の有期契約を結んでいます。更新がある場合、その度に新たな労働契約書を発行することとなります。労働契約書の中で、**更新の有無及び判断基準**は必須記載事項です。その他にも、「更新するか否かを30日前までに通知する。」といった規定を置くことも一般的です。更新せずに期間満了となる**雇止め**について、3回以上更新または1年超継続勤務の場合には、行政指導で30日前の雇止め予告を求めています。なお、雇止め予告が30日未満となると解雇予告手当も発生します。

「契約更新時の留意点」としては、次のとおりです。

① 働きぶり・業務量・経営状況等を鑑み、更新の判断基準に基づき更新可否を決定
② 更新する場合は、更新後の労働条件の検討（例えば、昇給額等）
③ 30日前までに更新可否または雇止めを通知
④ 更新する場合は、更新日までに新しい労働契約書を交付

ここで一番大切なのは、更新可否の判断と通知、そして更新する場合の労働契約書交付といった手続に遅れを生じさせないことです。期間満了後に更新手続もないまま働かせていると、**黙示の更新**により同一条件で更新されたものと推定されます（民法629条1項前段）。

また、反復更新されて無期労働契約と実質的に異ならない状態になっているか、更新への合理的期待がある場合に、雇止めが「客観的に合理的な理由を欠き、社会通念上相当であると認められないとき」は、**雇止め法理**により同一条件で更新されたとみなされます（労働契約法19条）。適正な更新手続を怠ることにより意図に反して雇止めの選択肢がなくならないよう細心の注意を払うことが、今後益々重要になってきます。

（2） 無期転換を想定するか否か

　労働契約法により非正社員は通算契約期間5年経過後に無期転換を選択できるようになりました。そもそも事業主（特に製造業の事業主）は，従来からの判例が法定化された**解雇権濫用法理**（労働契約法16条）により正社員を解雇することが簡単ではなく，非正社員の雇止めによって生産の増減等に対応してきている訳ですから，これは大変な出来事です。無期転換した場合，正社員のように解雇が難しくなるとすれば，5年以内で必ず雇止めをして，無期転換の可能性が発生しないようにしたいと考える事業主も出てきます。その場合には，労働契約法が目指す非正社員の地位の安定化は，逆に図られなくなるというパラドックスが発生します。

　一方，正社員に転換する訳ではないため，無期転換により経験豊かな非正社員に定年まで働いてもらえることは助かると考える事業主もいます。

　従って，非正社員を雇う最初の時点で，無期転換とならない範囲で働いてもらう方針なのか，無期転換となっても大丈夫という方針なのか，事業主としては明確にしておく必要があります。最初にこの部分に共通認識があれば，後ほどトラブルに繋がることは少なくなります。この点が，非正社員を雇う場合の留意事項として，従来と最も変わったところだと言えます。

　具体的実務としては，もし無期転換とならない範囲で働いてもらう方針であるなら，最初の契約の段階から労働契約書に「**通算契約期間の上限**」を追記して，その旨を明確に説明しておくことが重要になります。

（3） 均衡考慮を意識したワークルールの再チェック

　前述のとおり，労働契約法により通算契約期間5年経過後に無期転換が図られるようになれば，非正社員にとって毎回更新されるか否かといった不安を払拭する効果が生まれます。但し，正社員になれるという訳ではなく，契約期間の定めがなくなるのみですから，言い換えれば，賃金等の他の労働条件は同一のまま更新され続けることがあり得ます。昇給を続ける正社員と昇給がない無期転換社員といった新たな格差問題が発生する恐れもあるのです。

　このような中で，今後益々その影響が大きくなってくるのが，労働契約法で新たに原則として確立された「**均衡考慮の原則**」（労働契約法3条2項）です。これを受けて，2012（平成24）年10月施行の労働者派遣法改正において，派

遣社員の賃金等の決定にあたり，同種の業務に従事する派遣先の正社員等との均衡を考慮する「**均衡を考慮した待遇の確保**」（労働者派遣法30条の2）が規定されました。

また，2013（同25）年4月施行の労働契約法改正において，より具体的に「**不合理な労働条件の禁止**」（労働契約法20条）が明記されました。これは，契約期間の定めのある非正社員と契約期間の定めのない正社員との間で，ある一定の要件の下で均衡な待遇を図る必要があるという意味合いです。これを受けて，2015（同27）年4月施行の「短時間労働者の雇用管理の改善等に関する法律」（この講では以下，「パートタイム労働法」と呼びます。）改正において，パートタイムである非正社員とフルタイムである正社員との間で，同様の意味合いの「**短時間労働者の待遇の原則**」（パートタイム労働法8条）が規定されました。

一方，もし逆に均衡待遇の対象外としたい場合であれば，両者間で何が異なっていることにより，どのような待遇に差が生じるのかについて，明確に説明できることが大切です。

いずれにしても，均衡考慮を意識したワークルールの再チェックは，正社員，多様な正社員，非正社員の働き方と活用方法について深く戦略を練る，よい機会になります。

（4） ワーク・ライフ・バランスへの配慮

ワークルールの再チェックの視点としては，ワーク・ライフ・バランスへの配慮も重要です。正社員のみならず多様な正社員も非正社員も含め，全ての労働者に当てはまる重要な原則だからです。

そもそもワーク・ライフ・バランスの観点で最も大きな障壁となるのは，過剰な残業時間です。コスト的に見ても，常態として正社員に過剰な残業をさせるのは得策とは言えない面があります。正社員はそもそも時給換算単価が高く，残業時には1.25倍，深夜残業時には1.5倍の賃金を支払わなければなりません。更に，大企業においては，月60時間超の残業時には1.5倍，深夜残業時には1.75倍の賃金を支払わなければならないのですが，疲れが蓄積して効率も悪くなります。残業代部分でもう一人雇って**ワークシェアリング**すれば，お互いが定時に帰れることにも繋がります。従って，これらは業務量の変動における適正配置の問題であり，長期的には人材育成の問題ですが，短期的には労働力の

外部調達の問題とも言えます。教育訓練された非正社員が増えてくれば，その有効活用によって改善できる余地があります。

3　企業のために，労働者のために
（1）　柔軟な働き方は企業のためか，労働者のためか
　柔軟な働き方が労働者のためになり，モチベーションも上がることは判り易いでしょう。では，企業にとってのメリットはないのでしょうか。かつてデメリットと捉えられていた，周囲の労働者の負担が増える，生産性が落ちるといった短期的な状況は，派遣社員により補充が容易になりつつある昨今においては回避できます。何よりも，少子高齢社会で労働人口が減っていく中において，ワーク・ライフ・バランスを推進している企業ほど優秀な労働者を集められます。また，最近薄れてきている愛社精神の高揚にも繋がり，離職が抑制されます。そのことにいち早く気付いた企業ほど，将来において成長し続けると考えられます。

　それはまさに，最近注目の「ダイバーシティ・マネジメント」を実践していることに他なりません。ダイバーシティとは，多様性，相違点等を意味します。すなわち，多様な人材を確保・育成し，個性や能力を最大限発揮させ，組織の成長に繋げていく柔軟性の高い企業経営のことです。

　ところで，2000（平成12）年に21世紀職業財団「米国女性事情視察団」のメンバーとして，筆者はニューヨーク州にあるIBM本社及び関連保育所を訪れたことがあります。全世界に及ぶダイバーシティ推進部門のトップであったテッド副社長との意見交換時に，「私は0歳から母の企業内保育所に通っていた。」と伝えたところ，「日本では1965年の時点で既に企業内保育所があったのか。」と驚かれました。毎朝母と出勤し，昼食を一緒に食べ，毎夕一緒に帰宅していた楽しい思い出が，急に誇らしく感じられました。あまり知られていませんが，かつて我が国では，今で言うところのダイバーシティ・マネジメントが根付きかけていた時期もあったのです。

（2）　ダイバーシティ・マネジメントの担い手の一人として
　正社員のみならず非正社員においても教育訓練が行き届き，均衡が考慮されてキャリアアップに不安のない場合，柔軟な働き方への選択の幅が広がること

になります。そのような環境が整えば，正社員，非正社員を問わず多様な正社員への移行もスムーズになります。そして，非正社員のみならず正社員においても無理することなく自然にワーク・ライフ・バランスが実現できるようになると，企業は好循環に恵まれます。

正社員と非正社員の二極化構造が解消され，雇用形態間や労働市場に流動性が生まれると，まるで経済分野における需要と供給の法則のように，労働分野における需要と供給においても「神の見えざる手」の働く前提が整います。そのような労働市場の成熟に伴って，やがては正社員・多様な正社員・非正社員の三者の最適バランスにより，企業の効率性と労働者のモチベーションが最大となる理想的な均衡点を模索できることでしょう。産業界の利益と国民生活の豊かさの関係においても同様です。雇用形態の多様化と柔軟な働き方の進展は，豊かな日本社会の追求には必要不可欠なものなのです。

その第一歩として，将来の日本のモデルケースとなるような柔軟な働き方と，それに見合った賃金制度及び評価制度の構築をアドバイスしていけるのは，まさに社会保険労務士であり，それこそが我々の使命でもあります。

参 考 文 献

安西愈『雇用法改正　人事・労務はこう変わる』（日本経済新聞出版社，2013年）
安西愈『新版　労働者派遣法の法律実務』上巻・下巻（労働調査会，2008年）
石嵜信憲編『非正規社員の法律実務』第2版（中央経済社，2012年）
大内伸哉『雇用改革の真実』（日本経済新聞出版社，2014年）
大内伸哉『歴史からみた労働法』（日本法令，2012年）
大内伸哉・川口大司『法と経済で読みとく雇用の世界　新版——これからの雇用政策を考える』（有斐閣，2014年）
久谷與四郎『労働関係はじめてものがたり×50』（全国労働基準関係団体連合会，2011年）
菅野和夫『労働法』第10版（弘文堂，2012年）
出井智将『派遣鳴動』（日経BPコンサルティング，2010年）
二宮孝『雇用ボーダレス時代の最適人事管理マニュアル』（中央経済社，2010年）

第7講 人事労務管理
──企業への提案を成功させる──

和田 泰明

第1節 経営活動と人事労務管理

1 組織と管理の基礎

(1) 組織とは何か

人事管理，労務管理とは何かを述べる前に，**組織**とは何かを考えたいと思います。一言でいえば，組織とは戦略を実行するためのものです。組織は，個人の力では処理できない，複雑で大きな問題を解決するように作られます。人が集まるだけでは組織とはいえません。そこに関係する人びとに共通の目標が必要です。しかし，個々の自発的意欲だけでは協働の方向が定まりません。組織の活動を調整する制度やシステムが必要となります。それが**管理**または管理システムということになります。

(2) 管理とは何か

さらに，管理について考えてみます。管理（マネジメント）というものを最初に定義づけしたのは，フランスの鉱山会社の経営者だった**ファヨール**（Fayol）であるとされています（『産業ならびに一般の管理』1916年）。ファヨールは，「管理活動とは，組織体の目標に向かって，組織メンバーの活動を高めかつ統合していく活動である」とし，その構成は，以下のように「**予測し，組織化し，指令を出し，調整し，統制すること**」から成るとしました。

1) 予測すること：未来を検討し，活動計画を立てること

2）　組織化すること：物的・社会的な二重の有機体を構築すること
3）　指令すること：従業員を機能させること
4）　調整すること：すべての活動と努力を結集し団結し調和させること
5）　統制すること：規則や指令にしたがって進行するように監視すること

　ファヨールが管理を5つの要素に分けたことの意義は大きいと考えられます。これから起きることを予測し，やるべき仕事を順序だてて組織化し，分かりやすく指示し，関連の仕事と調整し，その結果を統制していけば，誰もが管理がうまくなると考えられるからです。

　ここに管理教育の必要性が生まれてきます。ファヨールが管理の理論化とともに力を入れたのは，管理方法を普及する管理教育でした。日本においても，伝統的な大企業などでは，このファヨールの考えをベースに管理者研修が行われてきました。それは今日でも続いています。この管理の5要素のうち，「調整」を省いて管理の4要素とするケースもあります。また最近では，「指令」の中から「（部下との）コミュニケーション」と「リーダーシップ」を分化させて，とりわけこの2つに重点を置いた管理者研修を行う傾向も見られます。

2　人事管理の機能と構成

（1）　人事管理と労務管理の内容と目的

　組織は，そこにインプットされたヒト・モノ・カネ・情報に付加価値をつけてアウトプットするものであり，そのプロセスを管理するのが「管理システム」です。そして，そのうちのヒトに関する部分を担当するサブシステムが，人事管理および労務管理ということになります。

　人事管理の主な内容，労務管理の主な内容，それらの目的については以下のとおりとなります。

① 人事管理の主な内容
　採用と退職・解雇の管理，賃金管理，人事評価と昇進・昇格，人事異動管理，教育訓練（OJT／Off-JT）と人材育成，自己啓発支援，モチベーション管理と人間関係管理…etc.

② 労務管理の主な内容
　労働時間（就業）管理，服務管理，安全衛生・災害防止管理，福利厚生，

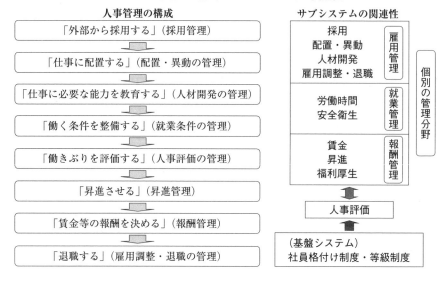

図7-1 人事管理の構成とサブシステムとの関連性

労使関係管理…etc.
③ 人事労務管理・労務管理の目的
　1) 組織の生産性向上：個々人のモチベーションアップと組織の活性化
　2) 個人の職業生活の充実：職務充実，働きやすい職場（労働環境）づくり

　企業組織における人の流れ（インプットからアウトプットまでの流れ）に沿って，人事管理はいくつかのサブシステムにより構成されることになります。また，これらは，雇用管理，就業管理，報酬管理といったカテゴリーに分類することもでき，同時にこれらは，人事評価を媒介として基本人事制度（基盤システム）の上に立脚しています（図7-1）。

(2) トータル人事制度の枠組みと基本人事制度

　基本人事制度とは社員格付け制度のことであり，具体的には等級制度や資格制度などと呼ばれるものです。

　トータルな人事制度の枠組みの中で，この基本人事制度は，当然のことながらその中心にきます。それを囲むように，賃金制度や評価制度などのサブシステムがあります（図7-2左上図）。

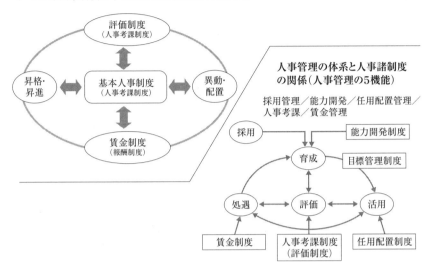

図7-2 トータル人事制度の中での基本人事制度の位置づけ／
人事管理の体系と人事諸制度の関係

　一方，人事管理の体系は，機能面から捉えて，採用管理，能力開発，任用配置管理，人事考課，賃金管理の5つの機能で説明されることもあります（図7-2右下図）。こうした表し方をした場合は，基本人事制度は表面には出てきませんが，それはパソコンでいうところの"OS（オペレーティングシステム）"のようなものであり，バックグラウンドではやはり等級制度などの基本人事制度が機能し，賃金制度や評価制度などのいわば"アプリケーション"を支えているのです。

3　モチベーション

（1）　モチベーション理論

　管理のためのシステムがあっても，そこで働く人がいなければ組織は回っていきません。**ドラッカー**（Drucker）は，組織を作るにあたって「人こそ最大の資産である」と述べています（『マネジメント――課題・責任・実践』1974年）。では，管理システムがあり，働く人がいれば，それだけで仕事は効率良く回っていくのでしょうか。

20世紀初頭に大量生産方式を生み出したヘンリー・フォード（Henry Ford）は、「人を雇用するのは、手足が欲しいためだけなのに、なぜ頭が余分についてくるのか」と嘆いたといいます。社員が自分の仕事を軽視して、その責務を果たさなかったり、故意にゆっくり仕事をしたりすることを「怠業」といいます。

　① テーラーの「科学的管理法」（経済人モデル）

　テーラー（Taylor）は、怠業は、管理方法や制度の不備が原因であると考え、それを防止するために、イ．科学的に目標を設定し、ロ．作業を要素単位に分析し、ハ．その分析結果に基づいて、作業が無駄なく効率が上がるように再編成し、ニ．そこに労働者を配置して、定められた作業を早く正確にやり遂げた場合には、差別的出来高払い制によって割増賃金を支払うことで報いる、という有名な「**科学的管理法**」を提唱しました（『出来高払い制私案』1895年、『科学的管理法の原理』1911年）。

　こうした科学的管理法の前提になっていたのが「**経済人モデル**」です。しかし、この経済人モデルは、人間の功利的側面をあまりにも強調するために、実際の経営活動に適用することが難しい場合があると考えられるようになりました。

　② 人間関係論と新人間関係論（社会人モデル）

　1924年から1932年にかけて米国シカゴ郊外のウエスタン・エレクトリック社ホーソン工場の実験で行われた有名な**ホーソン実験**においては、科学的管理法による物理的な環境条件よりも、労働者の心理的・情緒的な要因の方が、生産性に影響を与えることが報告されました。職場集団の中にインフォーマルに形成された「人間関係」が生産性の向上に大きな影響を与えるというのです。

　このホーソン実験以降、テーラーとは異なる人間観に基づく「**人間関係論**」の理論が形づくられていきます。そして、人間関係論は、マグレガーらによって「**新人間関係論**」へと発展していきます。また、同時にそれらが、近代モチベーション理論の礎となっていきます。その主だったものは以下のとおりです。

　1）**マグレガー**（McGregor, 1960年）　テーラー的人間観をX理論と呼び、自発性や目的達成意欲などを重視した人間観をY理論と呼んだ（**X理論とY理論**）。

2) ハーズバーグ（Herzberg, 1966年）　職務満足は，自分で行っている職務そのものに関連する要因でもたらされるが，職務不満足は，職務を遂行する条件や環境に関連する要因によるとした二要因論を提唱した（**衛生要因と動機づけ要因**）。
3) ブルーム（Vroom, 1964年）　職務遂行が，効用を得るという目的達成の手段だけでなく，目的そのものとなることを発見した（**内発的動機づけ理論**に発展）。

　以上のような人間関係論の根底にある人間観は，「**社会人モデル**」と呼ばれるものです。「人間は協働する仲間との同調を求めて，いわば利他主義的に行動するものである」という考え方に基づくものです。社会人モデルは，人間は経済的報酬に対する欲求だけではなく，グループに属したいという欲求を強く持ち，人間関係がモチベーションに重要な影響を与えるという考え方といえます。

（2）　**組織活性化とコミットメント**

　自分の働く職場が好きで，頑張って働きたいと思い，会社のビジョンやトップマネジメントに魅力を感じている状態をコミットメントが高い，といいます。この言葉には，「忠誠心」だけではなく，目標達成に向けて自分のエネルギーを注ぎ込むという意味もあるため，「意欲と責任」という場合もあります。

　コミットメントを生み出すものとしては，コスト，しがらみ，愛着という3つの要素が考えられます（図7-3）。これらの要素はそれぞれ単独で作用するのではなく，互いに複合しながら作用します。コストとは，たとえば，中途退職により退職金の支給額が減額されたり，転職活動中に収入が中断したりするといった経済的リスクであり，しがらみとは，「会社を辞めるとあの人を裏切ることになるから辞められない」といったことであり，愛着とは，「この会社が好きだから勤め続ける」といったことが例としてあります。

図7-3　コミットメントの要素

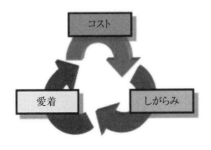

①　個人と組織の「間接統合」

　かつてテーラーが科学的管理法を唱え

図7-4 組織と個人の間接統合

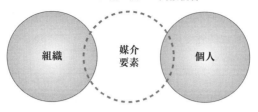

（出所） 太田　肇『プロフェッショナルと組織』(1993年)。

た時代には，個人の目的や価値観と組織の目的や価値観を一致させる，つまり**個人と組織の統合**について，対立化か同一化かの二元論しか存在していなかったとします。これに対し，今日の複雑化，多様化した社会においては，組織と個人の関係は，両者の間に媒介要素を入れる「間接統合」があって初めて，組織と個人が対立を解消し，同一化することもなく両者が均衡することができるとも考えられます（図7-4）。

② 人事制度は個人と組織を統合する媒介要素

個人と組織の統合の媒介要素として「仕事」を挙げることが可能です。賃金による動機づけだけではなく，個人がみずから仕事に生きがいや自己実現を見出すことにより，個人と組織の均衡を図ることができると考えられます。これは「社会人モデル」の次に来る「**自己実現モデル**」と呼ぶべきものです。しかし，仕事そのものの「面白さ」とは，裁量の自由度であったり，達成の難度であったり，個人の価値観や考え方によって違ってきます。したがって，組織における人間の管理を支援する人事管理の立場からは，具体的な施策を提示することは難しいといえます。そのような場合においては，人事制度が個人と組織の目的の一致を促す媒介要素となることが考えられます。

高度成長期に優勢であった，いわゆる「**日本的経営**」は，先に述べた「社会人モデル」に基づいたものであったといえます。そこでは，個人が組織の中に入り込み，緊密な人間関係が重視されました。このように運命共同体的であったかつての日本の企業組織においては，「頑張れば報われる」という因果関係を成立させるような人事制度が，個人と組織の暗黙の了解を成立させていたといえます。しかし，今日では，個人は，自分が達成する目標と「契約」し，それに基づいた業績の評価によって処遇されるようになっています。こうした

「結果を出せば報われる」という考え方のもとでは，よりシンプルで透明性の高い人事・評価制度が求められることになります。

　最近の外食産業や小売業で成功している企業では，正社員だけでなく，パートタイマーからアルバイトに至るまで企業の価値観を浸透させ，それを実現している人材を評価し登用するといったことが行われています。こうしたコミットメント意識の高い組織においては，目に見えないコストを安く抑えることができるとされています。社員が高い目標達成意欲を持ち，自律的に働くので，とりたてて給与を高くしたり業務の監督を強化したりする必要がないからです。

4　人事部門（人事パーソン）の役割

　本節の最後に，人事部門や，そこで人事の仕事に携わる人（人事パーソン）の役割は何かということについて考えたいと思います。

　人事制度は，先に述べたように，個人と組織を間接統合させる媒介要素となるべきものです。この制度の在り方は，時代や環境の変化とともに，どういったものが最適であるかが変わってきます。したがって，ひとたび制度を作ればそれで終わりというものではなく，常に外部環境や世の中の人事の動向，組織が今何を求めているかを踏まえつつ，運用・改定していくことが求められます。

　人事パーソンが陥りやすい罠は，いったん制度ができあがると，「制度の番人」と化してしまうことです。そうなると制度が目的化し，組織が活性化しなくなります。制度の意義をストーリーとして語れる人が誰もおらず，皆がただ，定められたルールや文言を守ることに汲々とするようになるからです。

　それでは，これからの人事部門や人事パーソンにはどのような役割が求められるのでしょうか。

　ウルリッチ（Ulrich）は，人材マネジメントの成果の領域として，戦略の実現，効率的経営の実現，従業員からの貢献の促進，変換の推進の4つを掲げ，将来の人材マネジメントの機能（人事の役割）イメージは，**戦略のパートナー**，**管理のエキスパート**，**従業員のチャンピオン**，**変革のエージェント**の4つの複合的なものとなるとしています（『MBAの人材戦略』1997年）。ちなみに，ウルリッチがいうところの「従業員のチャンピオン」とは，従業員の発言に耳を傾け，従業員との信頼関係を築くことで，従業員の企業貢献を高めることができ

る資質を指します。

　社会保険労務士が人事コンサルタントとして活動する際には，企業内の人事パーソンがこうした役割をよりよく担えるようサポートしていくという観点も必要であると考えられます。

第2節　企業における人事管理の実際
　　　　──人事コンサルタントの仕事

1　人事管理のこれまでと現在の課題

（1）　企業（経営）理念と人事理念

　企業には企業理念や経営理念があり，それに基づく人事理念や期待する人材像があります。日本企業の場合，これに類するものとして，社是・社訓といわれるものがある場合もあります。また，外資系企業にも，ミッション，ビジョンといったものがあります。外資系企業の場合はこのほかに，コード・オブ・コンダクトやビジネス・コンダクトなどと呼ばれる，きめ細かい行動規範が定められている場合があります。

　一方，日本の企業の中には，こうした立派な社是社訓があっても，今や社員の誰もそれを知らない，あるいは知ってはいるが，日々の職務行動とはリンクせずに形骸化しているというケースもままあります。それでも日本企業は，戦後復興期，高度経済成長期を経て「世界の奇跡」と呼ばれた日本経済発展の支えとなってきました。そこで，その秘密はどこにあるのかが世界の多くの経営学者の研究対象となりました。そうした中，**アベグレン**（Abegglen）が「**終身雇用**」「**年功序列**」「**企業別組合**」が「日本的経営」の特徴であると指摘し（『日本の経営』1958年），指摘された日本側の方がこれを「**三種の神器**」として自画自賛するに至りました。

　しかし，今この「三種の神器」は大きく揺らぎ，その神通力を失いつつあるといわれています。

（2）　神通力をなくした「日本的経営の三種の神器」

　「三種の神器」のうち，「企業別組合」は，労働者の組合加入率（組織率）が，終戦後まもなくのころは60％台だったのが，直近の推定組織率は17.7％（2013

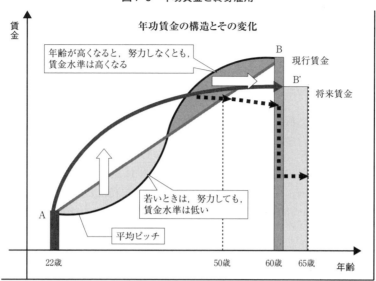

図7-5 年功賃金と終身雇用

年6月末時点）となっており、その低下が明確に数字に表れています。

それでは、年功賃金と終身雇用はどうでしょうか。

図7-5において、満22歳で入社したときの賃金をA、満60歳で定年を迎えるときの賃金をBとすると、実際の賃金カーブはそれを直線で結んだようにはならず、概ね図のようなS字カーブとなります。若いときは努力しても賃金は低く、年齢が高くなると努力しなくとも賃金は高くなる——つまり、22歳から60歳までの長期決済において均衡がとれていたのが年功賃金です。この仕組みのメリットとして、誰もが「社長レース」に参加できるということがあると考えられます。たとえ将来においてそのレースに敗れても、そのときはそのときで「年功序列」により一定の処遇で遇される、つまり負けても失うものが少ないから「誰もが社長レースに参加する」ということです。これは、企業内でリーダーや管理職、将来の経営者が育っていくうえでの動機づけ機能が自ずと働いていたことになるともいえます（デメリットとしては、ゼネラリストの育成には向いているが、スペシャリストが育ちにくいことがある）。

しかし、それが1990年代にバブル経済が崩壊して以来、日本企業はこぞっ

第7講 人事労務管理 125

て米国流の短期決済型の処遇方針を指向するようになります。まず，現時点においてその能力や生産性よりも高い処遇を受けている層，実質的には中高年齢層の社員が**雇用調整**（人員削減）の対象となりました。しかし，中高年齢層社員の側からすれば，会社に対する若いころの"貸し"を今返してもらっているその最中に，現時点での賃金が高すぎるという理由で退職を迫られるというのは承服しかねることであり，こうした人員削減は多くの労働争議を生みました。

そこで企業側においては根本的にこうした問題を回避するために，年功賃金を能力カーブ（図の矢印付実線カーブ）に沿った賃金カーブに是正しようという動きが見られました。こうした動きは1970年代にも「**職能給**」の導入という形で見られました。それが1990年代から2000年代にかけて，今度は「**成果主義**」や「**仕事給**」の導入という形であらわれました。

実際に目ざすところは，中高年齢層の賃金カーブは寝かせて（下げて），若年層の賃金を引き上げるということでしたが（図の太矢印），それは容易なことではありませんでした。やがて**満65歳までの継続雇用**が法的に義務化されるなどしたため，総額人件費はまたさらに増えることになりました。そこで，測りにくいとされている「能力」で賃金を決めるのではなく，「職務」のグレードや「役割」の大きさに沿って賃金を決める「仕事給」の仕組みを入れ，また，満60歳以降についてはいったん定年退職扱いにして定年後の再雇用とし，短時間勤務制なども入れて賃金を抑制する（図の矢印付点線），というのが，多くの企業で行われた，あるいは行われようとしたことです。そうなると，先に述べた「とりあえず社長レースに参加し，負けたら負けたときで何とかなる」という「年功序列」をベースにした構図は崩れ，日本企業が従来持っていた，働く人たちに対する求心力も，やはり低下せざるを得ないことになります。

（3）「人間尊重の経営」と「長期的視野に立った経営」

こうした，短期の利益を優先し長期雇用を軽視する短期決済型の経営を批判した人にフェファー（Pfeffer）がいます。彼はその著書の中で，「米国では人材重視の経営は珍しいことであり，多くの企業は従業員の存在を無視して，競争に勝つための戦略にばかり気をとられてきた。その結果，事業の売買やダウンサイジングが横行し，派遣社員やアルバイトなどの臨時雇いが急増して，社内の結束力が弱体化した」とし，「一方で，人材重視の施策をとった一部の米

国企業は，長引く構造的不況の中，いち早く業績を回復させることに成功した」としています（『人材を活かす企業』1998年）。そして，後者の企業例として，日系企業を含むいくつかの成功事例を挙げています。フェファーは，これからは，「人間尊重の経営」「長期的視野に立った経営」が求められるとしましたが，これは，従来の「日本的経営」に倣っての提唱であるとの見方もできます。

一方，日本企業は，逆に米国に倣って短期決済型を指向したものの，成果主義がうまくいかず，求心力の低下ばかりが目立つようになり，その結果，2000年ごろから「人間尊重の経営」ということが唱えられ始めました。そして今それが，具体的な人事管理の課題および施策となりつつあります。

（4） 最近の人事管理の課題と施策

最近の人事管理の主な課題およびそれらに対応する施策と考えられるものを，以下に列挙してみます。

① モチベーション管理：目標管理，フラット型組織，承認欲求の充足
② プロセス重視の評価制度：減点主義から加点主義へ，行動プロセス評価
③ 組織活性化：定期的な人事異動（ジョブローテーション），FA（社内公募）制度，企業内起業の促進
④ 人間関係管理とコミュニケーション：古典的な手法（非公式組織の活用とノミニケーション）の崩壊から新しいコミュニケーションの仕掛けづくりへ（例：社内SNS）
⑤ 育成型人事制度：教育・研修，とりわけ若手グローバル人材の育成およびミドルマネジメントの強化策

この中で注目すべきことは，「モチベーション管理」や「人間関係管理とコミュニケーション」が重要課題に含まれている点です。モチベーション管理や人間関係管理も人事管理のイシュー（課題）であることは，先述したとおりですが，現実には，多くの企業にはこうした課題を管掌する部署がなく，また，人事の仕事に携わる人事パーソン自身がそれを自らの仕事として認識してこなかったという経緯があります。しかし，これからは人事パーソンがその重要性を認識し，具体的な施策を講じなければならない取り組み課題となっていくと考えられます。

（5） ダイバーシティ・マネジメントの推進

近年，職場に女性や非正社員をはじめ，様々な年代やワークスタイルの人たちが増えてきており，一部では外国人の活躍も目立ちます。これを職場における「**ダイバーシティ**（Diversity）」（多様性）の広がりといいます。人事部および人事パーソンには，多様化した社員へ適切かつ効果的に対応するための工夫が求められてきているといえます。これまでの男性正社員を中心とした画一的な制度や考え方が，現在のビジネス環境，働く側の実情にそぐわなくなってきたからです。「**ダイバーシティ・マネジメント**（Diversity Management）」とは，「性別・年齢・国籍・人種・宗教など背景の異なる人々を受け入れ，それぞれが個性を発揮できるようにする経営」を指します。これに取り組み，これを推進していくことも，これからの人事の重要課題であるといえます。

以下，ダイバーシティ・マネジメントに類する概念を列挙します。ダイバーシティ・マネジメントは，以下の概念を包括すると考えて差支えありません。

1) **男女均等推進**：性別にかかわりなく，その能力を発揮するための均等な機会が与えられ，また評価や待遇においても差別を受けないようにすること。
2) **ファミリーフレンドリー（両立支援）**：企業が従業員に対して，働きながら育児や介護をしやすい制度や環境を整えること。
3) **ワーク・ライフ・バランス**：ワーク（Work）を支援する仕組みとライフ（Life）を支援する仕組みを調和させること。

2　賃金管理の実際

(1) 賃金制度をとりまく環境

賃金の決め方や構成要素は，経済・社会情勢の変化とともに変化しています。わが国の賃金制度に従来多く見られるスタイルは，基本的部分を構成する**基本給**に，家族手当，住宅手当など**諸手当**が付加されていて，さらに月々の給与とは別に，基本給の数ヵ月分の賞与が夏冬に支給されるというものです。この場合，基本給は，学歴，年齢，勤続，経験，能力などを総合勘案して決めるやり方が一般的です。具体的には，年齢給や勤続給などの**年功給**に，経験，能力を決定要素とした職能給を加味した制度です。

職能給が導入された背景には，1970年代後半に入り，労働力の高齢化が問

題となったということがあります。高齢化の進展の中で55歳からの定年年齢の引き上げが重要な課題となり，その障害となる年功型賃金体系を是正するために，多くの企業が職能給を導入しました。しかし，能力主義といわれる職能給制度のもとでも，年齢や勤続などの年功につれて毎年一定額の昇給を保障する定期昇給（以下「定昇」といいます）が行われ，結果として年功型賃金と変わらない運用になっているものが多くありました。

経済が右肩上がりで成長を続けている間はこうした実態も問題になりませんでしたが，1990年代にバブル経済が崩壊し平成不況といわれるゼロ成長の時代に入ると，中高年齢層の人件費肥大化による高コスト体質が障害となり，定昇制度自体の維持が困難になりました。そこで，定昇における一律昇給部分をなくしゼロベースの純粋査定昇給のみとしたり，年功型運用となった職能給制度を廃止し，職務価値により給与を決定する職務給制度に移行したりするなどの対応をとる動きも見られたことは，前項でも一部触れたとおりです。

以上のことを踏まえ，次に，賃金の基本的な部分を構成する基本給について，その体系と構成要素を検証していきます。

（2） 基本給の体系と構成要素

一般に，基本給の体系には，総合給型，年功給（属人給）型，仕事給型の3つがあります。このうち，総合給型とは，本給や本人給などといわれる基本給項目の中に年功給と仕事給を含んだものです。また，このほかに，これらのうちのいくつかを組み合わせた複合型の体系があります。

① 年功給（属人給）型体系

年功給とは，年齢，勤続年数，学歴などの属人的要素により賃金を決定するもので，年齢給，勤続給などの構成要素があります。また，一般には仕事給に区分されることが多い職能給も，年齢，勤続年数，学歴などの属人的要素により決定されることが多く，実質的には属人給であるといえます。

年齢給と勤続給は，加齢，勤続につれて毎年一定額が加算されるものですから，この方式を採用する場合には，定期昇給をなくすことはできません。

② 仕事給型体系

仕事給とは，職種給や職務給など，職務の価値や難易度などの仕事的要素をもとに賃金を決定する体系です。

職種給は，職種としての賃金相場が社会的に形成されている職種に適用されるもので，わが国では，医師や理美容師，大工・左官職人など，特殊な職種に限定されています。

　職務給は，賃金は「仕事に対して支払う」という考え方に基づくもので，担当する職務に関して，それに要する知識，熟練度や，職務遂行の困難さ，重要さを評価し，その価値に応じて決められる賃金です。

　このほか，業績給（成果給）も仕事給の一種ですが，これはいうまでもなく，成果に応じて賃金を支払うもので，歩合給などもこの範疇に含まれます。

（3）　職能給と職務給

　ここではさらに職能給と職務給をとりあげ，その特徴と運用および長所と欠点，並びに職務給の改善工夫点を検証してみましょう。

①　職　能　給

　職能給とは，社員の職務遂行能力を基準として決める賃金です。社員が保有する職務遂行能力に着目し，その能力が高まれば職能給も上げるというかたちになります。通常は職能資格制度がベースとなり，運用に際しては職務遂行能力の基準としての「職能資格要件書」が用いられます。資格降格がない限り降給することがないため安定的な給与である反面，年功的な運用に陥りがちで，能力―仕事―賃金の間にギャップが生じやすく，人件費の配分に無駄が生じやすいという欠点があります。

②　従来型の職務給

　職務給とは，社員が担当する職務の難易度，重要度を基準に決める賃金です。通常は職務等級制度がベースとなり，運用に際しては個々の職務の内容，特徴，難易度をまとめた「職務記述書（ジョブディスクリプション）」が用いられます。しかし従来型の職務給制度には，その前提である職務等級の内容や区分が細かくなりすぎる傾向にあり，せっかく作成した職務記述書も仕事の変化に追いつけず柔軟性に欠けるなどの欠点があります。また，中途採用者の給与決定，配置異動への対応，人材育成への動機づけなどの面でも難点があります。

③　日本型職務給（職務グレード給・役割給）

　もともとアメリカから輸入されたものである職務給には，一つひとつの職務の価値を定め，担当する職務が変わればそれに沿って給与も変えるという考え

方がベースにありますが，人事異動の多い日本の経営組織には馴染まない面があります。そこで，職務の価値によって賃金を決めるのではなく，職務レベルを大括り（ブロードバンディング）した職務グレードによって賃金を決める，いわば日本型の方法を採用することが考えられました。その場合は，職務が変わっても職務グレードが同じであるならば，職務変更前の賃金水準は保障されることになります。日本型職務給（**職務グレード給**）は，"仕事の内容"（職務）より"仕事の付加価値"に準拠した給与であるといえ，職位や職務上の責任である職責に比重がかかることから，**役割給**と呼ぶこともあります。

（4）基本給の改定

ここでいう基本給の「改定」とは，一般にいう「昇給」のことですが，運用上「据え置き」または「減額」もあり得るため，そうした表現をしています。

給与の引き上げ（昇給）には，ベースアップと定期昇給の2種類があります。一般に，世間相場の変動やインフレ，事業全体の業績，生産性の向上による給与の引き上げは**ベースアップ（ベア）**と呼ばれ，通常は，基本給テーブルの書き換えによって行われます。これに対し，加齢による生計費の増大に対する補償のためや，勤続による能力向上，経験による個人業績の向上に応じて毎年定められた基準により行う給与の引き上げを**定期昇給（定昇）**といいます。年齢給や勤続給の場合には，査定にかかわらず誰もが一律一定の定昇が行われますが（一律昇給），職能給や職務給では，人事考課の査定結果に応じて昇給額に個人差が出るような運用が行われるのが常です（査定昇給）。査定昇給の場合の給与改定は，「基本給改定（昇給）テーブル」に基づき，人事考課の評価ランクに応じて行います。

（5）これからの人事考課

賃金制度を効果的に運用するには，人事考課が適切に行われることが必要ですが，評価はつまるところ人間が行うものですから，様々なゆがみが混入することは避けられません。加えて，これまでの勤務評定とか人事査定といわれる評価制度の多くは，評価基準がオープンにされていなかったり曖昧であったりして，公正な評価と成果に見合った処遇を実現するものとなっていなかったという問題がありました。

そこで，評価の公正と適正な処遇を期するため，**目標管理制度**を導入して業

績評価を行ったり，能力を目に見える行動から捉えていこうとする**行動プロセス評価（コンピテンシー評価）**を採用したりすることが行われています。

① 目標管理制度の活用

「目標（による）管理」とは，目標を客観的な基準で捉え，達成基準を明らかにして，人事考課に連動させようというものです。

目標管理には2つの側面があり，一つは「人事考課に連動させ，賃金や賞与といった処遇面での評価の手段として取り入れる」，すなわち「人事考課制度のサブシステム」としての側面と，もう一つは「事業と人材の成長発展に向けて望ましい目標を設定し，達成に向けて進捗管理し，評価の時点では次の成長発展に向けてのさらなる目標に結びつける」，いわゆる「経営管理システム」としての側面です。どちらが欠けても目標管理は正しくは成立せず，こうした前提を常に意識しておかなければ，たとえばトップの目標と社員の目標との間に，方向性のズレが生じることも考えられます。

② 行動プロセス評価（コンピテンシー評価）

目標管理は主に業績評価をするための手段として位置づけられますが，能力評価についても，従来のような保有能力という曖昧な要素を基本評価項目として用いるのではなく，能力を目に見える行動から捉えていこうとする動きがあります。つまり，実際に職務を通じて顕在化された能力，成果として実現した能力を重視する考えです。

米国では1990年代からすでにこうした考え方に基づくコンピテンシー評価という手法が盛んにとり入れられています。具体的には，ハイパフォーマーと呼ばれるその企業内で好業績を上げている人物を選出し，なぜその人が好業績を上げているかという原因を思考特性や行動特性の面から分析して，ハイパフォーマーの行動特性モデル（コンピテンシーモデル）を作成したうえで，そのモデルをベースに人事考課を行うものです。

行動プロセス評価も，一人ひとりの職務遂行のプロセスが期待する人材像としての行動特性に沿ったものであるかを評価するという点では，このコンピテンシー評価に近いものであるといえます。

第3節　労務管理のメニュー——労務コンサルタントの仕事

　本節では，人事管理と重なるものも含め，労務管理の主だったメニューを列挙します。これらは，社会保険労務士法2条（社会保険労務士の業務）3号に「事業における労務管理（中略）に関する事項について相談に応じ，又は指導すること」と定められた，その相談・指導内容に該当します。各メニューの中身の詳細については，それぞれのテーマを扱った各講に譲るものとします。

（1）　**雇用と労働契約の締結に関する実務的問題**
　①　募集と採用に関する諸問題（募集，採用選考，内々定・内定，試用期間）
　②　労働契約の締結に関する諸問題（労働条件通知書）

（2）　**労働条件に関する実務的問題**
　①　労働時間・休憩，休日に関する実務（各種変形労働時間制，裁量労働制，事業場外みなし労働時間制）
　②　休暇に関する法定事項と諸問題（年次有給休暇の付与）
　③　賃金に関する法定事項と諸問題
　　1）　賃金の決定・変更（初任給の決定と改定，減給）
　　2）　賃金管理（基本給と諸手当の管理）
　　3）　賞与支払い（成果配分型賞与・業績連動型賞与，年俸制）
　　4）　退職金管理（企業年金制度と退職金制度の策定とその管理）

（3）　**労働契約の解約（退職と解雇）に関する実務的問題**
　①　退職に関する諸問題
　　1）　労働契約の解約（退職と解雇），契約期間満了による場合
　　2）　私傷病者の休職期間満了
　　3）　定年（60歳以降の継続雇用制度）
　②　解雇の種類と実務
　　1）　普通解雇，整理解雇
　　2）　懲戒解雇
　③　リストラと雇用調整（出向・転籍，退職勧奨，希望退職募集，整理解雇）
　④　労基法による解雇制限と解雇手続

1）就業規則における解雇事由の定め
　　　2）解雇制限，解雇手続関連（解雇予告，解雇予告の除外認定）
（4）**服務規律と懲戒処分をめぐる実務的問題**
　　① 服務規律
　　② 懲戒処分（譴責，減給，出勤停止，降職・降格，懲戒解雇（諭旨解雇））
（5）**教育訓練**
　　教育訓練計画，OJT／Off-JT，新入社員研修，職能・階層別研修，管理者研修（リーダーシップ研修・コミュニケーション研修・考課者研修等）
（6）**労働災害防止と安全衛生対策の実施**
　　① 安全衛生管理体制の整備（衛生管理者と産業医の選任，衛生委員会）
　　② 健康診断の実施
　　③ 過重労働対策
　　④ 健康管理とメンタルヘルスケア（メンタル不全社員の発生防止）
（7）**労働組合へ対応**
　　企業別労働組合，合同労組対応（個別労働紛争の発生防止）
（8）**非正規従業員の管理**
　　パートタイマー，契約社員，派遣社員，請負（業務委託）…etc.の各管理
（9）**福利厚生**
　　① 法定福利（健康保険，厚生年金保険，雇用保険，労災保険，介護保険）
　　② 法定外福利（慶弔見舞金・災害見舞金，人間ドック，特別休暇制度，社宅・寮，貸付制度（住宅ローン・生活資金等），財形貯蓄，労災上乗せ保険，社員食堂，文化・体育・レクリエーション，保養所等施設，カフェテリアプラン…etc.）

第4節　企業への提案を成功させるには

　本講の最後に附して，社会保険労務士が人事労務コンサルタントとして，賃金制度の改定や労務改善策を企画立案し，企業に提案する際に，提案を成功に導くために意識するべき（筆者が考える）5つのチェックポイントを掲げます。

1) 制度改定・改善プログラムは合理的か（外部適合性）
2) その企業において適切な導入指導が可能か（内部適合性）
3) 経営トップの啓蒙は十分か
4) 管理者（人事部長，各職場管理者）の協力のとりつけは可能か
5) 社員，労働組合の協力のとりつけは可能か

上記5つの中で，特に中小企業への提案に際しては「経営トップの啓蒙」が重要な要素を占めると思われます。そこで，経営トップへの対応に際しての（同じく筆者が考える）4つの留意点を掲げ，本講を締め括りたいと思います。

1) 経営理念や経営方針を理解，尊重する（コンサルタント流を押しつけない）
2) 経営者の立場に立って発想する（主体は会社，われわれはサポーター）
3) 経営者の理解・承認のもと推進する（その理解度を確認しながら進行する）
4) 経営者との間に信頼ある人間関係を確立する（言葉だけで人は動かせない）

参 考 文 献

J.C. アベグレン（山岡洋一訳）『日本の経営〔新訳版〕』（日本経済新聞社，2004年）
今野浩一郎・佐藤博樹『人事管理入門 第2版』（日本経済新聞出版社，2009年）
D. ウルリッチ（梅津祐良訳）『MBAの人材戦略』（日本能率協会マネジメントセンター，1997年）
太田肇『プロフェッショナルと組織』（同文舘出版，1993年）
木谷宏『社会的人事論』（労働調査会，2013年）
中央職業能力開発協会編（木谷宏監修）『ビジネス・キャリア検定試験標準テキスト 人事・人材開発2級 第2版』『同・3級 第2版』（社会保険研究所，2014年）
F.W. テーラー（有賀裕子訳）『新訳 科学的管理法』（ダイヤモンド社，2009年）
P.F. ドラッカー（上田惇生訳）『マネジメント――課題・責任・実践（ドラッカー名著集13, 14, 15）』（ダイヤモンド社，2008年）
F. ハーズバーグ（北野利信訳）『仕事と人間性』（東洋経済新報社，1968年）
H. ファヨール（佐々木恒男訳）『産業ならびに一般の管理』（未来社，1972年）
J. フェファー（守島基博監修）『人材を活かす企業』（翔泳社，2010年）
藤原久嗣『職務・成果主義による新 賃金・人事制度改革マニュアル』（日本法令，2002年）
D. マグレガー（高橋達男訳）『新版 企業の人間的側面』（産業能率大学出版部，1970年）

コラム　社労士に求められるコンサルティング業務

大津　章敬

1　社労士とコンサルティング業務

（1）　従来型の社労士の業務

　一般的に社会保険労務士の仕事と言えば，従業員の入退社や結婚，出産などのライフイベントに際し，年金事務所やハローワークなどへ各種手続を行うといったイメージが強いのではないだろうか。そうした手続業務は社会保険労務士の独占業務であり，もっとも基本となる仕事であることに間違いない。しかし，企業数の減少や電子申請の普及，更にはマイナンバー制導入といった環境変化により，今後，手続業務の市場が大きく拡大することはなかなか期待し難い状況にある。それが故に一部では「今後社労士で開業するのは難しい」などと言われることがあるが，現実はどうなのだろうか。

（2）　手続代行から人事労務管理相談へのニーズの変化

　近年，労働の現場を取り巻く環境は大きく変化している。主なものを列挙するだけでも，以下のような変化を指摘することができる。

1. 労働トラブルの増加および紛争解決方法の多様化
2. うつ病などメンタルヘルス不調者の増加
3. いわゆる非正規従業員の増加による雇用のあり方の変化
4. 過重労働問題の深刻化
5. 職場のいじめを含むハラスメント問題の増加
6. 労働者保護的色合いの強い労働関係法令の相次ぐ改正
7. 高齢者や障害者などの雇用義務の強化
8. インターネットなどの普及による職場環境の変化
9. 労働者派遣，請負など労働力提供方法の多様化
10. ワークライフバランスの必要性の高まり

　労働を取り巻く環境の変化により，企業の人事労務管理の負担は増加しており，結果として社会保険労務士にもこうした問題の解決に向けた支援ニーズが高まってきている。社労士業界では昔から「今後は3号業務（相談・指導業務）の重

要性が増してくる」と言われていたが，まさにいま，その状況が到来している。企業規模に関わらず，事業を行う以上，必ず人の問題は出てくることから，社会保険労務士の前には非常に大きな市場が広がっていると考えることができるだろう。これからの社会保険労務士は，手続業務という基本を押さえつつも，相談業務・コンサルティング業務を通じて，企業の人事労務に関する諸問題を解決し，クライアントの発展を支援していくことが求められる。

2　社労士が行うコンサルティングの分野

社会保険労務士に求められるコンサルティングの分野は非常に広範に亘るが，以下では近年重要性を増しているいくつかの重点分野について，その概要とコンサルティングを実際行うにあたってのポイントについて取り上げたい。

（1）　労務管理指導

近年，労務管理に関するトラブルが頻発している。中でも近年深刻化しているのが従業員の健康障害の問題である。典型的なケースをまとめると，下記のようになる。

従業員の健康障害にかかる典型的ケース

過重労働が原因で脳・心臓疾患を発症し，従業員が死亡（過労死）

↓

遺族が労災申請

↓

特に月間 80 時間を超えるような時間外労働がある場合には，
高確率で労災認定。場合によっては労働基準法違反により書類送検

↓

遺族が会社の安全配慮義務違反を追及し，民事賠償請求

↓

会社および取締役に対し，高額の民事賠償命令

このような労働トラブルを防止するためにも，企業の労務管理のレベルアップは不可欠な課題となっている。中でも過重労働とハラスメント対策は重要であり，それぞれ以下のようなコンサルティングメニューが考えられる。

① 過重労働防止
  ・当該企業の業務実態に合った最適な労働時間制度の構築
  ・残業申請・承認制などの仕組みの構築
  ・毎月の労働時間チェックと長時間勤務者への改善指導の仕組みの構築
  ・経営者・管理者向けの労働時間コンプライアンス研修の実施
  ・労働時間短縮に向けた意識改革および業務改善のコンサルティング
② ハラスメント
  ・ハラスメント防止ポリシーおよびハラスメント防止規程の整備
  ・社内研修会の開催
  ・ハラスメント相談窓口の設置および外部窓口の受託

（2） **就業規則整備**

　就業規則は，職場におけるもっとも基本となるルールブックであり，安定した労使関係を構築するためには不可欠なものである。就業規則には年次有給休暇や時間外割増賃金など従業員の権利に関する事項が多く記載されることから，かつては就業規則を作りたくないという経営者も多く見られたが，近年は労働トラブルの増加を背景に小規模企業でも就業規則を整備するという機運が高まっている。

　さて，就業規則と言えば，法改正に対応して見直しを行うと考えることが通常であるが，近年は法改正対応以上に，職場環境の変化に対応するための就業規則改定の重要性が増している。近年の主な職場環境の変化とそれに対応する就業規則の見直し箇所をまとめたものが表1である。

表1　職場環境の変化と就業規則改定

職場環境の変化	就業規則の見直し箇所
メンタルヘルス不調者の増加	休職制度の整備 職場復帰プログラムの策定
従業員の問題行動の増加	服務規律の具体化，懲戒規定の見直し 試用期間の見直し
インターネットなど情報機器の普及	服務規律，情報管理規定の見直し
非正規従業員の増加	パートタイム就業規則などの整備
未払い残業代請求の増加	労働時間制度の最適化 残業申請ルールなどの整備
重大な自動車事故の増加	マイカー通勤許可制の導入 安全運転に関する教育・ルールの整備
60歳以降の継続雇用者の増加	継続雇用者の労働条件の明確化 嘱託就業規則などの整備

就業規則整備のトレンドとしては，リーマンショック以降，会社を労働トラブルから守るという目的を強く意識したいわゆるリスク対応型就業規則と呼ばれる就業規則整備が多く行われた。そもそも就業規則は労働契約の一部であることを考えれば，労働トラブル発生を想定し，リスクの低減を図るこうした規程整備が重要であることは間違いない。しかし，「従業員は一定の確率で問題を起こす」という性悪説に立った規程整備には経営者の中からも違和感を唱える声もあり，近年の就業規則整備は，職場のルールブックやカルチャーブックなど，内容の多様化が進んでいる。

（3）　人事制度構築

　効果的な人材育成と貢献度に見合った賃金の支給はすべての企業の永遠の課題であるが，人事制度構築はこの2つの実現を狙い，実施される。人事制度と言えば賃金の決め方の見直しというイメージが強いのではないかと思うが，人事制度改革においてもっとも重要なことは，会社の経営戦略に基づき，今後どのような人材が求められるのかを明確に示すことに尽きる。言い換えれば「期待人材像の明確化」ということになるが，これがベースとなって人材育成の仕組みが構築され，人事評価制度が作られる。そして賃金制度や賞与制度は，その最後のステージで「やってもやらないでも同じ」という状況に陥ることがないよう，見直しが行われる。その基本的な流れをまとめると，図1のようになる。

　社会保険労務士はこのような業務を数ヶ月間～1年間程度の期間で実施し，人事制度の確立を進めることになる。今後，多くの企業で人手不足が深刻化してく

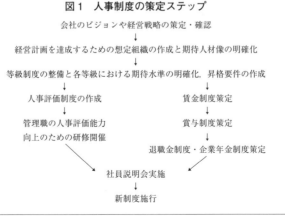

図1　人事制度の策定ステップ

ることが避けられない状態にあることから，これからの人事制度は雇用の安心感をテーマとし，採用の円滑化，定着の促進，人材育成の効率化といった点が重視されることであろう。

　ちなみに，最近の人事制度構築においては労務管理の知識の重要性が高まっている。例えば，営業職の賃金制度を構築する際には，事業場外みなし労働時間制など労働基準法の知識が不可欠である。企業にとって理想的な人事制度を追求すると，往々にして法律に違反することがあるため，今後は人事制度と労務管理の双方が分かる人材が強く求められている。そこに一番近い場所にいるのが，労務管理のプロである社会保険労務士であると，私は確信している。

（4）その他の分野

　その他，社会保険労務士が取り組むコンサルティングの分野としては，社員教育，年金，労働安全衛生，組織内コミュニケーション充実など様々なものがある。今後も時代の流れと共に，次々と新たなテーマが生まれてくることになるだろう。社会保険労務士としてのベースを意識しながらも，過度にそれに縛られることがないよう，あくまでも企業の問題を解決するという姿勢で提案を行っていきたいものである。

　コンサルティング業務に関しては，「どのように提案したらよいか分からない」という声がよく聞かれるが，提案のチャンスは日頃の経営者との会話の中に多く存在している。昇給や賞与の水準について質問を受ける際に，もう一歩踏み込んで，そもそもの制度内容についての議論を行えば，それが人事制度コンサルティングの提案のきっかけになる。また労働基準監督署の是正勧告などの労働トラブルは就業規則の提案に直結する。そうした日常的な相談の際に，その解決を直接的に図るだけに止まらず，その背景にある様々な課題をヒアリングし，本質的課題の解決に向けた提案を行うことが重要である。

3　社労士の使命と今後期待される社労士像

（1）社労士の使命とは

　改めて社会保険労務士法を見てみると，1条に以下の条文が置かれている。
　　「この法律は，社会保険労務士の制度を定めて，その業務の適正を図り，もつて労働及び社会保険に関する法令の円滑な実施に寄与するとともに，事業の健全な発達と労働者等の福祉の向上に資することを目的とする。」
　従来の社会保険労務士は，独占業務の存在が故に「労働及び社会保険に関する

法令の円滑な実施に寄与する」ことに重点を置いてきた。現在でもそうした業務が重要であることに変わりはないが，今後はそれに止まらず，各種コンサルティング業務を通じて，「事業の健全な発達と労働者等の福祉の向上に資すること」が強く求められている。

よく経営の三要素として，「ヒト，モノ，カネ」と言われるが，現代ではこのうち，「ヒト」の重要性が極めて高くなっており，ヒトの能力を如何に引き出すのかが，企業の継続および発展において不可欠な条件となっている。かつての日本企業では，如何に良いものを安く作るかという点に課題が集中していた。それが故に，その課題の解決のために一定のモノとカネを投下し，会社に対する高い忠誠心を持ったヒトが一所懸命取り組めば，成果が付いてくるという状況であった。しかし，経済の成熟化と多様化が進んだ現代は，そもそも何が課題であるかがよく分からない時代になっている。そのため，この課題構築ができる人材を如何に発見し，育成するのかが企業経営の成否を分ける大きなポイントとなっている。

また，ヒトは，経営の三要素のうち，唯一感情を持っている。よって，適切な人事労務管理を行うことで，その意欲や能力を大きく高めることが可能である。読者のみなさんも過去において，あるきっかけから仕事に夢中になり，時間も忘れて仕事に没頭したという経験をお持ちではないだろうか。モノやカネを短期間で倍にすることは事実上不可能であるが，ヒトのモチベーションを高め，その意欲を倍にすることは十分に可能である。その意味からも人事労務管理の巧拙が企業の発展を左右すると言うことができる。こうしたヒトという分野を扱う社会保険労務士の可能性は非常に大きいのではないだろうか。

(2) 今後企業から期待される社労士のあり方

社会保険労務士は人事労務管理分野のプロフェッショナルでなければならない。近年は労働関係諸法令の改正が相次ぎ，また労働トラブルの増加から様々な裁判例も出てきている。これからの社会保険労務士は，こうした最新情報を常に仕入れ，自らの知識をメンテナンスした上で，積極的にクライアント，そして社会に対して情報発信をしていくことが求められる。そして，「事業の健全な発達と労働者等の福祉の向上に資すること」が本来の役割であることを再認識し，人事労務管理のレベルアップを図るコンサルティング業務を通じて，クライアントの企業価値を向上させることが求められている。

第8講 補論
―― 労働紛争と特定社会保険労務士 ――

森岡 三男

　働く現場では，労働者が働き，使用者が指揮命令をするという関係の中で，労働条件を始め労働関係をめぐって，日々色々なトラブル（労働紛争）が発生しています。社会保険労務士（以下「社労士」といいます）は，労働紛争の未然防止に寄与するという重要な役割を担っていますが，労働紛争が生じた場合には，迅速・公正・円満に解決にあたることが求められています。本講では，労働紛争解決にあたって，社労士が果たすべき役割と心構えについて紹介します。

第1節　労働紛争の歴史的な流れをふりかえる

1　集団的労使紛争と個別労働紛争

　労働紛争は**集団的労使紛争**と**個別労働紛争**に分けることができます。**集団的労使紛争**は，労働組合と使用者との間の団体交渉等を通しての労使交渉が紛争状態にあることをいい，**個別労働紛争**とは，個別の労働者と事業主との間の労働条件その他労働関係に関する紛争をいいます。ここで紛争とは，当事者間において利害の対立があり，一方の当事者の主張に対し他方の当事者がそれに同意せず，両当事者の主張が一致していない状態をいいます。かつては集団的労使紛争が中心でしたが，1990年代以降，個別労働紛争が増加しています。労働紛争の歴史的な流れを見るにあたって，まずは日本の労働組合の歴史・特徴を知っておきましょう。

2 戦後の労働組合運動の特徴

(1) GHQの労働組合運動奨励策

日本の集団的労使関係について語るとき，第二次世界大戦における日本の敗戦とGHQ（連合国軍最高司令官総司令部）の占領政策による民主主義的諸改革に触れないわけにはいきません。代表的なものとして，①占領政策および新（現行）日本国憲法体制の下での労使関係諸立法，②**労働組合**運動と**団体交渉**制度の急速な普及と発展，③農地改革による労働力供給構造の変化，④財閥解体，⑤教育制度の改革，等が挙げられます。

特に労働組合については，敗戦の年1945（昭和20）年12月には，**労働基準法**の制定（1947〔昭和22〕年）にさきがけ，我が国で初めての**労働組合法**が制定（現行の労働組合法は1949〔昭和24〕年制定）され，GHQの政策により，民主化の担い手として労働組合の組織化が奨励されました。その結果，厚生労働省「労働組合基礎調査」によれば1949（昭和24）年に労働組合の組織率は全労働者の55.8％にも上る勢いを見せていました。しかし，以降組織率は漸減し，2013（平成25）年には17.7％にまで低下しています。

(2) 企業別組合

日本の労働組合の特徴は，特定の企業ないし事業所ごとに，その企業のホワイトカラーもブルーカラーも一体で，原則として正社員だけを組合員として組織する**企業別組合**（本書第2講第2節2(1)(c)）であることです。2012（平成24）年の厚生労働省の調査によれば，民営企業の労働組合のうち，企業別組合は93.4％，これに属する組合員は全民営企業の組合員の87.9％を占めています。企業別組合が浸透した背景は，日本では長期雇用システムの定着や，労働力の移動が企業内部でのいわゆる内部労働市場中心であること等により，組合活動の展開にあたって，組合のリーダー層にとっても企業別であることが容易であったといわれています（第2講第2節2以下，第7講第2節1(1)(2)以下）。企業別組合は，労使対決の団体交渉という観点からみれば，組合員意識よりも企業意識の方が強いという特徴があります。このことは一面で労働組合の弱みともなるし，一方では企業の労使関係の安定につながるとの特徴も持っています。

日本国憲法28条において，勤労者の「**団結権，団体交渉権，団体行動権**」の**労働三権**が保障されています。労働組合はこれを背景に，戦後の労働組合の

急伸長期から1970年代半ば（昭和50年代）までは，**労働争議**が増加し，労働争議による労働喪失日数もかなりの数値にのぼっていました。しかし，その後種々の要因はありますが，いわゆる協調的労使関係の定着により，その数字は極めて小さくなっています。

ちなみに，厚生労働省の「労働争議統計調査」によれば，**労働争議**（解決のために労働委員会等第三者が関与したもの）件数は，1974（昭和49）年の総争議件数10,462件（内争議行為を伴う争議9,581件）をピークに，以降漸減し，2013（平成25）年は総争議件数507件（内争議行為を伴う争議71件）となっています。

（3）　企業別運動を超えた「賃金統一交渉」——春闘

企業別組合が中心の日本の労使交渉で，企業の枠を超えた統一交渉の形態として挙げられるのが，1955（昭和30）年から民間八単産（合化，私鉄，炭労，紙パ等）によってスタートした「**春闘**」です。朝鮮動乱後の1955（昭和30）年以降の高度経済成長と労働市場の需給関係の逼迫を背景として，1975（昭和50）年には970万人という日本の労働組合組織勢力の8割が参加する統一交渉方式にまでなりました。

1960年代から本格化した高度経済成長と波長を合わせ，賃上げ闘争（春闘）を典型とする労使交渉等，1980年代までは労働組合との集団的労使紛争が中心の時代が続きました。しかしながら1990年代初頭の**バブル崩壊**後の長期経済低迷の中で，企業は大規模な雇用調整等を進め，雇用情勢は悪化していきました。これらを背景として，最近の賃金交渉・**春闘**では，いわゆるベースアップなし，賃金構造維持分の昇給をめぐる交渉が中心となり，春闘の位置づけも大きく変貌を遂げています。そうした中で，安倍晋三政権の下，2014（平成26）年春闘以降，「政労使会議」が「賃上げ」を促し，ベースアップが一部復活するなど，新しい動きが起きています。

ちなみに厚生労働省「民間主要企業春季賃上げ要求・妥結状況」によれば，1974（昭和49）年の賃上げ率32.9％（妥結額平均28,981円）をピークに，1995（平成7）年以降賃上げ率は3％未満となり，2006（平成18）年以降2013（平成25）年までの賃上げ率は2％未満が継続しました。

（4）　合同労組（コミュニティ・ユニオン）の活躍

前述の労働組合組織率の長期低迷の中，最近の労働組合運動で，その存在感

を高めているのが，合同労組（コミュニティ・ユニオン）（以下「**コミュニティ・ユニオン**」といいます）です。コミュニティ・ユニオンとは，中小企業労働者を組織対象とし，企業の内部ではなく，その多くは一定地域を団結の場として組織された労働組合であり，個人加盟の一般労組を純粋型とするものです。近年は，地域労働運動の新しい担い手として，中小企業のパートタイム労働者等が個人加入する小規模な地域一般労組，コミュニティ・ユニオンが増加しています。

　コミュニティ・ユニオンは，個人加盟の組合員の個別労働関係紛争を，①ユニオンが加盟組合員の会社と団体交渉により紛争解決（自主解決）を図る取組み，②労働委員会を介した解決を図る取組みや，③事案によっては，紛争を抱えている労働者本人が労働審判の申立てをすることを側面から支援する等，企業別労働組合とは異なる労働者の「駆込み寺」的役割を果たしています。

第2節　集団的労使紛争の時代から個別労働紛争の時代へ

1　個別労働紛争の増加の背景

　こうした背景，特に労働組合組織率の低迷から，労働組合が中核となって労働組合員の労働条件の改善その他権利事項の確立，場合によっては政治的課題にまで関与してきた，それまでの集団的労使紛争の時代から，図8-1のような経済情勢・雇用環境の変化に伴い，1990年代以降は個別労働紛争の増加が顕著になりました。

図8-1　個別労働紛争の増加の原因

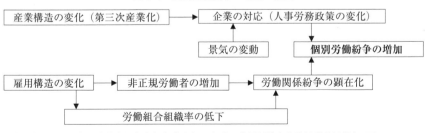

（出所）　全国社会保険労務士会連合会「平成26年度・特別研修中央発信講義教材」4頁。

かつては組織内の組合員の個別的問題（個別労働問題）についても，加盟する労働組合が対応してきました。しかし，前述厚生労働省「労働組合基礎調査」によれば，100人未満の民間中小零細企業では労働組合組織率がわずかに1.0％（2013年）という実態からしても，多くの労働者にとって，自らの問題解決の相談相手として労働組合に頼ろうとしても，残念ながら労働組合は機能し得ない状況になっている，といわざるを得ません。

2　労働紛争解決機関の変遷
（1）　集団的労使紛争で「労働委員会」が果たした役割
集団的労使紛争の解決の中心的役割を果たしたのが各都道府県労働委員会及び中央労働委員会です。労働組合法及び**労働関係調整法**に基づく，不当労働行為の救済や争議調整で機能してきました。現在もこの役割・機能に変更はありませんが，その取扱い件数は少なくなっています。
（2）　個別労働紛争解決制度の充実に向けた取組み
個別労働紛争の増加に伴い，地方裁判所の労働関係民事紛争の新受件数も1990年代半ば以降急激に増加しましたが，アクセスや費用・時間等の問題，日本国民の訴訟への抵抗感等から，労働行政機関（国の機関である労働基準監督署や都道府県所管の労政事務所）への労働相談や法違反の申告の形で持ち込まれることが多くなり，このような動向を背景に，概ね次のような体制整備が図られてきました。

① 2001（平成13）年10月1日施行：「個別労働関係紛争の解決の促進に関する法律」（以下「**個別労働関係紛争解決促進法**」といいます）による，労働行政機関の専門的サービスが実現しました。各都道府県**労働局**（厚生労働省の機関），各都道府県の**労働委員会**（東京都，兵庫県，福岡県を除く）や労政主管事務所が個別労働紛争の解決に取り組んでいます。

② 2006（平成18）年4月1日施行：司法制度改革の一環として「**労働審判**」制度がスタートし，個別労働関係民事紛争の解決で大きな実績を上げています。

③ 2007（平成19）年4月1日施行：「**裁判外紛争解決手続の利用の促進に関する法律**」（以下「**ADR**（＝Alternative Dispute Resolution）**法**」という）

に基づき，弁護士会紛争解決センター，司法書士会調停センター等が活躍しています（その一つである社労士会労働紛争解決センターについては次項参照）。

④ 2008（平成20）年6月9日：「**社労士会労働紛争解決センター**」が法務大臣の認証を受け，同年6月13日に厚生労働大臣の指定を受けた京都府社会保険労務士会を先駆者として，2014（平成26）年10月現在で43都道府県会と全国社会保険労務士会連合会に労働紛争解決センターを設置し，個別労働紛争の解決に精力的に取り組んでいます。

第3節　個別労働紛争の予防

1　個別労働紛争の事例

解雇・雇止め，退職勧奨，出向・転勤命令，労働条件の引下げ，いじめ・嫌がらせ（**パワーハラスメント**），**セクシュアルハラスメント**，育児介護関連，労働条件の格差，時間外手当不払い等非常に多岐にわたる事案についての相談，助言・指導の要請並びに多様なあっせん申請（調停申立）が寄せられています。

一方，事業主側からも，解雇・雇止め，配転命令，退職勧奨，労働条件の見直し，勤務態度不良・職務能力不十分労働者への対処等が寄せられています。

2　個別労働紛争の未然防止の重要性

（1）　個別労働紛争の解決に必要な労力は大変大きい

個別労働紛争が発生すると，労働者が労働局や**労働基準監督署**へ相談に行ったり，コミュニティ・ユニオンへ駆け込むこともあり得ます。更に労働者から労働審判や民事訴訟に申立て・訴訟提起されたときの使用者の労力を考えると，個別労働紛争が発生しないように労使で取り組むことが極めて大切です。

（2）　組織の3要素と労使コミュニケーションの重要性

筆者は，人事労務管理・マネジメントの基本は，C.I.バーナードが主著『経営者の役割』で強調する「**組織の3要素**」（①共通の目標，②協働意欲，③コミュニケーション）の確立にあると考えています。事業が健全に継続・発展する

ためには，労使で相互に「組織の 3 要素」を認識・共有することが重要です。経営情報の開示，毎日のミーティング，労働者の声の吸上げ等，日常からの円滑かつ双方向の**労使コミュニケーション**を確立すること，ひいては**労使の相互信頼**が経営の安定・発展の基礎であり，それらの土台となるのが，労使で法を守るために真剣に工夫し，努力をすることであると信じています。このことが長期的にみて，経営のトータルの力の向上につながる，と筆者は信じて業務に取り組んでいます。この理念の実

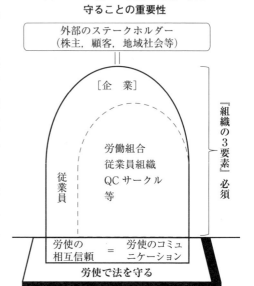

図 8-2　組織の 3 要素と労使で法を守ることの重要性

現に向けて努力することこそ人事労務コンサルタントたる社労士が本領を発揮できる分野と考えます。

第4節　個別労働紛争が発生したら

1　自主解決の勧め

「個別労働関係紛争解決促進法」では，個別労働紛争が生じたときは，それぞれの当事者が，早期に，かつ，誠意をもって，自主的な解決を図るように努めなければならない，とされています（同法 2 条）。まずは第三者の関与を求める前に，当事者同士で解決を図ることが解決の早道であり，その後の関係維持にとっても望ましいことといえるでしょう。しかし使用者と労働者の力関係の不均衡，労働者の人格と切り離せない継続的な契約関係等，労働関係の特徴から，逆に当事者同士での自主的な円満解決が難しい側面を持っていることも否定できません。

2 第三者の力を借りるかどうか

　当事者同士の話し合い・交渉では解決が困難と判断されるときは，第三者の力を借りることを検討することとなります。社労士は，相談者の意向を正確に把握し，相談者の利益のために最善を尽くす責務を負っています。いかなる労働紛争解決手続を選択することが，相談者の最大利益に結びつくかを真剣に検討して，相談に臨むことが大切であり，周辺の関連知識の修得が求められています。それには，次のような解決方法が挙げられます。

① 　行政の力を借りる

　　全国の労働局や労働基準監督署，都市圏の主要駅のそばに全国約 380 カ所に「**総合労働相談コーナー**」が設けられており，あらゆる労働問題に関する相談・情報提供のワンストップサービスを行っています。また当事者からの援助要請に対し，各都道府県労働局長による，当事者に対する助言・指導，事案により勧告も行っています。これらを経て，⑤の**あっせん・調停**に移行することもあります。

② 　**社労士会**の各都道府県会では「**総合労働相談所**」での対面相談や「**社労士 110 番**」（東京都社会保険労務士会の例）等による電話相談等を無料で行っています。また法務省所管の「**法テラス**」での相談等，これらの各種機関の活用も考えたいところです。

③ 　代理人（弁護士）を通じての交渉

　　任意交渉の代理人として弁護士の力を借りる方法があります。この場合，弁護士費用のコストも考慮することが大切です。

④ 　**労働組合**の力を借りる

　　主として労働者の立場からの検討事項ではありますが，会社に労働組合がある場合は，労働組合と相談し会社との交渉を依頼することも考えられます。労働組合がない場合，または労働組合に加盟していない場合は，企業外で誰でも加入できるコミュニティ・ユニオンに加盟して，交渉を依頼するという方法もあります。

⑤ 　**ADR**（裁判外紛争解決手続）

　　後述（第 5 節第 1 項）しますが，「**社労士会労働紛争解決センター**」，**労働局**による**紛争調整委員会・調停会議**，地方自治体の労働委員会や労政主

管事務所等を活用することも考えられます[1]。
⑥　**労働審判**による方法
⑦　民事保全・**民事訴訟**等に持ち込む方法

3　現在の個別労働紛争の解決手続システムの全体像

前述の通り，個別労働紛争の解決システムは多くの手続が準備されています。これを図示すると図8-3の通りです。

国の機関である各都道府県労働局が中心となって取り組んでいる「個別労働紛争解決制度の活用状況」については，表8-1を参照してください。

4　どの手続によるかの選択にあたって検討する事項

① 　紛争解決までに要する時間の観点から

紛争解決を求める側からして早期解決の必要性があるかどうかによって，選択する解決手続も自ずと選択の範囲が決まってくるでしょう。

② 　解決手続にどれくらいの費用をかけられるか

所要期間によりかかる費用も異なってきます。たとえば労働局や労働委員会におけるあっせん・調停（行政型ADR）であれば手続費用は無料ですが，労働審判や訴訟等の手続は請求内容（金額）により，申立費用がかかることになっています。また弁護士等の専門家に相談または依頼する場合は相応の費用がかかりますので，よく検討する必要があります。

③ 　求める解決の内容・事案の性質からくる選択

話合いを中心とする手続（あっせん・調停）を選択するか，公的な終局的判断を求める手続（労働審判，民事訴訟）を選択するかどうかを考慮する必要があります。労働契約上の権利を有する地位にあることの確認等，労働者の根幹にかかわる事案の場合は，事実関係の存否や解決のための法的な判断や詳細な審理を求められる事案かによって，選択する解決手続も変わってきます。

また，解決の結果の法的拘束力の違いも知っておく必要があります。労

---

[1] 労働者等の相談が，社労士会労働紛争解決センター，労働局や労働委員会によるあっせん，調停手続により紛争を解決する方針を固めた後である場合は，第5節参照。

図8-3 個別労働紛争解決システムの全体像

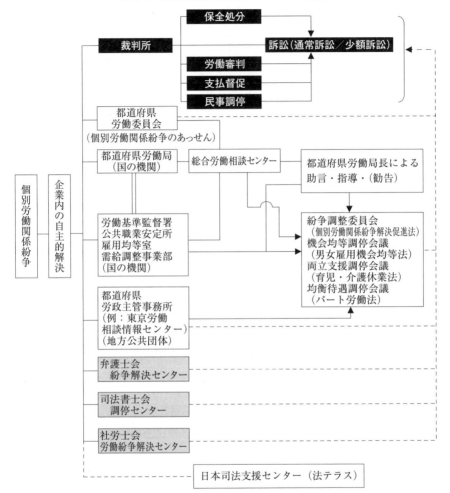

(注) 1 合同労組（コミュニティ・ユニオン）が個別労働紛争解決で果たす役割についても注目。
2 社会保険労務士法（以下「社労士法」という）の一部改正（平成26年11月21日公布）により，社労士は，事業所における労務管理その他の労働に関する事項及び労働社会保険諸法令に基づく社会保険に関する事項について，裁判所において，補佐人として，弁護士である訴訟代理人とともに出頭し，陳述することができることとなった（社労士法2条の2）。この業務は，後述（第5節第1項）する特定社会保険労務士（以下「特定社労士」という）であることは要件とされておらず，全ての社労士が行うことができることに留意すること。

表8-1 個別労働紛争解決制度の活用状況（全国）

年度	件数（件）				対前年度増減率（％）			
	総合労働相談件数	民事上の個別紛争相談件数	労働局長助言・指導制度申出受付件数	紛争調整委員会斡旋制度申請受理件数	総合労働相談件数	民事上の個別紛争相談件数	労働局長助言・指導制度申出受付件数	紛争調整委員会斡旋制度申請受理件数
平成15年度	734,257	140,822	4,377	5,352	17.4	36.5	87.7	76.3
16	823,864	160,166	5,287	6,014	11.2	13.7	20.8	12.4
17	907,869	176,429	6,369	6,888	10.2	10.2	20.5	14.5
18	946,012	187,387	5,761	6,924	4.2	6.2	△9.5	0.5
19	997,237	197,904	6,652	7,146	9.8	5.6	15.5	3.2
20	1,075,021	236,993	7,592	8,457	7.8	19.8	14.1	18.3
21	1,141,006	247,302	7,778	7,821	6.1	4.3	2.4	△7.5
22	1,130,234	246,907	7,692	6,390	△0.9	△0.2	△1.1	△18.3
23	1,109,454	256,343	9,590	6,510	△1.8	3.8	24.7	1.9
24	1,067,210	254,719	10,363	6,047	△3.8	△0.6	8.1	△7.1
25	1,050,042	245,783	10,024	5,712	△1.6	△3.5	△3.3	△5.5

（注）1. 紛争内容は複数であることが多いために，受付件数より受理件数が多くなる。
2. 上記の件数には，労働局雇用均等室所管の，「雇用の分野における男女の均等な機会及び待遇の確保等に関する法律」，「育児・介護休業等育児又は家族介護を行う労働者の福祉に関する法律」，及び「短時間労働者の雇用管理の改善等に関する法律」に係る相談，助言・指導・勧告及び調停会議の件数は含んでいない。
（出所）厚生労働省「個別労働紛争解決制度施行状況」。

働局のあっせん・調停による和解，社労士会労働紛争解決センターのあっせんによる和解の場合は，**民法上の和解**であり強制力（債務名義）を持ちませんが，**民事調停**や**労働審判**の合意は，裁判の確定判決と同じ効力（債務名義）を持つことも理解しておきましょう。あっせん・調停の合意の履行を確実にしようとする当事者は，あっせん・調停の合意内容を債務名義にしておく必要があります。その方法にはいくつかありますが，その一つとして**公証役場**において合意内容について公証人の認証を得るという方法があることを知っておきましょう。

第5節　特定社労士が関与できる個別労働紛争解決システム

1　特定社労士が担当できる個別労働紛争解決システム

社労士法2条1項1号の4～1号の6で「**特定社労士**」は，次の紛争解決手続で当事者を代理することが認められています。代理業務を行う者は，**紛争解決手続代理業務**試験に合格し，かつ「**特定社労士**」の付記を受けた者でなければなりません（社労士法2条2項）。

① 個別労働関係紛争解決促進法で規定する紛争調整委員会における**あっせん**の手続において当事者を代理すること及び「雇用の分野における男女の均等な機会及び待遇の確保等に関する法律」，「育児・介護休業等育児又は家族介護を行う労働者の福祉に関する法律」，「短時間労働者の雇用管理の改善等に関する法律」，及び「障害者の雇用の促進等に関する法律」に規定する**調停**の手続において当事者を代理すること。

② 都道府県労働委員会が行う個別労働関係紛争解決に関するあっせんの手続において紛争の当事者を代理すること。

③ 個別労働関係紛争に関する民間紛争解決手続であって，厚生労働大臣が指定するもの（注：いわゆる**民間型ADR**。具体的には「**社労士会労働紛争解決センター**」，「社団法人日本産業カウンセラー協会ADRセンター」，他1機関）が行うものについて紛争の当事者を代理すること。民間型ADRで行う場合，紛争の目的の価額が120万円を超える場合には弁護士と共同受任をしなければなりません。なお，紛争の目的の価額120万円の制限は，特定社労士が単独で代理するときの規制であって，民間型ADR機関が受理する価額の制限ではないことに留意してください。民間型ADR機関で受理できる紛争の目的の価額には上限は設定されていません。

2　紛争解決手続代理業務の具体的内容（社労士法2条3項）

紛争解決手続代理業務に含まれる業務は，次の通りです（社労士法2条3項1号～3号）。

① あっせんの手続，調停の手続及び民間紛争解決手続について相談に応じ

ること（社労士法2条3項1号）
② 紛争解決手続の開始から終了に至るまでの間に和解の交渉を行うこと（社労士法2条3項2号）
③ 紛争解決手続により成立した和解における合意を内容とする契約を締結すること（社労士法2条3項3号）

第6節 あっせんの流れ

1 『労働ADR実践マニュアル』
（1） 基本的な流れは同じ
　労働局のあっせん・調停，労働委員会のあっせん，社労士会労働紛争解決センターのあっせんの流れは，若干の差異はあるものの，基本的な流れは，ほぼ同じということができます。

（2） 基本的事項を理解するための必読のテキスト
　筆者としては，必須資料・熟読すべき文献として次の資料をご紹介します。
　『労働ADR実践マニュアル』（全国社会保険労務士会連合会・社会保険労務士総合研究機構，2011年）
　このテキストは必ずひもといていただきたいと思います。実に懇切丁寧な解説書です（全国社会保険労務士会連合会のHPからダウンロードができます）。

2 社労士会労働紛争解決センターにおけるあっせん手続の流れ
　具体的には，社労士会労働紛争解決センターの各都道府県センターのHPで大変きめ細かな解説が紹介されていますので，アプローチされることをお勧めします。

第7節　コミュニティ・ユニオンとの団体交渉への参与
　　　──団体交渉に参与するときの心構え

1　団体交渉への参与にあたっては慎重な対応を

　第1節でコミュニティ・ユニオンについて紹介しました。昨今の個別労働関係紛争の増加に伴い，労働者がコミュニティ・ユニオンに相談・加盟し，そこで紛争解決を目指すことも多く，社労士が事業主からコミュニティ・ユニオン等労働組合との団体交渉に関する相談を受ける機会が増えています。

　社労士が労働組合との団体交渉に臨むことについては，団体交渉における社労士の関わり方・代理のあり方に関し，弁護士法72条（非弁護士の法律事務の取扱い等の禁止）の解釈をめぐる留意事項を十分理解し，隣接法律専門職としての品位を保持しなければなりません。

　筆者は，①社労士が事業主とともに交渉委員として団体交渉に出席すること，②その場で事業主と相談し，打合せし助言すること，までは問題ないと判断していますが，③社労士が事業主に代わって相手方と交渉すること，については慎重を期すべきであり，社労士法2条1項3号の規定により，団体交渉に参与する場合も，「相談に応じ」，「指導すること」を超えてはならない，と考えています。

2　品位の保持と専門能力の確保

　団体交渉に交渉委員として参与する以上，人事労務管理，労働法の専門家として，相手方から信頼される専門能力を蓄積することは必須であり，特に**労働組合法**に関する研究は深めておきたいところです。「**労働委員会**」の実務についてもしっかりと勉強しておきましょう。また交渉委員として，前述1の姿勢を貫き，労使の合意形成に向けて真摯に取り組むことが大切です。この精神で団体交渉に対処すれば，労働組合側からも，事業主側からも信頼される社労士となることは間違いないと考えています。

　なお，団体交渉への交渉委員としての参与は，社労士法2条1項3号の「労務管理その他の労働に関する事項（以下省略）」のいわゆる「**3号業務**」であり，特定社労士に限定された業務ではないことを念のため記載しておきます。

第II部 社会保障制度の今日的課題

第9講 社会保障
―― その歴史,目的・機能をふりかえる ――

細川 良

第1節 「社会保障」の歴史

1 「社会保障」という概念の形成

　そもそも,「社会保障（Social Security）とは何か」と考えたとき,それがいかなる内容のものを意味するのかについては,実は,先進諸国の間でも必ずしも共通の理解があるわけではありません。各国の歴史・社会・文化・政治における背景の違いに応じて,「社会保障」という概念は異なっているのが実情です。こうした背景もあり,最近では,これに代わって「社会（的）保護（social protection）」という用語が用いられることもしばしばみられるようになっています。

　ともあれ,社会保障制度に関する法制度が先進諸国において本格的に発展してきたのは,20世紀に入ってからのことでした。たとえば,「社会保障」という名前のついた最初の立法は,アメリカにおける1935年社会保障法 Social Security Act とされています。

　しかし,20世紀より以前において,現代の社会保障の系譜に属するような制度が存在しなかったかといえば,そういうわけではありません。19世紀以前においても,すでに現代の社会保障制度のいわば「前身」とでもいうべき制度は存在していました。その代表的な2つの形態が,イギリスにおける公的救貧制度と,ドイツにおける労働者保険制度です。

（1） イギリス——公的救貧制度

　イギリスにおいて，救貧制度が本格的に立法化されたのは，1601年のいわゆる**エリザベス救貧法**とされています。

　そもそも，古くからのヨーロッパ世界では，救貧は教会の役割とされていました。すなわち，伝統的なキリスト教の世界では，貧しい者に対して施しを行うことは神の心にかなう善行であるとされ，教会は貧者の救済を行い，裕福な者は寄付や施しを行うことを通じて，救貧を行っていました。しかし，宗教改革によるプロテスタンティズムの普及によって，労働は神聖な義務であるとして，「働かざるもの食うべからず」という理念が広がり，物乞いは一転して「怠惰」の原因として否定されることとなります。

　このようにして，伝統的に救貧活動の担い手であった教会がこれを担うことが困難になった結果，行政による社会的システムとして救貧活動を行うことが必要とされ，16世紀の前半のイギリスでは，各行政区・教区ごとに救貧制度が運営されるようになります。そして，これらの行政区・教区ごとの制度を国家単位に統一したのが1601年エリザベス救貧法です（厳密には，1597年に包括的救貧法が制定され，これを1601年の改正によって完成させました）。このエリザベス救貧法は17世紀における救貧行政の基礎となり，近代社会保障制度の原点といわれることもあります。

　このエリザベス救貧法は，後述する新救貧法と同様，貧者に対して厳しい措置をとる制度でしたが，その後，18世紀になると，イギリスにおいてはジェントルマン階級が中流層にまで広がり，これにともなって博愛意識が社会に拡大することとなります。こうした中で，劣悪な救貧行政にも注目が集まるようになり，さまざまな改革が行われました。1795年に始まった**スピーナムランド制度**は，パンの価格に下限収入を連動させ，働いていても下限収入を下回る家庭には救貧手当が支給されるというものであり，現在，社会保障制度をめぐる議論においてしばしば登場する「給付付き税額控除」などをさして，「現代のスピーナムランド制度」などといわれることもあります（石田眞「現代の『スピーナムランド制度』は可能か」労働法律旬報1783-84号，4頁）。

　これに対し19世紀に入ると，自由主義思想が広まり，古典派経済学が発達したことにともなって，ふたたび博愛主義的な救貧制度は批判の対象となり，

福祉費用は削減の方向に向かうこととなります。こうした中で，1834年にいわゆる**新救貧法**が制定されることとなりました。この新救貧法の基本的な視点は，貧困はあくまでも個人の責任に帰する，というものでした。そこで，労働能力のある貧民は労役場（work house）に収容されて強制労働に服することとされました。他方，労働能力のない貧民に対しては，**劣等処遇**（less eligibility）の原則のもとで恩恵的に救済がもたらされるものとされ，最下層の自立生活者の生活水準を下回る救済のみが与えられるとともに，公民権は剥奪されることとされました。

こうして，新救貧法のもので一応の完成を見たイギリスの公的救貧制度は，伝統的に教会，あるいは富裕層が自発的に行っていた貧民救済を，国家が責任を負うシステムとして法制度化し，財源に国庫を充てたという点において，現代社会における後述する公的扶助制度と類似する側面があります。しかしながら，貧困をあくまでも個人の責任として捉え，劣等処遇・公民権剥奪といった不名誉な烙印を伴っていたという点で，現代的な公的扶助制度とは異なるものでした。

（2） **ドイツ——労働者保険制度**

ドイツにおいては，19世紀末に労働者保険制度が発展を遂げました。これは，オットー・フォン・ビスマルクが，1878年社会主義者鎮圧法とのいわゆる「飴と鞭」政策の一環として，1880年代に立て続けに立法化した一連の社会保険立法に始まるものです。すなわち，1883年疾病保険法，1884年労災保険法，1889年廃疾・老齢保険法は，それぞれ現在の健康保険，労災保険，年金制度に相当するものであり，ドイツにおいては大規模な改正を経つつも現在まで受け継がれているなど，現在の社会保険制度のルーツともいうべき制度です。

これらの労働者保険制度は，前述したイギリスの救貧制度のように，すでに貧困に転落したものを事後的・恩恵的に救済する制度とは異なり，現在労働に従事している労働者が，さまざまな事故によって貧困に転落するのを防止するために，保険技術を利用した相互扶助の制度として誕生したという点に大きな特徴があり，これは，現在の社会保険制度が（公的扶助制度と対置して）有している特徴とも一致しています。しかしながら，この当時のドイツの労働者保険制度は，あくまでも一定の範囲の労働者のみを対象としているにとどまってお

り，国民一般を対象とするものではなかったという点で，現在の社会保険制度とは異なるものでした。

(3) 現代的「社会保障」の確立

(1)(2)で述べたように，現代の公的扶助制度，社会保険制度に類する制度はすでに確立していたとはいえ，19世紀までの制度は，その制度趣旨や適用範囲の面で，現代の社会保障制度とは異なるものでした。

しかし，20世紀初頭～第二次世界大戦後にかけて，とりわけ，2つの世界大戦と大恐慌の経験を経て，福祉制度の必要性に対する認識が広がるとともに，「貧困は必ずしも個人の責任（のみ）に帰せられるべきではない」という，**貧困の社会的性格**についての認識が一般化していくことになります。また，個人の自由を徹底する「市民法」から，自由主義による弊害を修正する「社会法」という考え方が広がり，国民全体に対して最低限の生活を保障することが国家の責務であるという，**生存権**に基づく考え方が広まっていきました。

こうした社会的背景のもとで，現代的な社会保障制度が確立をしていくことになります。すなわち，イギリスの新救貧法に代表される公的救貧制度は，劣等処遇を否定し，むしろ恩恵としての救済ではなく，権利（生存権）に基づく救済として，扶助を受ける権利を承認することによって，現代的**公的扶助**制度に変化していくこととなりました。また，当初は一定の労働者のみに対象が限られていた労働者保険制度は，その適用範囲を次第に拡大し，広く国民一般を対象とする**社会保険**制度に発展していきました。

こうした流れの中で，2つの別々の制度として発展を遂げた公的扶助と社会保険を統合する概念として，世界恐慌から第二次世界大戦前後にかけて，「社会保障」という概念が誕生したと考えられています。たとえば，法律に社会保障という名前が付けられたのは，前述のとおり1935年社会保障法ですし，同時期に国際労働機関（ILO）は1942年に『社会保障への途』と題する書物を発行しています。また，1942年11月にイギリスで出された，いわゆるベヴァリッジ報告書（『社会保険および関連サービス』）は，社会保障の基礎として，「完全雇用の維持」，「所得制限なしの児童手当」，「包括的な保健サービスの提供」といった制度理念を掲げ，その運営の原則として，「均一拠出・均一給付」を掲げました。このベヴァリッジ報告書は，イギリスにおける戦後の社会保障制

度の基礎を形成したのみならず，日本も含めた世界各国における，第二次世界大戦後から現代に至るまでの社会保障制度の形成に，大きな影響をもたらしたと考えられています。

2 日本における社会保障の形成と発展
（1） 日本における社会保障の形成

日本が近代化を果たしたとされる明治期において，代表的な救貧制度とされているのは，1874（明治7）年に出された通達・**恤救規則**です。これは，極貧者，老衰者，廃疾者，孤児等を対象に，米代を支給するという方法で救済を行うものでした。この規則においては，貧困者の救済は家族，親族，ならびに近隣による扶養，相互扶助によって行うべきであるとして，どうしても放置できない「無告の窮民」（原則として，障碍，疾病，70歳以上で重病または老衰により労働能力のない単身者，13歳以下で身寄りのない貧困者）についてのみ，やむをえず国庫によって救済することを認めるというものであって，貧困者を公的に扶助するという発想は希薄でした。

その後，1929（昭和4）年成立，1932（同7）年施行した**救護法**は，救済の対象を，「貧困による生活不能者であって，『65歳以上の老衰者，13歳以下の幼者，妊産婦，不具廃疾，疾病，傷痍その他精神または身体の障害』による労務無能力者」に拡大しました。また，救護法においては，居宅救護の原則を定めるとともに，救護の内容を整備し，救護機関に市町村をあて，救護費の国庫補助を定めるなど，制度設計が大きく整備されました。しかしながら，この救護法においても，「扶助を受ける権利」は否定されており，扶養義務者が扶養できる場合には適用が除外されるなど，救貧を社会的に実施するという性格はなお希薄なままでした。また，著しく怠惰な者に対する欠格条項が設けられ，救護の対象者（被救護者）に対しては選挙権が停止されるなど，第1項（1）で紹介した，イギリスにおけるかつての公的救貧制度と同様，貧困を個人の責任と捉えており，貧困の救済は国家の責務であるという発想に乏しかったという点で，やはり現代的な公的扶助制度とは言い難い性格を残したものでした。

（2） 社会保険の誕生と展開

日本における最初の社会保険立法は，1922（大正11）年の健康保険法である

とされています。この法律は、第1項(2)で紹介したドイツにおける労働者保険制度と同様に、労働者(とりわけ、工場労働者、いわゆるブルーカラー労働者)を対象とするものでした。その後、1930年代後半から1940年代前半にかけて、いわゆる「戦時政策」の一環として、各種の社会保険制度が制定されることになります。すなわち、1938(昭和13)年に農村における貧困および徴集者の健康悪化への対処を目的として国民健康保険法が、1939(同14)年に戦時体制下における海運体制の確保という国策のもとで船員保険法が、また同年には1938年国民健康保険法の対象外であったホワイトカラー労働者を対象とする職員健康保険法も制定されました。1941(同16)年には、民間労働者に対する初の年金制度である労働者年金保険法が制定されましたが、これは購買力の吸収・戦費の調達という意味合いをも有するものでした(なお、同法は1944(同19)年に廃止され、厚生年金保険法が新たに制定されています)。また、同じ1941年には、健康保険法の改正により、職員健康保険法との統合がなされるとともに、国民健康保険法も改正され、それまでは任意とされていた国民健康保険組合を、強制設立・強制加入のものとしました。

このように、日本における社会保険制度は、戦時体制の整備という、社会保険制度の本来の趣旨とは異なる目的において整備が進んだという特殊な性格を有するものであり、実際には財政事情の問題からその適用は限られたものとなっていました。しかし、この時期における制度の整備が、結果として戦後における**国民皆保険・皆年金**体制の確立の基礎となったという側面もあるといえるでしょう。

(3) 戦後の社会保障制度の形成と展開

日本における戦後の社会保障制度の基礎となったのは、第1に、その基本理念として**生存権**を憲法25条で明文化したことであり、第2に、その制度枠組みについて1950(昭和25)年の「**社会保障制度審議会勧告**」で全体像を示したことであると考えられます。社会保障制度審議会勧告は、社会保障制度を、①社会保険(医療保険・年金保険・失業保険・労災保険)、②国家扶助(公的扶助・生活保護制度)、③公衆衛生・医療、④社会福祉、の4つに分類・整理し、この枠組みは、現在の日本における社会保障制度の基礎となっています。

一方、戦後の社会保障に関する立法政策に注目すると、まず貧困救済のため

の施策としては，1946（同21）年に（旧）**生活保護法**が制定されましたが，この旧生活保護法は，戦争からの引揚者に対する救済という性格が強かったこともあり，権利としての保護の受給権を認めていませんでした。このため，生存権を定める憲法25条との関係が不明確であるといった問題が生じ，1950（同25）年に全面的に改正されました。この時期には，戦災孤児対策としての側面も有する児童福祉法，傷痍軍人対策としての側面も有する身体障害者福祉法の制定がなされ，生活保護法と合わせて，「福祉3法」と呼ばれたこれらの法制度は，戦後の混乱期における救貧対策としての中心的な役割を果たしました。

次に，社会保険制度に関する立法についてみると，(2)で述べたように，すでに戦前・戦中の時期から，健康保険制度を中心とする社会保険制度の枠組みは存在していました。これに加えて，1947（同22）年には失業保険法，労働者災害補償保険法（労災保険法）が制定され，雇用労働に関する社会的リスクに対する社会保険制度が確立することになります。また，1948（同23）年には，戦前に存在した恩給制度にかわって，国家公務員共済組合法が制定されました。その後，私立学校の教職員，公共企業体の職員，地方公務員等にも相次いで共済制度が成立することとなりました。

1950年代に入ると，いわゆる高度経済成長を背景として，「**国民皆保険・皆年金**」体制が確立します。(2)で述べたように，日本における国民健康保険制度は，戦時中から，「総動員体制」の名目のもとに相当に普及が進んでいましたが，他方で，戦中・戦後の財政事情の悪化により，休止・廃止されていたものも少なくありませんでした。そこで，1958（同33）年に国民健康保険法が全面的に改正され，国民皆保険が実現することとなりました。また，年金制度についても，1944（同19）年の厚生年金保険法により，民間労働者に対する年金制度はほぼ確立していましたが，広く国民一般を対象とする年金制度の必要性が高まり，1959（同34）年の国民年金法の制定により，国民皆年金が実現することとなりました。

1960年代から1970年代にかけては，50年代から続く経済成長も背景にして，社会保障制度が大きく充実することとなります。まず，福祉分野において，精神薄弱者福祉法，老人福祉法，母子福祉法が制定され，戦後の「福祉3法」と合わせて，「**福祉6法**」の時代となりました。このことは，戦後の福祉3法が，

まさしく「救貧対策」という性質を有していたのに対して，これに「社会的弱者」に対する救済という色彩を付け加えたことを意味するといえるでしょう。また，皆保険・皆年金を達成した医療保険および年金保険について，その給付の充実が図られました。たとえば，医療保険・健康保険についてみると，給付率が引き上げられるとともに，高齢者の医療費の無料化が図られました。さらに，労災保険法の改正により，本来は業務上の災害とはいえない通勤災害についても，補償の対象が拡大されることとなりました。他方で，1973（同48）年に発生したオイルショックは，高度経済成長の終焉を告げ，以降，国家財政の再建が日本における重要な政策課題となり，社会保障制度についても同様の課題に直面していくこととなりました。

　1980年代になると，戦後拡大を続けてきた日本の社会保障制度は，財政問題，高齢化問題といった課題への対処とともに，制度の整理・体系化の必要もあり，再編期に入ることとなります。1982（同57）年には老人保健法が制定され，いったんは無料化された高齢者医療費について，一部負担が導入されました。また，1984（同59）年の健康保険法改正により，被用者本人の給付率が10割から9割に引き下げられました。年金分野においては，1985（同60）年に大規模な改正が行われ，国民年金を全国民共通の基礎年金とし，厚生年金・共済組合等を上乗せする，いわゆる「**2階建て方式**」の導入が行われました。

　1990年代後半になると，社会保障制度の構造改革が，さらに重要な政策課題として迫ってくることとなりました。この時期の最も重要な立法の一つとして，1997（平成9）年に成立した介護保険法が挙げられるでしょう。また，2000（同12）年には，いわゆる「**社会福祉基礎構造改革**」として，社会福祉に関する大規模な改正が行われました。医療保険・健康保険においても，給付の引き下げ，老人医療費の本人負担の部分的な拡大が進められています。2006（同18）年には，その一環として，いわゆる「**後期高齢者医療制度**」が制定されました。このほか，社会保障制度の重要な改革として，**障害者自立支援法**の制定，（わずか2年で廃止されてしまいましたが）「**子ども手当**」の支給なども，社会保障制度に関する改革の大きな流れの中に位置づけられるでしょう。

第2節 社会保障の目的と機能

1 社会保障の目的

　現代社会における社会保障の目的とは何でしょうか？　第1に挙げられるのは，「国民の生活保障」という目的でしょう。そもそも，社会保障制度とは，貧困の契機となる社会的なリスク（事故）の発生に際して，あるいは現に生じている貧困に対して，予防的あるいは補足的に，所得の保障を図る制度であったことは，第1節において述べてきたとおりです。この点については，現代においても社会保障の目的として変わるところはないでしょう。これに加えて，現在では，単なる「貧困」の排除を目的とした金銭給付（所得保障）にとどまらず，たとえば，予防・治療，さらには復帰としてのリハビリテーションといった，幅広い医療や，介護サービス等を通じた**「自立支援」**のように，単に金銭を給付・保障するのみならず，多様なサービスの給付をも通じて，総合的な「生活保障」を実現するという目的へと発展を遂げています。

　第2の重要な目的として，「経済的・身体的扶養の社会化」という目的が挙げられます。第1節においてみてきたように，現代的な社会保障制度が確立する以前は，貧困は個人の責任に帰するものとして扱われ，その救済は家族や親類縁者の役目であるという考え方が根強く存在していました。こうした貧困の救済を，マクロな社会の次元によって実現するようにシステム化したことが，現代の社会保障制度の重要な意義の一つであり，すなわち，（親族であろうがなかろうが関係なく）稼得能力のある人が社会保険や税制を通じて拠出をした財源に基づき，これを稼得能力を失っている人に再分配をするというシステムを実現しているのです。したがって，さまざまな「困難」に直面している人に対する経済的・身体的扶養（典型的には，子供の保育，老親の介護，稼得能力喪失者の扶養等）について，その家族・親族による扶養の実現・責任を過度に強調することは，（道徳的には，あるいはこうした扶養等を肯定する余地がありえ，またこれらの者による支援・補助が社会的にも必要とされる側面が否定できないとしても）現代的な社会保障のありようという観点からは，慎重でなければならないというべきでしょう。

第3の目的として，個人の自立（自律）が社会保障の根源的な目的であるとの指摘がなされることがあります。すなわち，社会保障の本質的な目的は，個人が自らの幸福を主体的に追求するようにするための条件を整備するという考え方です。典型的には，障がいその他のハンディキャップを負っている人について，これを排除・低減することによって，自らが望む幸福を追求できるようにする施策です。特に，最近の社会保障制度に関する法改正や政策においては，介護保険制度，成年後見制度，さらには生活保護制度の改革などをめぐる議論の中で，高齢者や生活保護受給者の「自立支援」が，改正の理念あるいは目的として掲げられることが多くなってきています。

　また，これらの目的に加え，最近では，「**社会的排除**（social exclusion）」という概念に象徴されるように，単なる金銭的な欠乏としての「貧困」にとどまらず，社会的な機会の喪失・隔絶といった問題に取り組み，「**社会的包摂**（social inclusion）」を実現していくことも，これからの社会保障制度の重要な目的の一つと考えられるようになっています。

2　社会保障の機能

　社会保障制度の機能として，第1に挙げられるのは，リスクの分散機能です。歴史的にみても，社会保障制度は，人々の社会生活におけるさまざまなリスク（老齢・障碍・疾病・失業・労働災害等）に備えた財源のプールと，リスクが発生したときにおける給付の実施という組み合わせを基本としています。社会保険制度は，まさにこの典型であるといえるでしょう。

　第2に挙げられる社会保障の機能は，所得の再分配機能です。社会保障制度を通じた，財源の徴収と，各種の社会保障制度の目的に応じた再分配によって，所得の再分配が実現することとなります。これは，保険料を財源の基本とする社会保険についても，税金を財源の基本とする社会扶助（公的扶助）についても，前者は応能負担の仕組みを通じて，後者は累進課税を通じて，実現される機能となります。

　また，第3の機能として，社会保障には景気の変動を調整する，ビルト・イン・スタビライザー機能を有するという指摘がなされることがあります。たとえば，好況時には社会保険料等の徴収が増加し，景気の過熱が抑えられる一方，

年金などの給付の増大が，有効需要の増大に資するといった構造が，その典型として考えられています。

第3節　社会保障の実現方法

　本講の冒頭で，「社会保障」の内容がどのようなものであるか，という点については，各国ごとに違いがあるということを述べました。それでは，日本における社会保障制度は，どのような内容となっているのでしょうか？

　第1節第2項の(3)でも触れましたが，日本における現在の社会保障制度の基盤を形成したのは，1950（昭和25）年の社会保障制度審議会勧告であるとされています。ここでは，社会保障制度を，① 社会保険（医療保険・年金保険・失業保険・労災保険），② 国家扶助（公的扶助），③ 公衆衛生・医療，④ 社

表9-1　社会保障制度の機能別分類表

	定義	具体例
高齢	退職によって労働市場から引退した人に対する給付	年金，恩給，介護保険等の老人福祉サービス etc.
遺族	保護対象者の死亡により生じる給付	（年金制度の）遺族給付 etc.
障害	部分的又は完全に就労不能な障害により支払われる給付	（年金制度の）障害給付 etc.
労働災害	保護対象者の業務上の災害，病気，障害，死亡に対する給付	労働者災害補償保険（労災保険）etc.
保健医療	病気，障害，出産による保護対象者の健康状態を維持，回復，改善する目的で提供される給付	健康保険制度，公衆衛生 etc.
家族	子どもその他の被扶養者がいる家族（世帯）を支援するための給付	育児休業給付，児童手当，児童福祉サービス etc.
失業	失業した保護対象者に提供される給付	雇用保険 etc.
住宅	住居費の援助目的で提供される給付	住宅扶助
生活保護	定められた最低所得水準や最低限の生活必需品を得るために，援助を必要とする特定の個人または集団に対して提供される現金および現物給付	生活保護

（出所）　加藤智章・菊池馨実ほか『社会保障法　第5版』（有斐閣アルマ，2013年）5頁の表をもとに筆者が一部簡略化・整理した。

会福祉の4つに分類（より詳細は，表9-1を参照）し，以降，日本の社会保障制度は，おおよそこうした枠組みに沿って発展を遂げてきました。

ここでは，紙幅の都合上，上記の4分類の中でもとりわけ中心的な役割を果たしてきた，① 社会保険，② 国家扶助について，その概要を説明しようと思います。

1　社会保険

社会保険とは，一般的に，「リスク分散のため，保険の技術を用いて，保険料などを財源とし，給付を行う，社会保障の仕組み」と定義されています。そして，戦後日本の社会保障制度は，社会保険を中心に発展してきたと一般的に評価されています。実際，前述の1950年社会保障制度審議会勧告でも，「社会保障の中心をなすものは自らをしてそれに必要な経費を拠出せしめるところの社会保険でなければならない」と述べられています。

そして，「保険の技術」を用いた仕組みであることが，社会保険制度の最大の特徴となるわけですが，この仕組みは，① 給付反対給付均等の原則と，② 収支相等の原則という，2つの原則から成り立つ保険原理に依拠した仕組みであると説明されます。①給付反対給付均衡の原則とは，加入者の拠出する保険料の合計額が，偶然の事故の発生によって受け取ることとなる保険給付の額の期待値と一致する，すなわち，（拠出する）保険料の総額＝事故発生の確率×（受給する）保険金額という関係となることを意味します。また，収支相等の原則とは，保険者の収受する保険料の総額が，その支払う保険金の総額と等しい，すなわち，（保険集団の）構成員数×（拠出する）保険料額＝保険金受領者数×（受給する）保険金額という関係になることを意味します。こうした原理は，民間の保険を含めた，保険の仕組み一般に当てはまるものですが，社会保険については，民間の保険とは異なり，社会保障としての性質を有するものであることから，これに「国民の生活保障」という社会保障の目的に沿った扶助原理に基づいた修正が行われ，運営されることになります。具体的には，平均保険料方式，保険料の応能負担，事業主負担，公費負担といったものが，扶助原理に基づいた修正に該当します。実際，社会保険制度の多くが，事業主負担や公費負担によって財政的に支えられている側面があることはよく知られてい

ることだと思われますが，これは，社会保険の有する社会政策的な目的に基づいてなされている措置というわけです。

以上のような原理を前提として，社会保険制度の特徴を簡単にまとめると，以下のようになります。すなわち，第1に，保険料を基本的な財源とすること，第2に，給付要件・給付内容の定型性，第3に，(給付を受けるに際して)資産・所得調査がないことが挙げられます。このうち，第2，第3の特徴は，第1の特徴として挙げた，保険料の拠出に基づいて受給する権利が発生するという，社会保険の有する対価的な性格から生じる特徴であり，その点で，給付に対する権利性が強調されることがしばしばあります。さらに，社会保険の第4の特徴として，所得の減少ないし貧困に対して事前予防的であることが挙げられます。これは，後述する公的扶助（国家扶助）と対比した場合に，その機能的な特徴として重要です。第5に，強制加入を基本としていることが挙げられます。これは，逆選択を禁止するためのものであり，社会保険の有する社会保障としての性格から生じた特徴といえるでしょう。

2　公的扶助（国家扶助）

公的扶助とは，一般に，「拠出を要件とせず，生活困窮に陥った原因を問わず，(最低)生活水準を下回る自体に際して，その不足を補う限度で行われる給付」と定義されています。その基本にある理念は，憲法が保障する生存権であり，すなわち，日本国憲法25条1項は「健康で文化的な最低限度の生活を営む権利」を保障しています。そして，その代表的な立法が生活保護法であることは，よく知られていることでしょう。

このような公的扶助制度の特徴を簡単にまとめると，以下のようなことになります。すなわち，第1に，一般歳入（租税）を財源とすることです。そして，保険の仕組みを用いておらず，他方で現に存在する生活困窮から救済するという制度目的から，給付が，必要な者に対して，必要な給付をするという，「必要即応の原則」に応じた，個別的な内容となるという点が第2の特徴です。また，第3の特徴として，上記のような制度の性格上，給付にあたっては資産調査・所得調査がなされることとなります。また，第4に，社会保険とその機能を対比した場合，貧困状態に対する事後的な対応となるという特徴があります。

第4節　社会保障法の理論

　第1節において，社会保障という概念が確立したのは20世紀に入って以降であるということを説明しましたが，それに対応して，社会保障法という法分野が本格的に確立したのも，20世紀に入ってからのこととなります。特に，日本においては，戦後における現代的な社会保障制度の確立と軌を一にして，社会保障の権利に関わる議論が活発に行われ，社会保障法が実定法の一分野として位置づけられることとなりました。

1　生存権論の展開

　このような過程の中で，当初，もっとも重要な論点として議論されたのは，憲法25条の法的性格をどのように理解するのか，という「生存権論」でした。この問題については，当初，最高裁が食糧管理法事件（最大判昭和23年9月29日）において，憲法25条の規定は裁判上の請求を行う具体的な権利を国民に付与したわけではなく，国に対して立法を通じて具体化する政治的・道徳的義務を課したものにすぎないという立場を示したこともあり，こうしたいわゆる**プログラム規定説**と呼ばれる見解が通説的な立場を占めていました。

　ところが，いわゆる**朝日訴訟**において，東京地判昭和35年10月19日が，厚生大臣が設定する生活保護基準が健康で文化的な生活水準を維持することができる程度の保護に欠ける場合，当該基準は生活保護法8条2項，2条，3条等に違反すると述べたのに加え，「ひいては憲法25条の理念を満たさないものであって無効」であると判示しました。この判決は，憲法25条が単なるプログラム的（訓示規定的）な性格を有するのみであるというのではなく，憲法25条それ自体を根拠として裁判上の請求を行うことができるという，裁判規範性を認めたものと解釈することが可能なものであり，この判決をきっかけとして，憲法25条の性格をどのように理解するのかという議論が活発に行われました。

　このような中で，大きく分けると，①プログラム規定説，②**抽象的権利説**，③**具体的権利説**に分けられる学説が展開されました。①は，前述のとおり，憲法25条の規定は，裁判上の請求が可能な具体的権利を国民に付与したもの

ではなく，国に対して立法により具体化する政治的・道徳的義務を課す旨を宣言したものにすぎないという見解です。これに対して，②の抽象的権利説は，憲法25条それ自体は，あくまでも国民に対して抽象的な権利を付与するものにすぎない（＝憲法25条それ自体（のみ）を根拠として直ちに裁判上の請求を行うことはできない）が，これを具体化する法律（たとえば，生活保護法）があれば，それによって生存権の権利性は実質化され，裁判上の請求が可能となるという見解です。③の具体的権利説は，さらに進んで，憲法25条それ自体によって生存権の具体的権利性が認められるという見解であり，この考え方によれば，仮に（生活保護法のような）具体的な立法が存在しない場合であっても，憲法25条それ自体を裁判規範性を有する根拠として，請求を行うことが可能ということになります。

　こうして，憲法25条の解釈をめぐる様々な論争が繰り広げられましたが，朝日訴訟の最高裁判決（最大判昭和42年5月24日）は，傍論としてではありますが（いわゆる「**念のため**」判決），「何が健康で文化的な最低限度の生活であるかの認定判断は，一応，厚生大臣の合目的的な裁量に委ねられており，その判断は，当不当の問題として政府の政治責任が問われることはあっても，直ちに違法の問題を生ずることはない」と述べ，憲法25条1項について，一定の（抽象的な）権利性があることを認めつつも，広範な立法・行政裁量を認める立場を示しました。その後，**堀木訴訟**の最高裁判決（最大判昭和57年7月7日）が正面からこのような立場を示して以降，現在に至るまでこうした見解が維持されています。

2　「権利論」の展開と，その限界

　第1項で述べたように，憲法25条の具体的権利性をめぐる議論については，最高裁はこれに消極的な立場をとることが確定しましたが，この間，社会保障法学における「権利としての社会保障」の確立を目指した議論の展開は，社会保障政策への影響を含め，意義のあったものと考えられています。

　他方で，1960年代～70年代にかけての社会保障制度の充実と，1980年代以降の経済の低成長，高齢社会の到来による社会保障財源の制約という時代状況から，権利の拡大を目指す運動論的な社会保障理論はその役割を終えたとする

批判が（とりわけ法学以外の領域，財政学・経済学等の立場から）生じることとなりました。また，法理論的にも，①（憲法の条文という根拠を越えた，その理論的背景として）「生存権」はなぜ認められるのかという理論的根拠が十分に説明されていないこと，②社会保障法（制度）の根拠となる理念は憲法25条が定める生存権のみに帰するのかという疑問，③裁判上の権利性の追求とは別に，政策を通じた権利擁護という方法論の可能性と，それを基礎づける理論の確立の必要性，④生活保護（公的扶助）制度以外の社会保障制度についての社会保障理論の展開の不足といった課題が指摘されるようになりました。こうした中で，1995年の社会保障制度審議会勧告では，社会保障の推進に関して，「権利性」は，「普遍性」，「公平性」，「総合性」，「有効性」と並ぶ，原則の一つとしての位置づけとされました。このように，社会保障制度は，現在では「権利性」あるいは「生存権論」のみに基づいて論じることはもはや困難な状況となっているといわれています（「権利論の相対化」）。

しかしながら，近年の**ワーキングプア**（本書第6講第2節1(3)）の問題のように，社会保障制度の網からこぼれ落ちてしまっている人々の存在，「**社会的排除**」の問題が注目を集める中で，こうした社会保障制度による**セーフティーネット**にかからない人々にとっての生活保障の権利の基盤として，現在もなお，「生存権論」，「社会保障の権利論」は，重要な意義を有しているということは見逃されてはならないでしょう。

第5節　これからの社会保障の課題

本講の最後に，現代の社会保障，そしてこれからの社会保障制度が抱えている課題について，まとめておこうと思います。

まず，第1の課題は，財政上の制約への対応という問題です。日本における2014（平成26）年度の社会保障給付費は，総額115兆2,000億円にも上る見通しで，対国民所得比の31.09％という数字は，先進諸国の中では相対的に低いレベルにあるものの，年々この割合は増加傾向にあり，（すでに2000年代以降，継続的に議論されてきた課題ではありますが）「社会保障の（財政的）持続可能

性」の確保は，今後とも大きな課題となっていくことは間違いないでしょう。また，財政事情が厳しくなる中で，本来，保険料によって運営されるものである社会保険制度について，公費負担の導入がどこまで許容されるのかという問題も，今後の重要な問題点となるでしょう。

　第2の課題は，少子高齢化社会への対応です。2012（同24）年現在，65歳以上人口が全人口に占める割合である高齢化率は，24.1％となっており，約4人に1人が「高齢者」となっています（さらには，2060年には高齢化率が39.9％になるという推計もあります）。他方で，2013（同25）年現在の合計特殊出生率は1.43となっており，人口規模を維持できるための水準である2.08を大きく下回っています。少子高齢化は，先進諸国にほぼ共通する課題ですが，日本の場合，高齢化の速度が極めて速いという点に特徴があります。実際，「高齢化社会」の指標である高齢化率7％から，「高齢社会」の指標である高齢化率14％に達するまでに要した期間をみると，ドイツでは40年，イギリスでは47年，スウェーデンでは85年を要したのに対し，日本では，僅か24年で「高齢化社会」から「高齢社会」へと達しています。このような状況下において，今後，日本においては，介護保険制度等に代表される，高齢化社会において必要な社会保障制度の整備とともに，少子化対策や次世代育成支援対策がいっそう必要とされることとなるでしょう。先にも触れた，2010（同22）年の**子ども手当**制度は，結果的に挫折に終わりましたが，こうした試みが今後とも必要とされているのは間違いのないところでしょう。

　第3の課題は，貧困・格差問題への対応です。2000年代に入って，日本においても貧困・格差をめぐる問題がにわかに注目を集めるようになりました。これは，失業率の高止まり，長期失業者や若年非就労者といった，従来の日本においては多く存在しなかった類型の求職者（非就労者）が増加したということが大きな要因の一つでしょう。そこで，こうした層を対象とする，失業保険等の従来の社会保険制度・社会保障制度では十分に対応できない層に対して，生活保護に至る前段階での貧困の予防と雇用社会への復帰の支援に必要な，「**第二のセーフティーネット**」の必要性が，特に，2008（同20）年秋のリーマン・ショック以降大きく顕在化しています。日本の社会保障制度は，労働法政策と相まって，いわゆる正社員を中心とした正規雇用・長期雇用を中心とした

制度設計が戦後一貫して形成されてきましたが，こうした制度では十分な対応ができない，非正規（非典型）雇用を中心とした，低所得・不安定労働者への対応が，今後の重要な課題となるでしょう。

参考文献
岩村正彦『社会保障法Ⅰ』（弘文堂，2001年）
加藤智章・菊池馨実・倉田聡・前田雅子『社会保障法』第5版（有斐閣アルマ，2013年）
西村健一郎『社会保障法入門』補訂版（有斐閣，2010年）
堀勝洋『社会保障法総論』第2版（東京大学出版会，2004年）
本沢巳代子・新田秀樹編著『トピック社会保障法』第6版（不磨書房，2012年）

第10講 安全衛生
―― 労働災害とその未然防止 ――

大南 弘巳

本講では，労働災害防止のための措置を講ずるに当たって筆者が社会保険労務士の立場で関わった事例を交えながら，分野が広く，専門性が深い安全衛生管理の中から，中小零細企業・大企業を問わず現在必要とされるごく基本的な手段と方法等について述べていくこととします。

第1節 労働災害

1 災害とは

「災害」には，自然災害，産業災害，公衆災害，交通災害……といろいろあります。中でも自然災害は，地震・台風・豪雨・竜巻・噴火等のいわゆる天災ともいわれ，自然現象によって人的・物質的・経済的に損害を被るものをいいます。また，産業災害は，産業活動に伴って発生する人的・物質的損害を生じるもので，その中でも労働者が業務に関して被災する災害を「**労働災害**」といいます。労働災害は，自然災害と違って防ぐことができるものであり，これを怠ったがために発生する労働災害は，人災ともいえる災害です。

仮に労働災害が起こって痛い思いをするのは労働者本人であり，さらにその周辺の家族，恋人，友人等は辛い思いに打ちひしがれることとなります。事業主にとっても最悪は被災者又はその遺族への民事賠償，社会的な信用の失墜等により事業の継続が不能となり，他の従業員を巻き添えに路頭に迷わすことと

なり得ます。決して我々は労働災害を惹き起こしてはならないのです。

　我が国においては，労働者の安全と健康を確保するとともに快適な職場環境の形成を促進することを目的として労働安全衛生法（以下「安衛法」といいます）が制定されています。その3条において労働災害の防止義務は事業者に課していますが，一方，安衛法4条，26条，27条等においては労働者に対して，事業主が講じた労働災害の防止に関する措置に協力するように努めるべき義務を負っていることが規定されています。人災ともいえる労働災害を起こさないためには，事業者が災害防止措置を講じ必要なコストを投じることはもちろんのことですが，労働者も事業者の講ずる災害防止措置を実行するとともにさらに災害を少なくすべく知恵を出し，事業者と協調・協力して災害ゼロを目指して邁進することが必要でしょう。

2　労働災害とは

　労働災害について安衛法2条1号では，次のとおり定義しています。

> 「労働者の就業に係る建設物，設備，原材料，ガス，蒸気，粉じん等により，又は作業行動その他業務に起因して，労働者が負傷し，疾病にかかり，又は死亡することをいう。」

　この中で労働者が負傷し，疾病にかかり，又は死亡することについて，次の3つの起因要素を挙げています。

① 労働者の就業に係る建設物，設備，原材料，ガス，蒸気，粉じん等の物的要因によって起こるものであること
② 労働者の作業行動に起因する人的要因によって起こるものであること
③ 上記の他，業務に起因する事業者の管理要因によって起こるものであること

　上記の起因要素を法文に落として読み下しますと，「労働災害とは，就業に関して，①設備，環境等の不安全・不衛生な状態があったこと，②労働者に不安全・不衛生な行動があったこと，③安全衛生管理上の欠陥があったことの①〜③のいずれかの事由又は競合した事由によって労働者が負傷し，又は疾病にかかって心身の健康を害し，又は死亡することをいう。」となります。

3　労働災害と事故

ILO（International Labour Organization：国際労働機関）の安全衛生マネジメント規格では，何らかの障害をもたらすものを「事故」と，損害が伴うものを「災害」と定義しています。我が国においては，労働災害（以下「災害」と同義）は，労働者の生命及び身体に係る損害（負傷，疾病又は死亡）があるものに限られ，単なる物的損害は含まないものであって，単なる物的損害は，事故とされます。

4　災害発生の原因

厚生労働省では，災害発生要因の分析・検討を行っています。「労働災害原因要素の分析　平成22年製造業　不安全な状態別・不安全な行動別死傷者数」によれば，休業4日以上の死傷災害を不安全状態と不安全行動について分析したところ，何らかの不安全行動，不安全状態が原因となった死傷災害の割合はそれぞれ96.6%と96.5%となっています。このことから，ほとんどの災害が不安全行動と不安全状態が競合した状態で発生していることが読み取れます。

- ●不安全行動の詳細
    - ①　その他不安全な行為（27.1%）
        確認しないで次の動作をする etc.
    - ②　誤った動作（25.5%）
        荷などの持ち過ぎ，物の支え方の誤り，物のつかみ方が確実でない，物の押し方，引き方の誤り，上り方下り方の誤り etc.
    - ③　その他危険場所への接近（22.1%）
        動いている機械等に接近し又は触れる，つり荷の下に入り又は近づく，不安全な場所へ乗る etc.
    - ④　運転中の機械，装置等の掃除，注油，修理，点検等（5.6%）
        ⑤　安全措置の不履行（3.1%）
        不意の危険に対する措置の不履行 etc.
- ●不安全状態の詳細

---

*1　ここでは，業務上の疾病をいいます。ぎっくり腰などの災害性疾病，じん肺，有機溶剤等による中毒，エックス線による障害，潜水病等の職業病，その他脳・心疾患や精神障害のように就業環境により発症する作業関連疾病等を包括したものをいいます。

① 作業方法の欠陥（48.9％）
不適当な機械・装置・工具・用具の使用，作業手順の誤り，技術的，肉体的な無理 etc.
② 物の置き方，作業場所の欠陥（13.4％）
物の置き場所の不適切，作業場所の間隔・空間不足，物の積み方の欠陥，機械・装置・用具・什器の配置の欠陥 etc.
③ 防護・安全装置の欠陥（11.8％）
防護・安全装置が不完全，防護・安全装置がない，区画・表示の欠陥 etc.

第2節　労働災害の防止に向けて

前節で述べたとおり，災害を防止するには事業者が防止措置を講じただけでは十分ではなく，労働者の協力が必要です。それを得るには，事業者が行う安全衛生活動に強制的に参加させるのではなく，労働者が自主的・主体的に参加することができるようにすることが大切です。

1　安全衛生委員会の活用提案

A社は，電気メッキ業を営む中小企業（本社工場，埼玉工場の2事業場を有し，労働者数は概ね70名。事業内容は，電子機器・光学・弱電部品等の貴金属表面処理及び金属工芸品の製造販売等）であり，新たに顧問先となったときにその社長から，従業員の活性化を要望されました。

筆者は，安全衛生活動を介しての自主活動の活性化を図ることをその方策の一つとして安全衛生委員会の活用を提案しました。その安全衛生活動に関しての主な指導内容は，次のとおりです。

（1）　安全衛生スタッフの選任と安全衛生委員会
　　　――主任クラスを委員とした安全衛生委員会の開催・運営の指導

安全衛生管理体制の整備

本社工場は，金属等に電気メッキを施す工業的業種であり，かつ，パートタイマーを含めて50人以上の従業員が働いていますから，安衛法令の規定によ

り総括安全衛生管理者，安全管理者，衛生管理者，産業医の安全衛生スタッフを選任しなければなりません（安衛法10，11，12，13条）。また，安全委員会及び衛生委員会を毎月1回開催しなければなりません（労働安全衛生規則（以下「安衛則」といいます）23条1項）。

　本社工場では，これらの安全衛生管理体制が一切構築されていませんでしたので，安全衛生スタッフについてはそれぞれの資格を有する者を選任し，事業所を管轄する労働基準監督署に選任届を提出しました。その選任時に一般的に資格者がいなくて困るのが衛生管理者ですが，総務課長が既に資格を有していたためにスムースに選任することができました。

　また，安全委員会及び衛生委員会については，法令に沿ってメンバーを選任（安衛法17条2項，18条2，3項）し，安全衛生委員会（安衛法17条，以下「委員会」といいます）として毎月1回開催することとしました。

委員会の性格

　委員会の権限は，付議事項を調査審議し，事業者に意見を述べることです（安衛法17条，18条）。なお，意見の取りまとめに当たっては安全衛生の本来的性格から過半数決定によるものでなく，労使の意見の合致によることが望ましいものされています（昭和47年9月18日基発第602号）。

　A社での委員会の運営に当たっては，委員自らが問題点を探し出し，提案し，審議し，意見を取りまとめて，自分たちで実行できる事案は即実行に移し，会社へ改善を要する事案は会社に改善案を提案することで委員の自主性を重んじました。

委員会のメンバー

　委員会は，議長及び委員（同数の事業者側委員と労働者側委員）で構成されます（安衛法17条，18条）。したがって，委員会の人数は必ず奇数となります。

　議長は，総括安全衛生管理者，又はこれに準ずる者で事業者が指名した者1名です。A社は総括安全衛生管理者の選任義務のない規模の事業場でしたから，常務取締役総務部長を指名しました。

　委員は，事業者が指名した事業者側委員と労働者の過半数代表者の推薦に基づき事業者が指名した労働者側委員で，それぞれの委員は同数で構成されます。委員の構成人数は，事業の規模，作業の実態に即して適宜決定します。

表 10-1　A 社の委員会の構成

議　長		常務取締役総務部長
委　員	事業者側委員 (4名)	安全管理者（東京工場長），衛生管理者（総務課長），作業環境測定士（技術課主任），安全衛生推進者（埼玉工場次長）
	労働者側委員 (4名)	製造1課主任，製造2課主任，営業主任，埼玉工場製造主任

(注)　産業医は，オブザーバーとして随時出席。

　なお，事業者側委員には安全管理者・衛生管理者・産業医の中から事業者が指名した者及び安全・衛生に関し経験を有する者の中から事業者が指名した者で，さらに作業環境測定士の中から事業者が指名した者を入れることができます。

　A 社の委員会の構成は，表 10-1 のとおりです。

埼玉工場の委員会

　一方，埼玉工場も本社工場と同じ工業的業種の事業場ですが，従業員数が 50 人未満ですから，安全衛生推進者を選任しました（安衛法 12 条の 2）。また，法令上安全委員会及び衛生委員会を開催しなくともよいのですが，安全又は衛生に関する事項について，関係労働者から意見を聴くための措置を講じる必要があります（安衛則 23 条の 2）から，その措置に代えて，本社工場で開催されることとなった委員会に安全衛生推進者たる次長と製造主任の 2 名をメンバーとして参加させることとしました。

委員会事務局の設置

　安衛法では，委員会での審議内容が規定されています（安衛法 17 条 1 項，18 条 1 項，安衛則 21 条，22 条）が，まず，委員会の招集・議事の決定・委員会事務局の設置等を定めた委員会規程の制定等，委員会の運営について必要な事項を審議，決定しました（安衛則 23 条 2 項）。なお，委員会事務局の設置について法令では義務として規定されていませんが，委員会の開催・運営に当たってスケジュール調整や各委員への開催通知，資料の作成，議事録の作成等，委員会の運営を補佐するための事務局を設置し，総務部が担当しました。議事録については，委員会に於ける議事で重要なものについては記録を作成し，3 年間保存しなければなりません（安衛則 23 条 4 項）。

　また，会社は委員会開催の都度，議事の概要を掲示板に掲示するとともに各

職場の朝礼において報告を行い，周知を図りました（安衛則23条3項）。

議　題

　最初の議題は，「安全衛生は，整理整頓に始まり，整理整頓に終わる」ともいわれますので，まず，安全衛生の基本である事業場内の整理・整頓（2S）をテーマに「通路の確保」から取り掛かることとしました。その後，身近な災害の防止を目標として絆創膏災害の撲滅を掲げ，それに関連して救急用具，救急薬品の整備，管理簿・管理規程の作成等を行い，救急薬品の使用量の管理を行うことによって軽度災害の見える化を図るとともに，絆創膏を使用した状況分析を行い，再発防止を図りました。その他，委員会で審議した事項についてランダムにご紹介します。

- 整理・整頓から始めて，5S（整理・整頓・清掃・清潔・躾）運動へ発展
- 災害事例分析と再発防止対策の検討・策定，災害事例研究
- 電気災害の防止（漏電防止対策，電気設備の点検等）
- 絆創膏災害（バンドエイドを貼付する程度で済むようなごく軽度の災害）の撲滅
- 救急用具，救急薬品の整備，管理簿・管理規程の作成
- 局所排気装置の点検・整備
- 有機溶剤，特定化学物質等の管理
- 洗身・洗眼設備の整備
- 保護具その他服装の整備・点検
- 換気，照明，採光
- 作業標準の作成
- 作業環境測定の実施と測定結果に基づく対策の策定
- 有害蒸気・ミストの拡散防止
- 事業場巡視とその結果報告，対策の検討
- 廃液漏れによる公害の防止
- 全国安全週間・準備月間中および全国労働衛生週間・準備月間中の行事
- 春・秋の交通安全運動に向けて
- 職場不適応とメンタルヘルス，傾聴法（話の聴き方）について
- 健康診断（定期・特殊）結果の報告と対処

・食生活の改善,「いつもニコニコ顔で仕事をしよう」,職場体操の実施
・年度計画の作成と前年度の反省　　etc.

開催時間

　A社の就業時間は,始業9時～終業18時,休憩60分,1日所定労働時間8時間です。委員会は原則として毎月第1水曜日,18時の終業後に開催することとしました。

　委員会の開催に要する時間は労働時間として取り扱うこととされており,委員会開催時間を含めた労働時間が1日8時間を超えた場合には割増賃金を支払わなければなりません（昭和47年9月18日基発第602号）ので,A社では,終業後に開催される委員会に参加した時間について時間外労働割増賃金を支払いました。

委員会に関与し,支援した事項

　筆者は,委員会に必ず出席し,議事運営,考え方等に関するアドバイスを行うとともに,委員会で取りまとめられた意見が実行できるように社長への橋渡しを行いました。また,委員会の調査,審議,またその結果における事業者に対しての意見が実現できるように次のような事項について支援を行いました。

・職場巡視に同行して,工場の設備,環境,保護具,従業員の作業行動等に対しての安全衛生管理上の必要事項の指摘
・健康診断（定期・特殊）実施のための健診機関の紹介と健診結果の取りまとめ
・危険予知訓練（KYT）実施に当たってのKYTトレーナーの手配とその実行補助
・災害防止関係の規程整備に当たって規程類の原案作成
・安全衛生教育,安全衛生講話の実施に際して,講師の手配・教育機関の紹介
・雇入時の安全衛生教育その他安全衛生教育の実施
・安全衛生に関する資料の提供,関連機関・団体等の紹介
・災害事例分析と再発防止対策の検討・策定,災害事例研究の支援
・安全管理スタッフの各種選任届,定期健康診断・特殊健康診断結果報告書,労働者死傷病報告等の文書作成及び労働基準監督署に対する届出とその内

容に関しての従業員への解説　　etc.

(2) ますます重要性を増す委員会

労働安全衛生マネジメントシステム（以下「OSHMS」といいます）指針（平成11年4月30日付厚生労働省告示第53号，平成18年3月10日付厚生労働省告示第113号）6条において「事業者は，安全衛生目標の設定並びに安全衛生計画の作成，実施，評価及び改善に当たり，安全衛生委員会等（安全衛生委員会，安全委員会又は衛生委員会をいいます）の活用等労働者の意見を反映する手順を定めるとともに，この手順に基づき，労働者の意見を反映するものとする。」と規定し，労働者の意見を反映させる手段として安全衛生委員会等を活用するものとしています。

また具体的な一例として，近年労災認定される脳・心疾患及び精神障害等の健康障害が高い水準で推移していますが，国がその防止を図るため事業者にメンタルヘルスケアの推進を要請している（平成18年2月24日基発第24003号）ことに関し，衛生委員会等を活用することが効果的であると示しています（平成18年3月31日　労働者の心の健康の保持増進のための指針公示第3号）。

重要となる記録保存

前述のとおり委員会に於ける議事で重要なものについては記録を作成し，3年間保存しなければならないこととなっていますが，ここで注意を要するのは，労働災害が発生すると安全配慮義務違反で民事損害賠償請求訴訟を提訴された場合です。従来，損害賠償請求は不法行為を根拠としていましたが，最判昭和50年2月25日（自衛隊八戸事件）で債務不履行に基づくものであると判断が大きく変わりました。以後，債務不履行を根拠とした安全配慮義務違反で提訴されることが多くなっています。

不法行為と債務不履行では，次の2点の相違があります。
① 時効については，不法行為の場合は3年ですが，債務不履行の場合は10年であること。
② 挙証責任については，不法行為の場合は被災労働者側にありますが，債務不履行の場合は使用者側にあること。

上記①のとおり債務不履行の時効が10年ということになると，災害発生後10年間は被災労働者又はその遺族から民事損害賠償請求訴訟を提訴される恐

れがあります。提訴された場合に挙証責任は事業者にあり，そのときに十分な証拠をもっていないと対抗できないこととなりますので，委員会に於ける記録の保存期間は法定の3年ではなく10年保存とすべきでしょう。以上のことは，委員会の記録についてだけでなく安全衛生に関わる資料全般の保存にいえることです。

安全配慮義務と委員会

　昨今，労働災害による損害賠償請求訴訟に当たって，債務不履行を根拠として安全配慮義務違反で提訴することが多くなっていることを先に述べました。事業者が裁判において安全配慮義務を履行していたことを主張するには，次の3要件が揃っていることが必要となります。

　① 強制的な拘束力のある安衛法を遵守することはもとより，他の関係法令，努力義務となっている指針やガイドラインをも遵守していること
　② 危険を予知（予見）する努力をしていること
　③ 労働災害の発生を回避するための措置を講じて履行していること

　以上の3要件を委員会の開催，審議に置き換えてみると次のようになるでしょう。

　①については，法令で規定されているとおり委員会を開催，運営，結果の周知，記録の保存等を正しく実行していることが大切です。

　②の危険予知（予見）については，ゼロ災運動やKYT活動等をはじめリスクアセスメント（後述）を推進し，それらを通して危険有害要因を特定し，危険性の評価を行うことです。危険・有害要因の洗い出しに当たっては，労働者から幅広く，かつ詳細に収集することが大切であるとともに，それらの情報を労働者から吸い上げる仕組み作りも必要ですから，委員会において忌憚なく議論を尽くし，アイディアを出し合うことが望まれます。

　また，安衛則22条に規定する衛生委員会の付議事項のうち同則5号〜10号中の「対策樹立に関すること」とある事項についても審議を尽くさなければなりません。

　③の災害の回避については，予知した危険有害可能性に有効，適切な対策を講ずることです。しかし，危険予知できていても危険回避措置を講じなければ危険予知の意味はなくなってしまいます。危険予知した事項について具体的に

どのような措置を講じ，さらにそれをどのように実行させなければならないかについて審議する必要があります。

なお，安全配慮義務の履行に関して裁判においては，その時点で実施可能な措置を全て講じていることが求められますので，少なくとも法令で定められた事項に対する措置を講じることはもとより，努力義務となっている指針やガイドラインなども参考にして危険回避措置を講じることが必要です。

2　災害調査と災害原因の分析の実際

（1）　災害事例分析の依頼

B百貨店の概ね4,000名の労働者を有する店舗の人事部から，安全衛生委員会の資料にするため，災害事例を取りまとめることについて依頼を受けました。その災害事例の調査・分析に当たって，過去2年度分の業務災害及び通勤災害についてそれぞれ分けて行うこととしました。

災害調査の目的

災害が発生した場合には，事業者は，その災害の発生状況，災害の程度等について事実調査を行い，その問題点を把握することに努めることが肝要です。そして危険を見抜く感覚を養い，災害要因を取り除く実行力が求められます。

災害調査の目的は，災害の直接原因となった不安全な状態（物的要因）がなぜ存在したのか，被災労働者の不安全な行動（人的要因）がなぜあったのか，それらの組み合わせによって災害が発生するに至った背景となっている事業者の管理上の欠陥（管理要因）がなぜ生じていて，事前に対策を講じることができなかったのかについて分析検討し，適正な再発防止策を樹立するために役立てることにあります。災害調査は，災害発生の真実を追求することが大切であって，関係者の責任追及をすることが目的ではありません。

（2）　分析の進め方

災害事例のピックアップ

B百貨店では，労働者が業務上災害又は通勤災害で被災したときには，「公傷病届」に事故発生状況等必要事項を記入して，上長を経由して店舗人事部へ提出することとされていました。

筆者は，過去2年度分の公傷病届をもとに発生した災害とその内容を拾うこ

ととしました。その内容を，オリジナルの調査用紙に転記しながら，公傷病届に記載された内容で不十分な事項については，人事部の許可を得て本人に電話又は面接による確認作業を行い，特に災害発生状況の詳細な把握に努めました。

なお，厚生労働省の災害統計の対象となるのは休業4日以上の災害ですが，調査に当たっては，休業災害，非休業災害を問わず行いました。

災害調査用紙のデザイン

分析に当たっては，厚生労働省がとっている「事故の型及び起因物分類」[1]で行うこととしました。この方法は，死傷災害の分布状態などその発生の動向を大数的に把握し，死傷災害の原因要素をできるだけ簡明に把握することができ，また，事故の型及び起因物分類に業種等の要素を組み合わせることにより，災害の分布状態を多角的に解明し，災害防止に役立てることができます。事故の型とは，傷病を受けるもととなった起因物が関係した現象をいい，転倒，墜落・転落，はさまれ・巻き込まれ等21項目に分類されています。起因物とは，災害をもたらすもととなった機械，装置若しくはその他の物又は環境等をいい，一般的には不安全な状態にあったものを指しています。

B百貨店での分析に先駆けた災害調査に当たって，どんな災害が起こっているのか，その原因は何なのか（事故の型別・起因物別），どんなときに発生しているのか（作業態様別），どんなケガで何日休業したか等について同所で働く多数の方々が災害の内容を理解できる結果が得られるように，同店の実情にあったオリジナルの調査用紙をデザインしました。

災害分析調査用紙の要素項目設定に当たっての簡易的な設定例

災害分析調査に当たっての簡易的な調査要素項目を紹介します。労働者死傷病報告（様式第23号）の記載内容を参考に，次のとおり抽出してみました。災害分析を行うに当たって調査要素項目を対象に応じて変更し，オリジナルな調査票を作成する際の参考にしてください。

なお，災害分析の対象とする災害は，不休（休業しなかった）災害も含めて行うことが望ましいでしょう。それは，フランク・バードの分析によります[2]。フランク・バードは，1969年に297社，約175万件の事故を分析しました。

---

[1] 労働省安全課編『労働災害分類の手引——統計処理のための原因要素分析』。
[2] 厚生労働省『中小規模事業場の安全衛生管理の進め方』。

> **簡易的な調査要素項目の例**
> - 誰が……氏名・性別・年齢・従事する職種・経験年数等の人的要素に関する事項
> - いつ……災害発生日時・曜日・季節・気候等に関する事項
> - どのような場所で……災害発生場所とその周囲の環境に関する事項
> - どのような作業をしているときに……作業行動を明らかにすべき内容に関する事項
> - どのような物又は環境に……起因物又は加害物となった物又は環境に関する事項
> - どのような不安全な状態があって……起因物にどのような不安全な状態があったか
> - どのようにして災害が発生したか……災害発生の経過（作業指示の有無，どのような作業行動をとったか，心理状態にあったか等）
> - 傷病名
> - 傷病の部位
> - 休業の有無と休業があった場合には，その日数

それによると重傷等災害1件に対し，軽傷災害が10件，物損事故が30件，ヒヤリ・ハット等が600件発生しています。そして，さらに顕在化していない危険有害性は，ヒヤリ・ハットの下に不安全状態，不安全行動として常に潜在していると分析しています。労働災害を防止するためには，不安全状態，不安全行動を見逃さず，潜在的危険性を取り除くことが特に重要なのです。

労働者死傷病報告

次に掲げる場合に事業者はその都度，事業所を管轄する労働基準監督署に労働者死傷病報告（様式第23号）を提出することとされています（安衛法100条，同則97条）。故意に提出しなかったり，虚偽の内容を記載した労働者死傷病報告を提出するといわゆる「労災かくし」となり，この行為は罰則の適用（同法120条5号）があります。

① 業務上負傷し，又は疾病にかかり労働者が死亡したとき
② 業務上負傷し，又は疾病にかかり休業した場合で，その休業日数が4日以上にわたるとき

再発防止の当事者

労働災害の原因及び再発防止対策は，委員会での審議事項となっています（安衛法17条，18条）。災害調査及び再発防止対策の樹立に向けての行動は，委員会が行い，その意見を事業者に述べることとなります。

事業者は，その意見を十分に聴いたうえで，必要な対処をしなければなりません。

3 リスクアセスメントの概容

（1） 災害防止は予防管理

災害調査の項で，再発防止策を講じることが必要であることを述べましたが，災害防止において大切なのが災害の未然防止です。再発防止は，発生した災害に対策を講じて同種の災害発生を防ぐことであるのに対して，未然防止は，未だ発生していない災害を事前に想定して対策を講じ災害発生を予防することです。

災害が起きた後で時間と人手をかけて再発防止を図るのではなく，いかにして災害を未然に防ぐかの調査，研究，設備改善，教育，要員配置等に時間とコストとを十分にかけて未然防止に傾注することが災害防止の本筋であると思料します。

（2） リスクアセスメントの概容

リスクアセスメントの目的

災害の未然防止の手法として，リスクアセスメント（危険性及び有害性の調査）が挙げられます。リスクアセスメントは，事業場の危険性又は有害性を網羅的に抽出して存在するリスクを把握，特定し，そのリスクについて評価と見積もりを行って優先度を付け，合理的な判断のもとにリスクの除去又は低減措置を講じることです。リスクアセスメントはリスクを先取りしてリスクの除去又は低減を図る措置であり，災害の未然防止に極めて有効な手段であるといえます。

リスクアセスメントの実施手順

リスクアセスメントは，安衛法28条の2の規定に基づいた労働安全衛生マネジメントシステム（OSHMS）の中核をなす活動です。国では「危険性又は

図10-1 リスクアセスメントの実施手順

いつ行うか (実施時期)		●設備,原材料,作業方法等を新規に採用したとき,又は変更したとき ●前回行ったリスクアセスメントから一定の期間が経過し,機械設備等の経年変化や従事する労働者の交代等により,前回見積もったリスクに変化が生じたとき,又は生じる恐れのあるとき
手順1	危険性又は有害性の特定	●職場に潜む全ての危険・有害要因を洗い出し,労働者の就業に係る危険性又は有害性を作業単位で特定する。 ●リスクアセスメントを実施する対象は再発防止策を講じた災害だけでなく,事業場で発生した全ての事故・不休災害を含む全ての災害を検討するとともに,事故・災害には至らないもののその可能性のある危険有害要因(HAZARD)を含めて検討することが必要である。 ●初めてリスクアセスメントに取り掛かるときは,危険・有害と見込まれる作業・作業場所を絞り込み,できるところから行う。 　危険・有害要因の洗い出しに当たっては,作業手順書,取扱説明書,ヒヤリハット事例,KYT(危険予知訓練)の活動事例,安全パトロール時の巡視状況,外部からのクレーム等を労働者から幅広く,かつ詳細に収集することが大切であるとともに,それらの情報を労働者から吸い上げる仕組み作りも必要である。また,安全衛生委員会の審議記録を参考にしたり,公開されている他社での類似災害情報を活用することも一法である。
手順2	リスクの見積もり	●特定された危険性又は有害性ごとにリスク(特定された危険性又は有害性によって生ずるおそれのある負傷又は疾病の重篤度(ひどさ)と負傷又は疾病の発生可能性の度合いをいう)を見積もり,許容リスクレベル内かどうか評価する。 ●リスク見積もり,評価の方法としてマトリックス法,数値化法,リスクグラフ法がある。 ●リスク見積もり,評価を確実なものとするため,専門家や熟練労働者等を参加させた検討会を立ち上げ,作業内容の分析・検討を行うのも一法である。
手順3	リスク低減のための優先度の設定・リスク低減措置の検討	(1)見積もりに基づくリスクを低減するための優先度を設定する。 (2)リスクを合法的方法により許容レベル以下に低減させる対策案を検討する。 　対策案の検討順位は次のとおりであるが,法令の規定に基づくことは必ず実施しなければならない。 　① 法令に規定された事項の実施(法令遵守) 　② 作業内容・方法・手順等の見直しの検討,その他設計や計画段階からの危険性又は有害性の除去又は軽減対策の検討 　③ 機械・設備等の物的対策の検討 　④ 教育訓練・作業管理等の管理的対策の検討 　⑤ 保護手袋等個人用保護具の対策の検討
手順4	リスク低減措置の実施	(1)優先度に応じたリスク低減措置を実施する。 (2)対策実施後に再度リスクアセスメントを実施し,リスク低減措置が許容レベル以下にあることを検証する。
手順5	記録	以上のリスクアセスメントの一連の経過及び結果を記録し,災害防止のノウハウを蓄積する。

(出所) 危険性又は有害性等の調査等に関する指針(平成18年3月10日付公示第1号)をもとに筆者作成。

有害性等の調査等に関する指針」(平成18年公示第1号)を定め,リスクアセスメントを効果的に各事業場において適切かつ有効に実施されるよう,その基本的な考え方及び実施事項を示しています。この指針に基づくリスクアセスメントの実施手順等についての一連の流れをまとめたものが,図10-1です。

第3節 労働安全・労働衛生への思い

　ここに述べたことは,仕事上筆者が安全衛生分野で行ってきたことの一角でありますが,「安全衛生は日常生活の中にあり,自分に絶えず寄り添っている。」と思っています。危ないと思ったことは必ず起こるのです。それを避けるにはどうしたらよいか,こんな行動をとったらどんなリアクションがあるかを日々,家庭・職場・リクリエーション中等の場面に応じてKYTを行い,危険に対する感性を磨き,対策を考えることが大切だと思います。日常,ケガや病気をしないように心がけること,他人に危害を与えない・迷惑をかけないこと,物を大切にすること,他人への配慮を忘れないこと,心穏やかに生活すること等の心がけとともに,それらの事態が発生した場合には,なぜ起こったのか,原因は何か,再発しないようにするにはどうしたらよいかを常に考えることによりトレーニングすることが必要だと思っています。

　このように自分で感じ,考えることができる労働者が集まり,事業者がこれらの労働者に自主性を尊重したうえで一定の責任と権限を与えたチームとして問題処理に取り組ませた場合,労働者がその過程で知恵を出し合ううちに「自ら進んで問題点を発見し,解決する組織」ができ,いきいきとした職場風土等が醸成されてきます。この組織は安全衛生に関してだけではなく,作業改善や品質管理・向上,コストダウン等の職場の問題解決にも寄与するものであり,その結果として企業の競争力も高まります。これらの考え方を事業者にアドバイスし,労働者をリードすることも社会保険労務士の職務だと思っています。

　社会保険労務士にとって安全衛生は,分野が広く,専門性が深くて入りづらい分野かもしれませんが,筆者は,事業者,労働者共に安全で,健康溢れる職場作りのお手伝いをできることに誇りを感じています。皆様も是非,尻込みす

ることなく労働安全衛生の分野へ飛び込んでください。

参 考 文 献

稲垣荘司『生産現場の災害事例に学ぶ機械設備の安全管理法』(社団法人日本プラントメンテナンス協会，2001 年)

遠藤功『現場力を鍛える』(東洋経済新報社，2007 年第 26 刷)

大関親『新しい時代の安全管理のすべて』(中央労働災害防止協会，2014 年)

大南幸弘「安全衛生委員会活用のすすめ (1)」『ハイ・タク労務情報』(都市交通研究会調査部)

厚生労働省『中小規模事業場の安全衛生管理の進め方』

厚生労働省労働基準局『労働基準法解釈総覧』(労働調査会)

野見山眞之『労働安全衛生法の詳解』(財団法人労働法令協会，1989 年)

労働省安全課編『労働災害分類の手引――統計処理のための原因要素分析』(中央労働災害防止協会，1999 年)

『安衛法便覧平成 20 年度版』(労働調査会)

『厚生労働省指針に対応した労働安全衛生マネジメントシステム　リスクアセスメント担当者の実務』(中央労働災害防止協会，2013 年)

『労働安全衛生法実務便覧』(労働調査会)

『労働安全衛生規則実務便覧』(労働調査会)

第11講 労災保険
―― 制度の現状と社会保険労務士の役割 ――

鎌田 勝典

はじめに

　一般に労災請求を日常業務としている社会保険労務士はごく稀です。しかし，万が一労災事故が発生した場合，被災者はもちろん会社の担当者も知識を持ち合わせておらず，社会保険労務士等に頼らざるを得ません。

　会社から，雇用労働者の労災請求について依頼された場合，提出すべき書類や提出先等に関する実務的知識があれば対応できます。困難なのは，被災労働者またはその遺族から依頼された場合です。会社が「労災事故ではない」「あなたは雇用労働者ではない」などと主張し申請に協力してくれないという相談が多いのです。会社からそう言われると請求を躊躇してしまう例も少なくありません。また，職業性疾病の場合，それが業務に起因することの証明に困難が伴います。さらに交通事故など第三者が加害者であるとき，誰に請求するのか，相手先との示談を進めるべきかどうかの判断など複雑な対応が問われます。

　厚生労働省が毎年発表している「労働災害発生状況」によれば，この数年労災事故は増加または高止まりしています（2013（平成25）年度は数年ぶりに減少しましたが，2014（同26）年度前半期はまた増加しています）。2013年度の死亡災害は1,093名，死傷者数は118,157人となっています。なかでも注目されるのは，「脳・心臓疾患に関する事案」の請求件数の増加傾向（2013年度で784件，うち支給決定306件）と，「精神障害に関する事案」の請求件数の急増（2013年度1,409件，うち支給決定436件）です。そして，過労による死亡事件が中高年

中心から若年層中心に移ってきています。「労災かくし」で表に現れない事故や過労自殺した遺族が労災請求を躊躇してしまう例も少なくないといわれ，実際の労災事故はもっと多いと推測されます。

この間，超党派議連提出の過労死等防止対策推進法が成立しました（2014（平成26）年11月1日施行）。過労死が増えている背景には，有期雇用，非正規社員の急増と裏腹の関係で，正社員の働き過ぎの傾向に拍車がかかったこと，現代の働き方そのものがストレスに満ちたものであることなど様々な要因が指摘されています。

社会保険労務士は，何よりも被災者に寄り添う姿勢をもって労災事件の処理にあたらなければなりません。同時に，企業顧問として，企業の労務管理や健康管理の対策を強め，労災事故そのものをなくしていく努力が必要です。

第1節　労災保険制度の沿革と目的

1　戦前の制度との違い

1947（昭和22）年9月1日，労働基準法の施行と同日に労働者災害補償保険法（以下「労災保険法」といいます）が施行されました。当時の国会で河合良成厚生大臣は次のように提案理由説明を行っています。

>「……今議会に提案されました労働基準法の制定に伴いまして，労働者の業務災害に対する使用者の災害補償の義務は如何なる小事業を経営する使用者に対しても課せられることとなり，且つその災害補償の額についても労働基準法は，従来の労働者保護法規に比べまして，相当高度のものとなったのであります。……
>
>……換言致しますと，この制度の趣旨とするところは，日本国内の全産業が渾然一体となって相互扶助の精神によって，災害に対する労働者の保護の完璧を図り，併せて使用者の負担を軽減しようとするものであります。なお，この制度の創設によりまして，現行の健康保険，厚生年金保険における業務上の保険給付及び労働者災害扶助責任保険をすべてこの制度に吸収致しまして，事業主の災害補償義務に基づく責任を明らかにすることと

したのであります。」

戦後の制度と戦前の制度との違いは，第1に，業務上の災害に関する保険給付をすべて労災保険制度に統一したということです。戦前までは業務上の災害に対しても，健康保険が療養，休業扶助を行い，厚生年金保険が障害，遺族年金を給付，さらに労働者災害扶助責任保険から給付されるという仕組みになっていました。これらを「すべてこの制度（労災保険）に吸収」しました。

第2に，事業主の無過失賠償責任の考え方をとり，労働者に補償を請求する権利があることを明確にしました。労働基準法第八章「災害補償」では，「労働者が業務上負傷し，又は疾病にかかった場合」，使用者に補償責任，すなわち使用者に過失があろうがなかろうが補償する責任があること，そして労働者に「補償を受ける権利」があることを明記しました。戦前の労働者災害扶助責任保険制度では，労働者の扶助請求権は保障されておらず，行政による指導，監督に基づく恩恵的，救済的施策にとどまり，保険金受取人も事業主であるという限界がありました。

第3に，法の適用範囲も全産業にわたり，かつ，規模の大小を問わず補償される制度となりました。それを担保するため「日本国内の全産業が渾然一体となって相互扶助」する保険制度としたわけです。

2　法制定後の発展と労災保険法1条

労災保険法が施行されてから今日まで様々な制度面及び給付面での発展がありました。

まず給付面での充実があげられます。現金給付の基礎となる額（「給付基礎日額」といい，労働基準法12条の平均賃金に相当する額です）について，給付が長期に及ぶ場合，賃金ベースに合わせて変動させなければ実態に合わない場合が生じます。賃金水準の変動に応じてスライドされる仕組み，被災時の年齢による不均衡を是正するための「年齢階層別の最低限度額・最高限度額」が導入されました。さらに，長期にわたる傷病や遺族給付に対しては年金により給付されるようになりました。こうした結果，日本の労災保険給付はほぼ国際水準に達したといわれています。

制度面での充実では，通勤災害を保険給付の対象としたほか，中小事業主等，

一人親方等，海外派遣者などを対象に，労災保険への加入を認め，保護を図る特別加入制度も創設されました。

これら以外にも社会復帰促進等事業が労災保険の附帯事業として行われるようになりました。労災病院の設置・運営，特別支給金（通常の給付の事実上の上乗せ給付）の支給，労災就学援護費の支給，会社倒産等の場合の未払い賃金の立替払いの制度などです。

こうして労災保険法は制定以来六十数回にわたって改正されました。現行法（平成26年5月30日法律第42号）1条は，労災保険制度の目的について次のように規定しています。

> 「第1条（目的）　労働者災害補償保険は，業務上の事由又は通勤による労働者の負傷，疾病，障害，死亡等に対して迅速かつ公正な保護をするため，必要な保険給付を行い，あわせて，業務上の事由又は通勤により負傷し，又は疾病にかかった労働者の社会復帰の促進，当該労働者及びその遺族の援護，労働者の安全及び衛生の確保等を図り，もって労働者の福祉の増進に寄与することを目的とする。」

3　保険給付の概要

業務災害及び通勤災害に関する保険給付の種類と支給事由の概要を表11-1に列挙します。表中（　）内の給付の名称は通勤災害に対する給付です。通勤災害は事業主の責任とはいえないため，給付名に「補償」という用語は使われません。また，業務災害の葬祭料は通勤災害においては葬祭給付という名称となります。

なお，保険給付に上乗せする形で，労働福祉事業として特別支給金が給付されます。例えば，休業（補償）給付には，給付基礎日額の20％が休業特別支給金として上乗せされます。

表 11-1 労災保険給付の概要

分類	保険給付の種類		給付内容・支給事由
業務上（又は通勤で）負傷・疾病	療養補償給付（療養給付）		療養の給付（＝現物給付，本書第13講第1節2(2)参照）と療養の費用の給付とがある
	休業補償給付（休業給付）		休業4日目から給付基礎日額の60％相当額
	傷病補償年金（傷病年金）		療養開始後1年6ヵ月経過後治癒せず傷害等級該当したとき，給付基礎日額の313〜245日分
業務上（又は通勤で）障害	障害補償給付（障害給付）	障害（補償）年金	・障害等級1〜7級該当の場合は年金，7級〜14級該当の場合は一時金が給付
		障害（補償）一時金	・年金受給者が早期に死亡した際に差額一時金
		障害（補償）年金差額一時金	・年金受給者は前払一時金を選択できる
		障害（補償）年金前払一時金	
要介護状態	介護補償給付（介護給付）		障害（補償）又は傷病（補償）年金受給者が要介護のとき
業務上（又は通勤で）死亡	遺族補償給付（遺族給付）	遺族（補償）年金	・要件を満たす遺族がいれば年金（転給制度有），いない場合一時金が給付
		遺族（補償）一時金	・年金受給者は前払一時金を選択できる
		遺族（補償）年金前払一時金	
	葬祭料（葬祭給付）		葬祭を行う者に支給

（注）「保険給付の種類」の（ ）は通勤災害の給付名。
（出所）筆者作成。

第2節　労災保険が適用される対象

1　適 用 事 業

（1）　強制適用事業

労働者を使用する事業は強制適用事業となります。たとえ1時間だけアルバイトを使用したとしても，その労働者を使用した日に労災保険関係が自動的に成立し，労災事故が起きたら保険が適用されるということです。なお，ここでいう「事業」とは，企業のことを指すのではなく，工場，事務所など「独立性をもった最小単位の経営体」を指しています。

ただし，適用されない事業が2つあります。一つは，国の直営事業，非現業の官公署の事業です。これらは，国家公務員災害補償法，地方公務員災害補償法の適用対象となるためです。もう一つは，常時5人未満の労働者を使用する個人経営の農業その他個人経営の林業・水産業の事業の一部です。これらは，当分の間，暫定任意適用事業とされています。

（2） 出向，派遣の場合

出向のうち在籍型出向については，出向元と出向先の双方とそれぞれ労働契約関係があり，労働条件，身分等の取扱いは出向元，出向先，出向労働者三者間の取り決めによって定められます。したがって，定められた権限と責任に応じて出向労働者に対する労働基準法上の使用者としての責任を負うことになります（一般に出向先に指揮命令関係がある場合が多く，その場合出向先が災害補償責任を負います）。移籍型出向の場合は，出向先との間にのみ労働契約関係があるので，出向先が全面的に災害補償責任を負います。

派遣の場合，派遣先と派遣労働者との間には労働契約関係が存在しないことから，派遣元事業主が災害補償責任を負うことになります。

2　労働者性の判断基準

（1）　判　断　基　準

ここでいう「労働者」とは労働基準法上の「労働者」のことです。労働基準法9条は，「この法律で『労働者』とは，職業の種類を問わず，事業又は事務所に使用される者で，賃金を支払われる者をいう。」と定義しています。すなわち，①「使用され」ているかどうか，②その対償として「賃金を支払われ」ているかどうかによって判断されます。ですから，アルバイトとかパートタイマーと呼んでいる人も労働者となります。

しかし，現実的には請負契約，委任契約等様々な契約形態があり，指揮監督の程度や報酬の性格の不明確さなどから，この判断が困難な場合があります。労働基準法研究会報告「労働基準法の『労働者』の判断基準について」（1985（昭和60）年12月19日）は，裁判例，解釈例規を踏まえた整理を行っており，参考となります。

> **労働者性の判断基準（概略）**
> 1 「使用従属性」に関する判断基準
>   (1) 「指揮監督下の労働」に関する判断基準
>   イ 仕事の依頼，業務従事の指示等に対する諾否の自由の有無
>   ロ 業務遂行上の指揮監督の有無
>   ハ 拘束性の有無
>   ニ 代替性の有無
>   (2) 報酬の労務対償性に関する判断基準
> 2 「労働者性」の判断を補強する要素
>   (1) 事業者性の有無
>   イ 機械，器具の負担関係
>   ロ 報酬の額
>   ハ その他
>   (2) 専属性の程度
>   イ 他社の業務に従事することが制度上制約又は事実上困難か
>   ロ 報酬に生活保障的要素が強いか

(2) 具体的事例

(1) 同居の親族・家事使用人の場合…原則として労働者とはみなされません。ただし，同居の親族以外の労働者を使用する事業で，他の労働者と同様の就労実態があり，賃金が支払われる場合は労働者とみなされます。家事使用人については，家事を事業として請負う者（家政婦派遣所のようなところ）に雇われている場合は労働者となります。

(2) 新聞配達人…「配達部数に応じて報酬を与えているのは，単に賃金の支払形態が請負制となっているだけであって，一般に販売店と配達人との間には，使用従属関係が存在する場合が通例である」（解釈例規）

(3) バイシクルメッセンジャー等…バイシクルメッセンジャーやバイクライダーの場合，その多くは業務請負の形態で配送業務を行っています。しかし実際は，使用者の「指揮命令下」にある労働者の場合が大半です。厚生労働省は

第11講 労災保険　199

平成19年9月29日付通達「バイシクルメッセンジャー及びバイクライダーの労働者性について」で，その多くが指揮監督もあり拘束性もあるなど「労働者に該当する」としています。私が受けた相談でも，"朝出勤し，配送する荷物と配送先の指示を受け，中間で次の業務の指示を受け，全部終了すると事業所に戻り，報告とお金の精算を済ませてようやく業務終了となる"というような勤務実態でした。配送中に転倒，骨折事故に遭い，会社に労災申請の相談をしたところ，「あなたは請負契約なので労災に該当しません」と言われたそうです。こうした認識のままの会社がまだまだ多いのです。なお，そもそも労災申請は被災者または遺族が行うのであり，認定するのは労働基準監督署（以下「労基署」と略）ですから，会社が労災に該当するかどうか判断するものではありません。

3　特別加入制度（法33～37条）

　労災保険は，労働者の労働災害に対する保護を主な目的としていますが，労働者以外の者の中に，業務の実態や災害の発生状況などからみて，労働者に準じて保護すべき人がいます。また，労災保険の適用範囲は属地主義（日本国内の事業に限られます）ですが，海外の事業場の労災保険制度が十分でない現状などから，海外派遣労働者については国内労働者と同様の保護を与える必要があります。そうした趣旨から設けられた制度が特別加入制度です。

　特別加入の対象となるのは次の4種類の方です。

　（イ）　中小事業主等…労働保険事務組合に労働保険事務の処理を委託する中小事業主及びその事業主が行う事業に従事する労働者以外の者（家族従事者，会社役員）。なお中小事業の範囲は，使用労働者数が300人（金融業，保険業，不動産業又は小売業は50人，卸売業又はサービス業は100人）以下の事業を指します。

　（ロ）　一人親方等…個人タクシーや大工さんなど一人親方と呼ばれる自営業者及びその者が行う事業に従事する労働者以外の者（家族従事者）。

　（ハ）　特定作業従事者…災害発生の危険性の高い一定の農作業に従事する者など。

　（ニ）　海外派遣者…海外の事業場に国内の事業場から派遣された労働者など。

第3節　労働災害及び通勤災害認定の基本

　業務災害とは何かについて，労災保険法では，「労働者の業務上の（又は通勤による）負傷，疾病，障害又は死亡」（7条1項1号・2号），労働基準法では，「業務上負傷し，又は疾病にかかった場合」（75条）と書かれているだけで，業務上の傷病等の範囲や要件等については具体的に書かれていません。傷病が業務上か，業務外かの判断は解釈に委ねられており，だから争いの余地も大きいのです。社会保険労務士が，専門的知識はもちろん，調査力，洞察力等について試されるのがこの分野といえるでしょう。

1　業務起因性と業務遂行性

　「業務上の事由による」とは，業務が原因となって傷病等が生じた，つまり業務と傷病等との間に因果関係がなければならないということです。これを業務起因性といいます。一方，業務起因性が認められる前提として，労働者が事業主の支配下，指揮命令下にある状態である必要があります。この状態のことを業務遂行性といいます。

　ということは，第一次的条件として業務遂行性が認められなければ業務起因性は成立しない，しかし業務遂行性があっても当然には業務起因性があるということにはならない，そういう関係にあります。

　では，業務遂行性の範囲とはどこまでを指すのでしょうか。「事業主の支配下にある状態」とは，単に時間的，場所的に職場で業務を遂行している最中でなければならないということでは必ずしもありません。

　およそ作業中に発生した災害の場合，その大部分が業務災害であるといっていいのですが，やはりその災害が業務に起因するかどうか，例えば私的行為中など業務と関係のない原因によるものでないかどうかが問われます。

　また災害に該当する事実が存在しなくても，職業性疾病など業務起因性が認められるべき場合もあります。

　以下，具体的事例に基づいて，業務遂行性と業務起因性の判断の実際をみていきます。

2　業務上災害の認定の具体例

1　作業の中断中…トイレに行く，水を飲むなど生理的必要によるものや，突発的な原因による反射的行為については「業務に付随する行為」であり，業務上の災害とみなされます。例えば，風に飛ばされた帽子を拾おうとして自動車にはねられたトラック助手の死亡について業務上の災害と認定されています。

2　休憩時間中…一般には業務起因性は認められません。しかし，災害が事業場施設又はその管理に起因するものであれば業務上の災害となります。

3　出張中…出張の過程全般が業務行為と認められます。しかし，出張中といえども私用で出掛けたときや恣意的行為中の災害は業務上とはなりません。

4　会社の行事中…運動会や宴会など会社の行事に出席中に災害にあった場合，それが任意参加なのか，職務として参加しているのかを基準に個別に検討されます。

5　天災地変による災害…一般的には，業務の性質や内容，作業条件等から天災地変に際して災害を被りやすい事情にある場合は業務上災害と認定される可能性がありますが，大規模災害の場合，業務起因性とならない場合があるという考え方をとっています。しかし，2011（平成23）年3月11日の東日本大震災に際して厚生労働省は，「東北太平洋沖地震と労災保険Q＆A」（同年3月24日）を発表し，「危険な環境下で仕事をしていたと認められる」として，「通常，業務災害として労災保険給付を受けることができます」という柔軟な方針をとりました。また，震災による行方不明者についても，民法の規定では「行方不明となった時から一年後に死亡と見なされる」とされているものの，今回は「特例的に民法に規定する一年よりも短い期間で労災認定できるようにする」としました。

6　他人の故意による災害…他人の反発や恨みを買いやすい仕事であるなど加害行為が業務と関連していること，私怨に起因するものでないことが業務上災害と認められる条件となります。競馬場の女性案内係が警備員からのストーカー被害に遭い殺された事件で，労働基準監督署も地方裁判所も「私的感情により引き起こされたもの」として労災認定を否定したのに対し，高等裁判所では「単なる同僚労働者間の恋愛のもつれとは質的に異なっており，いわばマークレディとしての職務に内在する危険性に基づくものである」として業務起因

性を認めました（園田競馬場事件，大阪高判平成24年12月25日）。

　7　自己の故意による災害…労災保険法12条の2の2では，「労働者が，故意に負傷，疾病，障害若しくは死亡又はその直接の原因となった事故を生じさせたときは，政府は，保険給付を行わない。② 労働者が故意の犯罪行為若しくは重大な過失により，又は正当な理由がなくて療養に関する指示に従わないことにより，負傷，疾病，障害若しくは死亡若しくはこれらの原因となった事故を生じさせ，又は負傷，疾病若しくは障害の程度を増進させ，若しくはその回復を妨げたときは，政府は，保険給付の全部又は一部を行わないことができる。」と規定しています。結果の発生を意図した故意（1項）と，災害の原因となる犯罪行為についての故意（2項）とを区別しているわけですが，それでは精神障害とか心身喪失の状態に陥り自殺した場合，「故意による死亡」なので保険給付しないということになるのでしょうか。厚生労働省は，この場合の扱いについて，「一般に，正常人としての意思能力を欠いているものであるから，自殺行為自体を判断の基礎におくべきではなく，精神障害や心神喪失の状態と業務上の傷病との因果関係の有無によって判断されるべき」（昭和23年5月11日基収第1391号）としています。過労うつ自殺が労災認定される根拠はここにあります。

3　業務上疾病の労災認定の考え方
（1）　業務起因性の問われ方

　労働者に生ずる疾病は，本人の元来持っている病気，業務上の有害因子や作業態様，遺伝因子や外部環境因子など多くの原因，条件が複合しており，業務上の疾病であるかどうかの判断は複雑です。

　もちろん疾病の業務上外の認定についても，原則通り業務起因性，業務遂行性が問われるわけですが，なかでも厳密に問われるのが業務起因性です。すなわち，「業務と発症原因との因果関係」及び「その発症原因と結果としての疾病との間の因果関係」という二重の因果関係があること，かつ，その2つの因果関係がそれぞれ（他の外部因子等よりも）相対的に有力な役割を果たしたと医学的に認められなければなりません。

　一般に疾病の場合の業務起因性の判断は，（イ）労働の場における有害因子

の存在，(ロ)有害因子への暴露条件，(ハ)発症の経過及び病態の3つの要件で判断されます。

(2)「労働基準法施行規則別表第1の2及びこれに基づく告示」

(1) 3つの構成部分

業務上疾病の範囲については，「労基則別表第1の2及び同規則に基づく労働省告示」(以下「別表」と略)によって示されています(資料「平成25年10月1日施行の別表第1の2」参照)。別表第1の2は，①疾病を具体的に列挙した規定，②将来，列挙疾病として追加することを想定した追加規定，③包括的救済規定の3つの部分によって構成されています。

①の列挙規定は，有害因子とその有害因子によって引き起こされることがすでに医学的に明らかになっている疾病を網羅しています。

②の追加規定に該当するものは，第十号「前各号に掲げるもののほか，厚生労働大臣の指定する疾病」です。列挙疾病と同程度に医学上の因果関係が明らかとなったものについては，規則の改定を待たずに厚生労働大臣が随時指定するとしています。危険ドラッグ問題に見られるように，次々作られる新しい化学物質に対する規制が追い付かない状況があり，機動的に対処することが求められているという考え方によります。

③の包括的救済規定とは，別表中の第二号13，第三号5，第四号9，第六号5，第七号21及び第十一号のことです。つまり第二・三・四・六・七の各号の末尾に「これらの疾病に付随する疾病」として包括的に示し，さらに第十一号では「その他業務に起因することの明らかな疾病」と包括的に救済を図る規定をおいています。

(2) 胆管がん等の追加

2012(平成24)年3月，大阪の印刷工場で(その後全国的に発症者が判明)，従業員が胆管がんを発症していることが明らかとなり，労災請求がなされました。胆管がんは従来の別表第七号の中に含まれておらず，過去にも胆管がんを業務上疾病として労災認定された事例はありませんでした。調査の結果，インク洗浄剤として使用されていた1,2-ジクロロプロパンが原因物質であると医学的に推定され，2013(平成25)年10月1日から別表に胆管がんを列挙疾病として追加することになりました(他にもいくつかの疾病が追加)。また，1,2-

資料：労働基準法施行規則別表第1の2（平成25年10月1日施行）

一　業務上の負傷に起因する疾病
二　物理的因子による次に掲げる疾病
　　1　紫外線にさらされる業務による前眼部疾患又は皮膚疾患
　　2　赤外線にさらされる業務による網膜火傷，白内障等の眼疾患又は皮膚疾患
　　3　レーザー光線にさらされる業務による網膜火傷等の眼疾患又は皮膚疾患
　　4　マイクロ波にさらされる業務による白内障等の眼疾患
　　5　電離放射線にさらされる業務による急性放射線症，皮膚潰瘍等の放射線皮膚障害，白内障等の放射線眼疾患，放射線肺炎，再生不良性貧血等の造血器障害，骨壊死その他の放射線障害
　　6　高圧室内作業又は潜水作業に係る業務による潜函病又は潜水病
　　7　気圧の低い場所における業務による高山病又は航空減圧症
　　8　暑熱な場所における業務による熱中症
　　9　高熱物体を取り扱う業務による熱傷
　　10　寒冷な場所における業務又は低温物体を取り扱う業務による凍傷
　　11　著しい騒音を発する場所における業務による難聴等の耳の疾患
　　12　超音波にさらされる業務による手指等の組織壊死
　　13　1から12までに掲げるもののほか，これらの疾病に付随する疾病その他物理的因子にさらされる業務に起因することの明らかな疾病
三　身体に過度の負担のかかる作業態様に起因する次に掲げる疾病
　　1　重激な業務による筋肉，腱，骨若しくは関節の疾患又は内臓脱
　　2　重量物を取り扱う業務，腰部に過度の負担を与える不自然な作業姿勢により行う業務その他腰部に過度の負担のかかる業務による腰痛
　　3　さく岩機，鋲打ち機，チェーンソー等の機械器具の使用により身体に振動を与える業務による手指，前腕等の末梢循環障害，末梢神経障害又は運動器障害
　　4　電子計算機への入力を反復して行う業務その他上肢に過度の負担のかかる業務による後頭部，頸部，肩甲帯，上腕，前腕又は手指の運動器障害

		5　1から4までに掲げるもののほか，これらの疾病に付随する疾病その他身体に過度の負担のかかる作業態様の業務に起因することの明らかな疾病
	四　化学物質等による次に掲げる疾病
		1　厚生労働大臣の指定する単体たる化学物質及び化合物（合金を含む。）にさらされる業務による疾病であって，厚生労働大臣が定めるもの
		2　弗素樹脂，塩化ビニル樹脂，アクリル樹脂等の合成樹脂の熱分解生成物にさらされる業務による眼粘膜の炎症又は気道粘膜の炎症等の呼吸器疾患
		3　すす，鉱物油，うるし，テレビン油，タール，セメント，アミン系の樹脂硬化剤等にさらされる業務による皮膚疾患
		4　蛋白分解酵素にさらされる業務による皮膚炎，結膜炎又は鼻炎，気管支喘息等の呼吸器疾患
		5　木材の粉じん，獣毛のじんあい等を飛散する場所における業務又は抗生物質等にさらされる業務によるアレルギー性の鼻炎，気管支喘息等の呼吸器疾患
		6　落綿等の粉じんを飛散する場所における業務による呼吸器疾患
		7　石綿にさらされる業務による良性石綿胸水又はびまん性胸膜肥厚
		8　空気中の酸素濃度の低い場所における業務による酸素欠乏症
		9　1から8までに掲げるもののほか，これらの疾病に付随する疾病その他化学物質等にさらされる業務に起因することの明らかな疾病
	五　粉じんを飛散する場所における業務によるじん肺症又はじん肺法（昭和35年法律第30号）に規定するじん肺と合併したじん肺法施行規則（昭和35年労働省令第6号）第1条各号に掲げる疾病
	六　細菌，ウイルス等の病原体による次に掲げる疾病
		1　患者の診察若しくは看護の業務，介護の業務又は研究その他の目的で病原体を取り扱う業務による伝染性疾患
		2　動物若しくはその死体，獣毛，革その他動物性の物又はぼろ等の古物を取り扱う業務によるブルセラ症，炭疽病等の伝染性疾患
		3　湿潤地における業務によるワイル病等のレプトスピラ症
		4　屋外における業務における恙（つつが）虫病

5　1から4までに掲げるもののほか，これらの疾病に付随する疾病その他細菌，ウイルス等の病原体にさらされる業務に起因することの明らかな疾病

七　がん原性物質若しくはがん原性因子又はがん原性工程における業務による次の掲げる疾病

　1　ベンジジンにさらされる業務による尿路系腫瘍
　2　ベーターナフチルアミンにさらされる業務による尿路系腫瘍
　3　四－アミノジフェニルにさらされる業務による尿路系腫瘍
　4　四－ニトロジフェニルにさらされる業務による尿路系腫瘍
　5　ビス（クロロメチル）エーテルにさらされる業務による肺がん
　6　ベリリウムにさらされる業務による肺がん
　7　ベンゾトリクロライドにさらされる業務による肺がん
　8　石綿にさらされる業務による肺がん又は中皮腫
　9　ベンゼンにさらされる業務による白血病
　10　塩化ビニルにさらされる業務による肝血管肉腫又は肝細胞がん
　11　1,2－ジクロロプロパンにさらされる業務による胆管がん
　12　ジクロロメタンにさらされる業務による胆管がん
　13　電離放射線にさらされる業務による白血病，肺がん，皮膚がん，骨肉腫，甲状腺がん，多発性骨髄腫又は非ホジキンリンパ腫
　14　オーラミンを製造する工程における業務による尿路系腫瘍
　15　マゼンタを製造する工程における業務による尿路系腫瘍
　16　コークス又は発生炉ガスを製造する工程における業務による肺がん
　17　クロム酸塩又は重クロム酸塩を製造する工程における業務による肺がん又は上気道のがん
　18　ニッケルの製錬又は精錬を行う工程における業務による肺がん又は上気道のがん
　19　砒素を含有する鉱石を原料として金属の製錬若しくは精錬を行う工程又は無機砒素化合物を製造する工程における業務による肺がん又は皮膚がん
　20　すす，鉱物油，タール，ピッチ，アスファルト又はパラフィンにさらされる業務による皮膚がん

> 21　1から20までに掲げるもののほか，これらの疾病に付随する疾病その他がん原性物質若しくはがん原性因子にさらされる業務又はがん原性工程における業務に起因することの明らかな疾病
> 八　長期間にわたる長時間の業務その他血管病変等を著しく憎悪させる業務による脳出血，くも膜下出血，脳梗塞，高血圧性脳症，心筋梗塞，狭心症，心停止（心臓性突発死を含む。）若しくは解離性大動脈瘤又はこれらの疾病に付随する疾病
> 九　人の生命にかかわる事故への遭遇その他心理的に過度の負担を与える事象を伴う業務による精神及び行動の障害又はこれに付随する疾病
> 十　前各号に掲げるもののほか，厚生労働大臣の指定する疾病
> 十一　その他業務に起因することの明らかな疾病

ジクロロプロパンの潜伏期間は長く，時効5年（障害補償給付，遺族補償給付に関する時効）を単純に適用しないとされました。

（3）　過労死，精神障害の認定

一部企業における正社員の長時間労働や「いじめ，嫌がらせ，暴行」などを原因とする脳・心臓疾患（過労死含む）や精神障害が，とりわけ30歳代中心に広がっています。これらは，別表の八及び九に記載されていますが，他の疾病と違って認定基準が分かりづらいため，厚生労働省は次のような諸通達を出し認定基準をより明確にしようとしています。

(1)「脳血管疾患及び虚血性心疾患等の認定基準について」（2001（平成13）年12月12日）

いわゆる過労死認定基準といわれるものです。従来は長期間にわたる長時間労働等による「疲労の蓄積」については，脳・心臓疾患の発症との関連について業務起因性を認めることは困難とされていました。新しい認定基準では，脳・心臓疾患の発症に影響を及ぼす業務による負荷として，「近接した時期における負荷」と同時に，「長期間にわたる疲労の蓄積」も考慮すべきとし，具体的には，「発症前1か月間におおむね100時間又は発症前2か月ないし6か月にわたって，1か月当たりおおむね80時間を超える時間外労働が認められる場合は，業務と発症との関連性は強いと評価できる」としました。

(2)「心理的負荷による精神障害の認定基準について」(2011(平成23)年12月26日)

　従来，精神障害の業務上外の判断は，「心理的負荷による精神障害等に係る業務上外の判断指針について」(1999(平成11)年9月14日。以下「判断指針」といいます)によって判断されてきました。しかし，審査に時間が掛かりすぎる等の批判があり，その背景に認定基準の分かりにくさがありました。新認定基準では，「業務による心理負荷評価表」を全面的に改訂し，具体的事例を加えると同時に，過重性評価において長時間労働そのものを「出来事」と評価し，具体的労働時間数の基準を明示しました。これにより従来の「判断指針」は廃止されました。この結果，精神障害の労災請求件数は，1999年度の155件(うち支給決定14件)から2013(平成25)年度1,409件(うち支給決定436件)へと増加しています。

　なお，精神障害の認定に関しては，厚生労働省は，「ストレス－脆弱性理論」(前記「認定基準」)を採用しており，裁判例も多くはこの考え方に基づいています。これは，精神障害の成因は，環境由来のストレスと個体側の反応性，脆弱性との関係で決まると考える理論です。一般に個体側の脆弱性は外から窺い知ることはなかなかできません。そこでストレスの大きさを客観的に決め，そのストレスの大きさに対する反応がそのストレスの大きさに見合ったものであれば個体側の脆弱性はとくに問題にされず，そのストレスの大きさ以上に過大に反応したのであれば，それは個体側の脆弱性が大きいということになります。

4　通勤災害の認定
(1)　通勤とは

　労災保険法では，通勤災害の対象となる通勤について，次のように規定しています。「通勤とは，労働者が，就業に関し，次に掲げる移動を，合理的な経路及び方法により行うことをいい，業務の性質を有するものを除くもの」(7条2項)であり，「移動」とは，①住居と就業場所との間の往復，②就業の場所から他の就業場所への移動(二重就業者の就業の場所間の移動)，③単身赴任先・帰省先住居間の往復(ただし，当日または前日・翌日の移動が原則)の3つ

であるとしています。

「合理的な経路」とは，会社に届け出ている経路はもちろん，それに代替する経路も含まれます。また，保育園等に子どもを預けるための経路も合理的経路とみなされます。「合理的な方法」とは，通常用いられる交通方法であればよいとされています（無免許や泥酔運転は認められません）。

(2) 逸脱・中断とその後の扱い

通勤途上で，上記の合理的な経路を逸脱または中断した場合は，その逸脱・中断の間はもちろん，その後通勤経路に復しても通勤とはみなされません。ただし，逸脱・中断が，「日常生活上必要な行為」で「最小限度のものである場合は，当該逸脱・中断の間を除き，この限りでない（合理的な経路に復した後は通勤とみなされる）」（7条3項）。としています。「日常生活上必要な行為」とは，日用品の購入その他これに準ずる行為，病院又は診療所で診察・治療を受けること，その他これに準ずる行為，要介護状態にある家族等の介護などが該当します。

第4節　労災事件と社会保険労務士の役割

この章では，私が係わった労災事件を通じて，社会保険労務士がどのような役割を果たさなければならないのか，私の実感にもとづく仕事の実際について述べます。

1　職業性疾病——徹底した調査とあきらめない姿勢

私にとって最も印象深かった事件の一つは化学物質過敏症の労災認定でした。あるフィルム現像会社の労働者6人が，印画紙の現像中に発生したと思われる化学物質を大量に吸引し，呼吸困難，目の痛み，喉の痛みと渇き，痰，動悸，頭痛，倦怠感，甲状腺の腫れ，うまくしゃべれない，耳が聞こえにくい等広範囲の症状が生まれ，そのうちの2人の労働者は事故後出勤できない状態となりました。

2人の労働者はそれぞれ自宅近くの診療所に通院しましたが一向に症状が改

善せず，偶然2つの診療所とも先端医療機関K病院を紹介し通院し始めます。K病院は化学物質過敏症と診断しました。2人が私の事務所を訪ねてきたのは，2004（平成16）年9月，事故後半年を経過しK病院に通院し始めたときでした。

当時，化学物質過敏症は法律上の疾病として登録されておらず（平成21年に登録），事故当日発生したガスが何であったのかも，吸引量も不明で，再現することも不可能でした。印画紙メーカーは事故直後に原材料を一切撤収していたのです。申請した労基署の担当官からは，「原因物質が特定できず，現在の症状と事故当日のガスの吸引についての因果関係を証明できない。今回のケースは認定が難しい」との見解でした。

それから私は，① 会社の技術者からの聴き取り調査，② 事故当日の暗室を再現した図面の作成，③ 当日のガス状況の検討（印画紙メーカーが労基署に提出したと思われる報告書の情報公開請求），④ 初診時の2人の医師及びK病院の主治医との面談と労基署宛の意見書提出の依頼，⑤ 労基署への申立書の提出2回，⑥ 労基署と交渉（弁護士にも同席してもらう），⑦ 厚生労働省係官との交渉など，やれることはすべてやりました。

事故から1年余，請求から7か月経過したとき，監督官から労災認定する旨の連絡がありました。その際，監督官から，「いかなる原因物質によるか特定できない」「しかし，他の複数の人（4人）にも同一症状が発生しており，何らかのガスにさらされたことは間違いないと思われ，業務起因性が推定される」「したがって，疾病名はつけられないが症状があることにより認定した」との説明がありました。つまり，労基則別表の包括的救済規定の適用です。最後に「例外的認定なのでくれぐれも宣伝しないように」とひと言付け加えられたことを記憶しています。

もし労基署で労災認定を得られなかった場合，不服申し立て（審査請求及び再審査請求）という道があり，それでもダメなときは裁判という道もあります。しかし，審査（再審査）請求によって労基署の判断が覆ることはまれで，裁判の場合は決定まで数年間を要します。もちろん裁判で労基署の労災不認定決定が覆された例も少なくないのですが，やはり労基署の段階で労災認定を得るためあらゆる努力を尽くすことが大事だと思います。

2 ハラスメント事件と労災——遅れた意識との闘い

　私はいくつかの会社からハラスメント事件の相談・調査の第三者窓口の仕事を依頼されていますが，セクハラ，パワハラの被害者が心の病に至る例が非常に増えていると実感しています。

　「心理的負荷による精神障害の認定基準」（平成23年12月26日）では，セクハラ，パワハラを受けた場合の心理的負荷を重視する方向が打ち出され，最近，セクハラ，パワハラが原因でうつ病などを罹患した人の労災申請が増え始めています。

　セクハラ事案で苦労するのは，加害者側が「合意論」（セクハラの否定）を主張するケースが多く，被害者がそれと争うのには非常に勇気がいるということです。背景に，セクハラを性的自己決定権の侵害ととらえられない，旧い性的考え方が未だ根深くあると実感しています。会社側にも，被害者及びその周辺にも，そうした遅れた意識が存在します。ある正職員によるセクハラ被害にあったパート職員が，周りの友人や家族などから「男性と2人で食事したあなたが悪い」と言われ，混乱し，うつ病を発症，退職してしまうという苦い経験をしたことがあります。

　一方，パワハラについては，職務上の指導とパワハラとの違いをめぐる混乱，無理解が背景にあるようです。セクハラに関しては法律上の定義が与えられています（人事院規則10-10第2条1項及び男女雇用機会均等法11条）が，パワハラに関しては法律上の定義はなく，ようやく厚労省が職場のパワハラの概念と行為類型などの見解を発表したところです（2012〔平成24〕年1月円卓会議提言）。都道府県労働局に寄せられる民事上の個別労働相談の内容は，平成24年度以降「いじめ・嫌がらせ」に関する相談がトップとなっています。それだけにパワハラに関する正確な理解と，そして立法的解決が必要です。

　会社がセクハラやパワハラの存在を知りながら対応せず，より重大な事件になってしまう場合がしばしばあります。また，ハラスメント研修を単なる不祥事対策と位置づけている会社も少なくありません。大事なことは，会社の方針としてそうした権利侵害を許さない立場を確立することであり，企業顧問としての社会保険労務士の役割は大きいと思います。

3 第三者行為災害——安易な示談を戒める

　交通事故など第三者（自動車運転手や会社など）の行為による災害の場合，労災保険により支払われる給付と，第三者（若しくは保険会社）により支払われる賠償金との関係が問題になります。労災保険による給付が先行した場合，政府は被災者が第三者に対して有している損害賠償請求権を取得し保険給付した額につき第三者に請求する，逆に第三者による損害賠償が先行した場合，その価額の限度で政府は保険給付の義務を免れる，法律上はそういう関係となります。

　社会保険労務士も，こうしたときの対応について相談を受けたり，場合によって第三者との交渉の場に同席を求められたりするときがあります。赤信号を無視して走ってきたタクシーにはねられ骨折した労働者が，タクシードライバーから「自分の責任にされると免許証の取上げ，停止となり仕事ができない」と泣きつかれ，警察には歩行者である自分に100％責任があると言ってしまったのです。タクシー会社とうまく示談すれば解決するだろうと思い込んでいたわけです。後日，私が，タクシー会社側との話し合いの席に呼ばれたところ，タクシー会社はあまりにも無責任な態度をとりました。私は，被災者に警察に事故の様子とタクシーの責任についてきちんと申告し直すとともに，弁護士に交渉を依頼するようアドバイスしました。

　第三者行為災害のときは，むち打ち症などの後遺障害が発生する場合もあり，安易に第三者と示談をしてはいけません。一方，第三者に対しては労災保険では給付されない慰謝料等を請求することが可能です。この辺は，専門的知識のある弁護士に依頼するのが最善の道でしょう。

4 被災者が会社相手に裁判を起こすとき——会社の顧問社労士として

　労災事件が起きたとき，会社が被災者等と誠実に交渉し，上乗せ補償その他の措置をとることで裁判まで行き着かない場合が多いと思います。社会保険労務士はこういう面でも積極的に会社に働きかけていかなければなりません。もちろん，被災者及び遺族には会社相手に安全配慮義務違反（労働契約法5条）等を根拠に民事裁判を起こす権利があります。

　私が相談にのった事案で裁判となったものが2件あります。

一つは，ある上場会社の幹部職員の例です。1年の3分の2近く海外出張という激務にあったその方は，飛行機搭乗中にアメリカ上空で脳出血を起こしました。幸い近くにいた医師の判断で，機長を通じて機内の空気圧の正常化，緊急着陸及び救急車の手配が滞りなく行われ，一命を取り留めることができました。しかし，半身不随の身となり，労災認定も得られました。その方が60歳になった時，会社は「健康上就労に耐えられない」ことを理由に再雇用を拒否し（「定年後再雇用規程」があったにもかかわらず），会社の顧問社労士によりいままで行われていた書類手続をストップするという仕打ちを与えました。該当する労基署の監督官は，「労基法19条の解雇制限違反である」との見解を表明しています。「自分が会社に尽くしてきた40年近くの人生を会社は裏切った」，その方はこう述べて会社と係争しています。

　もう一つは，自治体施設で働いていた労働者が，作業中，付設されているエレベーターの上下式ドアが落ち打撲し，むち打ち症のような症状が生まれたという事件です。もちろんすぐ労災認定されたわけですが，自治体側は，全く謝罪もなく，「悪いのはエレベーターにぶつかった労働者である」という態度をとり続けました。結局，自治体相手に裁判を起こし，最終的に裁判所は「仮に労働者がエレベーターにぶつかったとしても，（その程度の衝撃でエレベーターが落ちることが問題で）自治体とエレベーター会社の責任は免れない」として損害金の支払いを命じました。

　被災者たちが裁判に訴えるときは，単純にお金を目的としているわけではありません。被災者及び遺族に対する誠意，再発を防ぐために事故をいかに教訓化するか，会社側にそういう姿勢がみえなかったときに被災者たちは裁判に訴えるのです。

　社会保険労務士は企業顧問として会社を指導，援助する立場にあることを肝に銘じたいものです。

参 考 文 献
厚生労働省労働基準局労災補償部労災管理課編『労働法コンメンタール⑤　労働者災害補償保険法』七訂新版（労務行政，2008年）

労務行政研究所編『業務災害及び通勤災害認定の理論と実際　上・下巻』（労務

行政,2010年)
労働調査会出版局編『新・精神障害の労災認定』(労働調査会,2014年)
川人博『過労自殺』第2版(岩波新書,2014年)
諏訪裕美子・色部祐『過労死の労災申請』(自由国民社,2008年)
大阪弁護士会人権擁護委員会性暴力被害検討プロジェクトチーム『性暴力と刑事司法』(信山社,2014年)

第12講 雇用保険
──失業保険から雇用保険に至る時代背景──

林　智子

　社会保険労務士が関わる雇用保険の実務の中で，雇用保険被保険者離職票（以下「**離職票**」といいます）の作成は非常に大事な手続きの一つです。離職票とは，雇用保険被保険者が離職した場合，給付のベースになる賃金額や離職理由等の内容について事業所を管轄する公共職業安定所（以下「ハローワーク」といいます）が証明して離職者に交付する証明書類です。離職者がこの離職票を持参して住所地近くのハローワークへ出向き「求職の申込み」をすると，ハローワークが前職までの被保険者期間や賃金額，年齢，離職理由に応じた給付金額と給付期間を決定し，基本手当を支給します。賃金の支払い方（月給・時給・日給，賃金の締切日・支払日），退職に至る経緯，定年や解雇に係る就業規則の諸項目の定め等，働き方の実態がこの書類の各項目に反映されます。また労働関係諸法だけでなくその給付は厚生年金との支給調整もあり，離職票が適正にその役割を果たせるように作成するには多方面の知識が必要となります。

　たとえば，有期雇用の反復更新契約の雇止めの場合，雇止めが解雇に準じた内容か事前予告した期間の満了かにより手当の金額や期間が変わることがあります。雇用契約の締結や終了のしかたが直接給付に関係するだけではなく，退職の動機や離職に至る過程も深く給付内容に関わってきます。また，労使紛争の決着では求職者給付の金額を前提に金銭解決を図る等，解決金の一部としての役割を担う場合もあります。離職票は就業規則と並んで企業に対する社会保険労務士の指導・助言等が凝縮され詰まった成果物であり，労働者が制度の恩恵を正しく受けられるよう丁寧に作成すべき書類です。

雇用保険制度を実務面から支えているのは社会保険労務士であるという自負を持ちつつ、失業保険法から雇用保険法への経過の中で各種手当が生まれ、現在の失業等給付へと変遷してきた背景を確認しながら、制度全般が時の政策に果たしてきた役割、また今後果たすべき役割を考察します。

第1節　雇用保険制度の変遷

国家による強制失業保険制度が世界で初めて採用されたのは、1911（明治44）年、イギリスの国民保険法でした。第一次世界大戦の終結により失業者が大量発生したことで世界中に急速に失業保険制度が普及し、今日では主要国の大多数がこの制度を採用しています。日本においても国による失業・退職に起因する手当制度は、大正期の工場法施行令による**解雇予告手当**を契機に様々な発展を見せてきましたが、特に第二次世界大戦後急速なインフレと不安定な社会情勢の中で、軍需産業が衰退し軍人が大量に職を失ったことから失業問題がかつてないほどの大問題となり、新憲法の制定をバックに1947（昭和22）年についに国による**失業保険法**が全面的に施行されました。

国の財政状況や経済・社会情勢の変化が現れる失業には諸々の問題が集中して顕在化しやすく、失業率を下げるにはそのときの情勢に合わせ頻繁に制度の変更を図る必要がありました。その後数度の改正を経て、失業者の生活の安定と雇用保険三事業（雇用改善事業、能力開発事業、雇用福祉事業）を定めた**雇用保険法**（1974（昭和49）年12月28日公布、翌年4月1日より全面）が新たに制定され、頻繁な改正を経て今日に至っています。

1　親方請負制から定期職工制度へ

明治期、殖産興業政策が広がる中で江戸時代末期から力をつけてきた政商が官営工場や鉱山の払い下げをベースに財閥を形成し、日本が工業化を進める上での中心的存在となっていました。少数の熟練工に頼っていた当時は親方が入札で仕事を請負って配下の職工や徒弟を使用し、賃金も親方が受け取って職工に分配するという親方請負制が一般的で、雇用、解雇、失業対策にいたるまで

親方に任せ，多様で弾力的な職場慣行が形成されていました。

しかし，経済全体が工業生産の拡大・強化へ向かい，生産過程への規制も強められると，工場規律の強力な支配を実現するため親方請負制に代わって個人を単位とした請負制や出来高払制度へと移行していきます。

その結果，労働者は少しでも高い賃金を払うところへと移動する（いわゆる「渡り職工」）ようになり，労働力の大部分が「定期職工制度（有期雇用制度）」へとシフトしていきます。たとえば，1896（明治29）年の「海軍定期職工條例」では雇用期間を満3年，4年，6年，10年の4つの区分とし，臨時職工の雇用期間は最長100日間としていました。定年は満55歳で，特別の技能がある者は満60歳まで雇用されていました。

2 失業救済制度から解雇予告手当へ

第一次世界大戦の勃発により，主にヨーロッパ各国の軍事需要が増大したことで日本も軽工業から重工業中心の産業構造へと大きく転換します。しかし1918（大正7）年に大戦が終わると，産業界では倒産や事業所閉鎖が相次ぎ，離職者が続出して深刻な経済情勢となりました。1920（大正9）年には株式が大暴落し，不況が本格化したことでストライキが頻発し始め、労働運動が頻発しました。労働団体は繰り返し失業防止と失業保険制定を要求し，ついに1922（大正11）年，大阪，名古屋，神戸，東京の各市で，まずは**日雇労働者**対象の失業救済制度が開始されました。これが日本初の公的な失業対策制度です。大阪市の制度は「加入者ハ従業毎一日ニ付金弐銭以内ノ掛金ヲ従業前納付」，「其ノ一回ノ共済金交付一日ノ額ハ六拾銭，日数ハ三日限」というものでした。[1]

さらに1927（昭和2）年の昭和金融恐慌により日本の基幹産業である生糸輸出が激減し，デフレ政策と米過剰により物価下落が起きたことで農村は壊滅的な打撃を受け，農村から都市へ労働力の流入が激しくなります。失業が再び社会問題化され始め，激しい労使紛争が起き，全産業で多数の解雇が行われました。治安の悪化をおそれた国は1926（大正15）年，**工場法施行令**を出し，解雇後の労働者の生活支援策として，労働者を解雇する場合に14日前の予告か

1　濱口桂一郎「失業と生活保障の法政策」『季刊労働法』（労働開発研究会，2008年）の「2　日本における失業保険制度への動き」による。

賃金14日分の**解雇予告手当**を支給すべきこととしました。当時すでに私的な退職手当制度に関する規定を整備し始める事業主が多かったことも背景にあります。このほか，同施行令では帰郷旅費の支給と雇用証明書の交付についても定めています。

また同令では**就業規則**作成も義務づけられ，必要記載事項として「解雇に関する事項」が明記されたことで，退職手当ともいうべき解雇予告手当の考え方が広がる大きな契機となりました。この時代，労働者の解雇抑制策として，わずか14日分ですが退職＝失業の経済補填である解雇予告手当を法整備したことを契機に，この後，「解雇・退職・失業」については「職を失う」という同一概念の中で捉えられる傾向が始まり，解雇予告手当が失業給付のモデルとなっていきました。

3 退職積立金及退職手当法から厚生年金保険法へ

日本的雇用慣行と呼ばれる長期雇用慣行の萌芽が見られるのは，この第一次世界大戦と第二次世界大戦の間です。

経営者は重化学工業での労働力不足を当面は渡り職工によって補おうとしましたが，渡り職工たちからの団体交渉権の確立要求が強いこともあり，経営者の中には，渡り職工に対して長期勤続を奨励するために企業独自の退職手当制度を導入して長期雇用を実現しようとするところも出現しました。また，明治末期から大正期にかけて，熟練職工養成を目的として子飼い職工のロイヤリティを確立するため経営者は定期昇給制を積極的に導入し始めました。

1929（昭和4）年末に浜口内閣が金解禁を行うと，同年の世界恐慌の荒波をかぶり日本の不況はかつてないほど悪化します。物価は1929（昭和4）年を100とすると1931（昭和6）年には68にまで落ち込み，賃金の引き下げや不払いにより失業問題が深刻化したため，1932（昭和7）年，大阪市では初めて日雇以外の一般労働者を対象とした失業保険制度を開始しました。

---

2 森田慎一郎『「退職積立金及退職手当法」の歴史的意義の再検討』（早稲田大学，2004年）130頁。

3 森武麿・浅井良夫・西成田豊・春日豊・伊藤正直『現代日本経済史』（有斐閣Sシリーズ，2013年）3頁。

この時期，大企業と中小零細企業の二極分化が進み，農村から都市へ流入していた労働人口は失業者を中心としてまた農村へと還流していきました。この時代は農村が失業者の受け入れ場所として機能し，逆流した農村では貧困が一層進みます。
　世界に目を向けてみると，1934（昭和 9）年 ILO（国際労働機関）総会で「非任意的失業者に対し給付又は手当を確保する条約」が採択されました。日本は企業の退職手当で失業保険を代替すべし，という考えから，当初は残念ながらこの採択に加わりませんでした。この時期はまだ企業努力を重視しており，国家レベルでの全国的な失業対策制度を考えるには至っていなかった，ということでしょう。
　1931（昭和 6）年の満州事変を契機に，戦争による重化学工業の発展，満州投資の活性化と満州輸出の増大により，再び日本の産業は活性化していきます。
　1936（昭和 11）年，国は**退職積立金及退職手当法**を制定し，任意だった退職手当は 50 人以上の工場鉱山で法律上の義務となりました。国が戦時体制の支え手である鉱山労働者に特に手厚い保護をしたことが背景にあります。
　この制度は，① 事業主が毎月の賃金から 2/100 を控除し，労働者名義で積み立てる（退職積立金，一種の強制貯金），② その負担能力と労働者の働きぶりに応じて行政官庁の許可を受けた額（賃金の 3/100 以内）を積み立てる（退職手当積立金），③ 事業主が事業の都合により労働者を解雇したときは，解雇手当・転職資金としての特別手当を加算して支給する，という 3 つの制度で構成されていました。現在の失業等給付のはじまりが見られます。しかし労働者が退職を申し出た場合であっても，負傷・疾病・老衰のため業務に堪えないとき，就業規則等で定める定年に達したとき，陸海軍に徴集又は召集されたとき，女性労働者が結婚するとき等は自己都合退職としない等，適用範囲の狭いものでした。
　1938（昭和 13）年には近衛内閣が「国家総動員法」を制定して経済と国民の生活のすべてを政府に白紙委任する体制となり，国は国民の雇用・解雇・労働条件を自由に決定できる体制や労働争議の制限，言論統制をベースに挙国一致

4　中村継男『退職積立金及退職手当法解説』（税務懇話会，1936 年）22-50 頁。
5　前掲注 4 同書，51 頁。

の戦争体制を作り上げていきました。

その間にも，熟練労働力の不足，賃金の高騰，労働移動の激化が進み，相次いで国家による労働統制の政策が実行されていきます。戦時体制下では常に労働力が不足し失業者は少ない状況でしたが，それは国家が企業に雇用を強制したためでもありました。

1941（昭和16）年，労働力確保と労働者の福祉のため，国は民間の男性労働者を対象とする**労働者年金保険法**を定め，老齢，障害，死亡を保障することとしました。「老齢」とはこの時期，55歳＝定年を指していました。この法律の施行により**退職積立金及退職手当法**は任意制度となり，1944（昭和19）年に，労働者年金保険法が男性事務職や女性を含む**厚生年金保険法**の改正により，ついに廃止となります。

事業主に法律で積立を義務づけていた退職積立金及退職手当法が，企業負担での内部積立であったことに対し，労使双方による保険料負担になったことは，戦費調達や労働力の固定化という側面もあったと思います。戦争需要により失業問題は影を潜めたこともあり，ここに日本の失業・退職関連給付は，固有の制度ではなく厚生年金保険という社会保障制度に統合されることとなったのです。

4　失業保険法制定

戦争終結による軍人の復員や軍需工場で働く労働者の解雇が全国規模で多発したため，完全失業者数は戦後1年目の1946（昭和21）年には159万人となりましたが，翌年は66万人，翌々年には24万人と大きく減少していきます[6]。それは大半が再び農業に吸収されていったからです。昭和初期に続きまたもや失業対策として，特に戦後の2次にわたる農地改革をバックに農業の果たす役割は絶大でした。第一次産業人口は，1940（昭和15）年の約1,470万人（43.6％）から1947（昭和22）年の約1,780万人（53.2％）へ増大しました[7]。

この時期は，戦前体制からの脱却のため，GHQの主導により重要な構造改革が次々と実施されました。1947（昭和22）年当時，財閥解体として指定を受

6　前掲注3同書，67頁。
7　前掲注3同書，68頁。

けた企業は325社[8]の広範囲に及び、同年独占禁止法と過度経済力集中排除法も制定されたことにより、戦後経済成長の基盤が整いました。さらに農地改革により農地の多くが小作農家に売り渡されました。また労働者の生活水準の向上を図ることで安定した経済状態を実現しようと考え、1945（昭和20）年から翌々年にかけて、労働組合法、労働関係調整法、労働基準法という**労働三法**を相次いで公布していきました。これがいわゆる**労働改革**です。

同時期、国はGHQの指導のもと、先行しているイギリスの失業保険をベースに失業保険法の検討を開始します。他制度との調整をめぐり労働省と厚生省との綱引きの中で船員は船員保険へ、公務員は適用除外という方向が決まり、ついに労働三法と同時期の1947（昭和22）年、**失業保険法**が施行されました。給付内容は現在の制度の原型で、定年や女性の結婚などには待期期間が設けられました。この年は労働者災害補償保険も創設され、労働保険及び社会保険の主な法律が出そろったエポックとなりました。もちろん、その背景には、1946（昭和21）年公布の日本国憲法に盛り込まれた社会権、生存権等の考え方があります。

5　雇用政策を反映した雇用保険法制定へ

1955（昭和30）年から1972（昭和47）年の間の実質経済成長率は平均9.3％にも達し[9]、1956（昭和31）年の経済白書には「もはや戦後ではない」との有名な言葉が記載されました。消費生活は1955（昭和30）年までにほぼ戦前の水準までに回復し、以降は向上の一路を辿りました（**高度経済成長期**）。また1950（昭和25）年の朝鮮特需で、第二次世界大戦で中断した技術水準の向上が進み、企業内では長期雇用慣行が醸成されていきました。

この時期は、いわゆる「日本的経済システム」（①メインバンク・固定的な主幹事証券を中心とした金融仲介システム、②年功賃金・長期雇用に代表される雇用システム、③系列・株式持合等企業グループの存在、④経済の様々な分野における

8　大石嘉一郎編『日本帝国主義史』「3　第二次大戦期」（東京大学出版会、1994年）273頁。

9　帝国書院統計資料公民統計「実質経済成長率の変化」による。

10　経済企画庁「年次経済報告」（1996年7月）。

きめ細かい公的規制）が確立した時期です。年功賃金・長期雇用は企業の成長を実現しながらその後一層成熟しました。産業構造の急速な重化学工業化も起き，就業人口構成は第一次産業が激減して第二次産業人口が急激に増加します。

　ところが，1971（昭和46）年のドルショック，それに続くオイルショックにより，日本経済は物価の急騰，戦後初のマイナス成長，経常収支赤字という大きな問題を抱えました。高度経済成長が終焉を迎え，再び失業が大きな社会問題となったのです。終戦直後の失業率が低かった時代にできた失業保険法には，失業者の生活安定や退職一時金の代替，雇用政策の補完的機能がありました。しかし労働力過剰という事態にこの制度のままでは対応できなくなり，周辺制度や雇用対策も含めて抜本的に見直しする必要が出てきました。

　1974（昭和49）年12月三木内閣によって法案が提出され，同年12月28日に公布，翌年4月1日より**雇用保険法**が施行されました。

　法律の構成は，大きく分けて失業保険法からの流れである失業等給付と，失業防止のための政策給付ともいえる3事業の2つがあり，高齢化や産業構造の変化に対応する中で，失業の未然防止と離職者の早期再就職を図ること，雇用保険財政の健全化を図ることがその目的となっています。従来の失業保険の失業者救済中心から大きく範囲を広げ，積極的な雇用政策を行い，完全雇用を実現する方策として国の雇用対策をその時々に反映できるシステムを確立したこ

表12-1　雇　用　保　険

年度	一般及び短期雇用特例雇用保険1)2)		日雇雇用保険		収入3)	一般求職者給付状況（基本手当）4)			日雇労働求職者給付状況	
	適用事業所数(1,000)	被保険者数	日雇労働被保険者手帳交付数(1,000)	被保険者数2)		初回受給者数2)	受給者実人数2)	支給総額	受給者実人数2)	支給総額
平成17年	1,998	35,296	29	30	3,423	142	628	938	17	15
22	2,029	38,243	21	22	2,779	137	654	958	11	9
23	2,041	38,630	20	20	2,712	137	625	902	11	9

（注）　1）高年齢継続雇用保険を含む。2）年度中の平均。3）労働保険特別会計雇用勘定収入。4）延長給付を除く（所定給付日数分のみ）。単位：1,000人，10億円。
（資料）　厚生労働省職業安定局雇用保険課「雇用保険事業年報」，国立社会保障・人口問題研究所「社会保障統計年報」。
（出所）　総務省統計局『日本の統計　2014』より。

と，財源を明確化したことも特筆すべきことです。その後，数度の改正を行い，現在に至っています。最近の被保険者や受給者数の情勢は，表12-1のとおりです。

　1965（昭和40）年からの10年間は，使用者への解雇規制に関する判例が積み重なり，解雇・退職に対し一定程度の抑止力が働くようになりました。雇用保険法施行後の1975（昭和50）年には「日本食塩製造事件」を契機に**解雇権濫用法理**が確立し，この後，雇用保険制度でも解雇に対する求職者給付の厚みが増す改正が続いていきます。また，失業保険法から雇用保険法への変遷過程で，「雇用対策法」（1966（昭和41）年制定）や「職業訓練法」（1969（昭和44）年制定）の制定・改正が，失業防止の観点から労働力の流動化や熟練労働者の養成・確保に大きな役割を果たしたといえます。

　ところで，現在でも課題となっている女性の離職ですが，女性が体力的に男性に劣ること，男性は家計を担う責任があること，来客に接する職員は若い女性が望ましいこと等，現在では考えられないような理由により，戦前までは男女別定年が多く見られました。女性が強制加入となった1944（昭和19）年の厚生年金保険法でも，**退職積立金及退職手当法**に代わり，女性にだけ結婚手当金（51条の2，1947（昭和22）年に廃止）が支給されるなど当初は男女間での給付の違いがありました。その後も，厚生年金保険の脱退手当金は男性には年齢要件があるが女性には年齢要件がなく，被保険者期間が短期間でも給付に結びつくもので，事実上結婚退職を奨励していたといえます。これが最終的に廃止されたのは1978（昭和53）年です。現在の失業給付では，「結婚」だけでは特別な取り扱いとはならず，結婚に伴う住所の変更や配偶者との別居が**特定理由離職者**の判断基準に見られるのみであり，もちろん男女差はありません。

第2節　給付の役割

1　定　年

　民間企業では，1902（明治35）年，日本郵船の「社員休職規則」で55歳に達した社員には休職を命じ，一定期間後に解雇される，と規定されたことが**定**

年の考え方の初めといわれています。[11]明治30年代の平均余命は男女とも約44歳（厚生労働省「生命表」によります）でした。先に述べた「海軍定期職工條例」にもあるように，軍関係でも明治後期には55歳での退官が主流となり，それ以降，日本社会は長くこの55歳が定年年齢とされます。昭和期に入ると，企業の中では長期雇用慣行を前提に様々な恩典が与えられ，定年時に慰労金（退職金）を用意する企業が増えてきました。平均余命（厚生労働省「平均余命の推移」では，1947（昭和22）年の平均余命は男50.06歳，女53.96歳）からいっても55歳定年は妥当な年齢です。当初は「定年後」の生活は本人への給付というより遺族の生活保障とも考えられており，老齢を迎える定年時の退職金は，戦後の社会保障制度全般の改正の中で，厚生年金の老齢給付（定年＝老齢給付の開始年齢）としてその機能を存続させていきました。

　ところが，戦後の経済成長とともに，平均余命が伸長し（前掲同資料によります。1965（昭和40）年の平均余命は男67.74歳，女72.92歳），労働力の確保という点からも定年年齢の引き上げが強く意識されていきます。厚生年金では1954（昭和29）年の改正により男性の支給開始年齢が一足先に60歳に引き上げられました。55歳から60歳の間の生活保障を給与（＝働くこと）に求める必要が出てくると，健康保険・年金制度の見直しとともに，60歳への定年延長は高齢者の雇用促進対策の一つの柱として掲げられるようになり，定年後の「第二の人生」の経済保障という必要も出てきました。失業保険法時代には，失業給付の考え方は「（年齢によらない）被保険者期間に応じた給付」でしたが，新しい雇用保険法では，55歳以上の年齢による離職（定年）は所定給付日数が300日という「年齢区分」が適用され，**定年**による離職が初めて失業給付の対象となり，雇用保険が名実ともに定年退職後から60歳の間の生活保障機能を代替することとなったのです。

　定年に関わる雇用関連諸制度ですが，1954（昭和29）年の厚生年金保険法改正で，男性の支給開始年齢を55歳から60歳に引き上げたことの実効を確保する一つとして，国は1973（昭和48）年の改正雇用対策法により，定年引き上げの早期実現を目的として定年引き上げ企業に「定年延長奨励金」を支給する

11　労働省大臣官房企画室編著『定年制』（日本労働通信社，1968年）21頁。

こととしました。55歳定年は1968（昭和43）年には63％でしたが，1980（昭和55）年には40％に減り，逆に60歳以上定年はこの間22％から40％に増えました（労働省「雇用管理調査」）。1986（昭和61）年に**高齢者雇用安定法**が成立し，同法により60歳以上の定年が法的に実現されると，基礎年金や厚生年金の報酬比例部分の支給開始年齢も段階的に65歳に引き上げられました。さらに1994（平成6）年の高齢者雇用安定法の改正で65歳までの継続雇用制度導入の努力義務が設けられ，その補完的役割として雇用保険制度において60歳以降賃金が下がる高齢者への経済的補填として「高年齢者雇用継続給付」が創設されました。

現在は，年金給付額や労働力人口との関係から，高齢者雇用確保の必要性が高まり，65歳到達までの雇用が確保され，60歳〜64歳については，一般的には再雇用後賃金と厚生年金，高年齢雇用継続給付がその生活保障機能を果たしています。従って，65歳到達時までの間の求職者給付はすでに経済的支援としての機能を失っているともいえます。

2 退職リスク

そもそも失業に関する給付は，起こりうる解雇リスクに対する生活保障としての退職手当として発展してきました。

解雇には，大別して自己内在的な原因と，外的要因によるものがあります。

1926（大正12）年の工場法施行令で登場した**解雇予告手当**による解雇リスクの補填は，「自己の責めに帰すべき重大な事由」と「倒産リスク」を担保するものでしたが，現在の雇用保険制度では，解雇された失業者（**特定受給者**）だけでなく，解雇に準じた（主に労働者自身の努力だけでは解決しない問題）離職者に対し，それらの周辺リスクまでを保障する**特定理由離職者**という概念を持ったことで，「自己の働きたい意思に反する退職」全般を手厚くカバーする救済機能を有しています。

特定理由離職者とは，雇用期間3年未満で更新明示がない労働契約の終了や，被保険者期間が6ヶ月以上12ヶ月未満の，正当な理由のある自己都合退職で離職した場合などです。

現在の雇用保険制度では，「自己の責めに帰すべき重大な事由」は退職の経

緯は解雇であっても自己都合と同様の給付内容となっており，それ以外の「解雇」は特定受給者として手厚い給付になっています。また，特定理由離職者も給付制限がなく，時限的ではありますが特定受給者に準じた給付が実現されています。

特定受給者や特定理由離職者の制度は，突然の離職に対する生活保障機能を重視したものであり，現在では貧困防止という観点も加わって失業給付の原点ともいうべき考え方に基づき給付が行われています。

明治以降の産業構造の変遷の中で，労働力を確保するため，国は重要な施策として失業対策と労働力確保に取り組んできました。戦争を軸とした社会経済情勢の中で，基幹産業発展の下支えとしての熟練労働者確保から失業対策が始まり，それが退職・失業を抑制する考え方へとつながり，解雇規制の施策がとられ，退職（失業）手当による生計補填も個々の企業の負担から国としての政策へと変化する過程は，経済の発展と並行して現在の日本の雇用情勢をかたち作っています。

退職金ともいうべき手当・給付は，（当初は定年を除き）大多数の失業者に対して，いくつかの決定要素（労使双方が納付した保険料，被保険者期間，賃金額等）に応じて退職手当，失業保険，厚生年金，現行の雇用保険と，異なる法律の中でかたちを変えて支給されてきましたが，それらはいずれも退職リスクに対する経済的支援という主旨でした。現在の雇用保険法に基づく求職者給付は，有期雇用だけではなく無期雇用に対しても退職金の役割を持たせており，前述の解雇の場合と異なり，特に退職金制度のない中小企業にとっては，求職者給付が退職金制度の代替機能としてなくてはならない制度として位置づけられています。

失業とは，失業保険法でもその後の雇用保険法でも「被保険者が離職し，労働の意思及び能力を有するにもかかわらず，職業に就くことができない状態にあること」と定義されています。失業とは実際はかなり主観的で，かつ個別多様な状況を指しています。

以前の失業保険法ではこの失業だけをカバーしていたのに対し，現在の雇用保険法では保障の対象を退職関連リスクにまで拡大して広く失業を予防しています。育児・介護に関わる労働者の離職防止策としての雇用継続給付，職業訓

練関連や教育訓練給付，各種助成金等の諸制度は，自己都合退職の歯止めや退職後のスムーズな再就職を支援したり，企業に離職防止のための財政支援をするなど，解雇規制と並んで失業防止の基盤を支えています。

3　日本初の失業扶助＝求職者支援制度

　2008（平成20）年のリーマンショック以降，日本では「雇用のセーフティネット」としての雇用保険制度が労働法制及び社会保障の両分野にまたがるものとして顕在化してきました。一方では雇用保険の給付を手厚くすることが労働意欲を削ぎ給付に頼る気持ちを助長しているのではないか，あるいは生活保護の給付範囲を見直すべきでは，という論議も起きています。失業等給付の金額や支給期間を定める要素としての退職に至る過程や解雇の正当性等はまさに労働法制と深く関わり，また，給付は公的年金・厚生年金基金制度や傷病手当金等他の社会保障制度と関連があるため，相互に補完し合いながら，失業者・労働者の生活を支えています。非自発的失業の場合，国民健康保険料が低減される仕組みもあります。

　雇用保険制度の変遷をたどると，労働・社会保険の両分野に深く関連しながら，かたちを変えて制度が継承されてきています。「解雇・定年・退職・失業」という人生のエポックは，現在では雇用保険制度の求職者給付や年金制度により金銭的救済が図られていますが，それはあくまでも生活保障の一部であり，十分とはいえない状況です。

　雇用情勢の悪化は，2009（平成21）年以降さらに厳しさを増し，非正規労働者やフリーター，長期失業者が増加する等労働市場が急激な変化（非正規の雇用者は雇用者全体の約33％となりました。総務省統計局「労働力調査」によります）を見せました。そして雇用保険未加入，期間不足，あるいは受給終了後も未就業の失業者に対する新たな「雇用のセーフティネット」が社会の要請となり，2011（平成23）年10月，国は**求職者支援制度**を制定しました。これは受益者負担を伴わない日本初の**失業扶助**制度です。

　同年10月の完全失業者数は291万人，雇用保険の受給者は2012（平成24）年度末で57万6千人でした。2011（平成23）年10月から2013（平成25）年5月の間でこの支援制度の利用者は16万4千人，就職率76％となっています。

雇用保険未加入者は34％，被保険者期間が不足して受給していない者は12％，受給が終了している者は21％でした。[13]

　雇用保険制度と同じ職業訓練を受けて給付金を受給することにより安定した就職を促進し，雇用状況の改善につながるものであることから，この制度は雇用保険の附帯事業として位置づけられました。失業扶助制度は，保険料負担という保険の原則にのらない生活保護制度などと同様の仕組みです。これは日本の雇用政策上特筆すべきことであり，失業救済が社会保障制度の一つに組み込まれたことは今後の失業・就業政策にとっても大きな転換点と考えられます。失業扶助制度は，昨今の日本社会に広がる格差や**貧困**が実態として存在することを裏づけることとなり，生活保護や福祉政策だけでは救貧政策が機能しなくなったことを現しているといえます。

　失業扶助制度とともにこの時期にクローズアップされたのが**日雇派遣**（短期派遣）です。日雇派遣労働者とは，派遣元と日々または30日以下の期間の労働契約で働く労働者ですが，日雇労働者は日雇労働被保険者手帳の交付を受け，事業主に手帳を提出して雇用保険印紙の貼付を受けることができます。日雇派遣が問題となった当初は，手帳・印紙関連の雇用保険制度が周知されておらず，また派遣にまつわる雇用トラブルも多発しました。日雇労働者に関する制度が再び表に出てきたことは，いまだ日本の社会は貧困と隣り合わせの部分があることを露呈したものであり，日雇労働者への給付対策は，失業扶助制度と合わせてもっと論議されるべきでしょう。

　かつて建設関連や港湾労働者を中心とした日雇労働者に対する失業給付は失業保険制度の原点でしたが，昨今はそれらの職種の日雇労働者数が減少しています。求人数が減少して高齢化が進行し，就労日数が不足して受給要件に満たないケースも多発しています。労働者の退職時や転職時における何らかの援助給付，受給資格となる就労日数の短縮や就労実績の取り扱い，さらに「失業給付」以外の給付は常用労働者に限定されているため，これら諸制度を日雇労働者へも適用できる道を開くこと等，柔軟な運用へ向けた検討が必要です。

12　厚生労働省『雇用保険事業年報　平成24年度』。
13　厚生労働省職業安定分科会雇用保険部会第90回（平成25年7月30日）資料。

第3節　助成金

1　雇用政策の一環としての助成金の役割

　オイルショックは日本の社会経済上甚大なダメージでしたが，一方では省エネルギー・省資源の取り組みが進み，企業では人件費の抑制を目指して減量経営が進みました。しかし，労働組合側が労使協調路線をとり雇用調整手段を受け入れたことと，使用者側もできる限り長期雇用慣行を維持しようと指名解雇といったケースが限定的であったことから，1970年代はほとんど大きな労使紛争は起きませんでした。中小企業では倒産や解雇は多発しましたが，大企業では指名解雇によらない雇用調整方式がとられました。

　これを側面から援助したのが，1974（昭和49）年の雇用保険法によって設けられた雇用改善事業に分類される**雇用調整給付金**です。景気の変動など，個別企業の努力によっては対応することが困難な理由により事業活動の縮小を余儀なくされた業種（労働大臣が指定）に属する企業に対して，労働者に支払った休業手当の一部を支給するものでした。同制度は1981（昭和56）年に類似のものと整理統合され，その後たびたび支給要件が緩和されて自由度が高くなり**雇用調整助成金**として多くの業種で活用されています。2008（平成20）年度の支給総額は68億円，対象労働者は25万人でしたが，2009（平成21）年度は6,535億円，対象労働者数は2,130万人と未曾有の規模となりました[14]。後に雇用安定事業の一つとなったこの助成金は，労働移動支援助成金や地域雇用開発助成金と同様に雇用問題の改善のための助成金と位置づけられ，その後の雇用政策の柱となる「雇用維持＝失業防止」を具現化した支援方法として，今に至るまで重要な雇用安定事業として機能しています。

　社内失業対策を国の会計で行うことの是非や労働移動を抑制し，産業構造の転換を妨げるとの批判も出ていますが，助成金が失業率悪化防止に有効な役割を果たしたことは重視すべきです。

　雇用保険2事業のうち，**能力開発事業**は，労働者が職業生活の全期間を通じ

14　厚生労働省職業安定局・職業能力開発局「リーマンショック後の雇用対策の効果の検証」（平成24年5月25日）．

て就業に必要な能力を開発・向上させることができるように、公共・企業内双方の職業訓練実施体制の整備を進め、労働者の教育訓練受講の助成・援助を行うことを目的としていますが、こちらも関連する助成金がいくつかあります。

このように、国が実現したい雇用関連施策は、主に助成金を通じて「政策給付」として行われてきました。国が力を入れたい雇用の重点施策は、まずは会議体や審議会を設置して具体的な課題検討を行います。そこで実務的な実施方法を検討し、それが助成金や奨励金となって結実していく仕組みです。なお、箱物建設などの無駄遣いが問題となり、2006（平成18）年に制定された「行政改革推進法」に基づき、翌年の雇用保険法改正で雇用3事業のうち雇用福祉事業は廃止されました。

2013（平成25）年11月に「経済の好循環実現に向けた政労使会議」で図12-1のような内容が発表されましたが、能力開発事業の助成金である「キャリアアップ助成金」の拡充については、非正規労働者対応の重要性に鑑み、翌年の2014（平成26）年3月1日より直ちに改定が実現しました。政策実現の

図12-1 非正規雇用労働者のキャリア・アップに向けた政府の取り組み

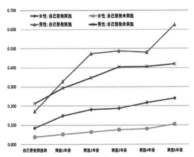

（出所）「経済の好循環実現に向けた政労使会議　第3回」平成25年11月5日。慶應義塾大学商学部・樋口美雄教授作成資料。

重要性により，かなりスピード感を持って助成金が有効的に使われていることがわかります。

2　助成金にかかる社会保険労務士の実務

　雇用保険の事務手続は社会保険労務士以外が報酬を得て行えない業務の一つですが，助成金の申請も社会保険労務士でなければ提出代行はできません。雇用に関わる書類についての実務は労働条件の明示，実際の勤務実態の証明や労働者名簿・賃金台帳などの**法定3帳簿**の調製を必要とするため，社会保険労務士が行う手続の基本スキルが多方面にわたり必要とされています。

　社会保険労務士は，企業に求められる時々の施策を勘案しながら，顧客である企業に対して適宜，最適な助成金制度を提案しています。助成金は雇用保険料の事業主負担部分をその主な財源としていることから，企業側はそれを利用することにあまり抵抗はないものの，申請に至る書類作成や計画作成が煩雑なため支給申請を躊躇しがちです。そこで，社会保険労務士が申請書類を作成し，提出を代行することによってその企業の人事関連事業計画を早期に実現するとともに財政面での目に見える支援を期待することも可能となります。

　職業相談・職業紹介や職業能力開発等の職業安定行政の継続的な事業は雇用保険二事業を財源とするものが大多数であり，雇用保険の「現物給付」としての性格を有しているといえます。そうした息の長いものと各種給付や助成金のような「金銭給付」との給付バランスについて，不正受給や「ばら撒き」行政の問題点も指摘されていることから，今後は助成金の創設は慎重に検討した上で必要最低限に抑えるとともに，時限措置という臨時的なものから一歩進んだ恒久的な枠組みへと再編し，「現物給付」を含め弾力的な運用ができる制度を構築することが必要なのではないかと感じています。様々な助成金が短期間で開始と終了を繰り返して実施されることや，ほぼ同様の助成制度の仕組みが形を変えて何度も実施されていることから，申請する側としても改定情報が掴みにくいため，使いやすい仕組みを求めています。

第4節　雇用政策と社会保険労務士の役割

　政府は 2014 (平成 26) 年 4 月 1 日，国家戦略特区で事業を展開するベンチャー企業や海外のグローバル企業に雇用ルールの理解を促し，紛争防止に役立てるため労働判例などを分析・類型化した**雇用指針**を公表しました。

　この中では，日本企業に多く見られる「内部労働市場型」と，外資系企業や新興ベンチャー企業に多く見られる「外部労働市場型」の人事労務管理の違いを総論で述べ，各論では，現在の実態として，労働条件や労働契約の諸問題に加え，労働契約の終了に関しては紛争が生じやすい整理解雇について，必要性や回避努力などの 4 つの事項を総合考慮して有効性の判断を行い，各事項に詳細な解説を加えています。

　同じ 2014 年 4 月 1 日，政府は**雇用政策基本方針**を改正し，今後 5 年程度の間に取り組むべき雇用政策の方向性を示しました。

　雇用政策の将来ビジョンとして「仕事を通じた一人一人の成長と，社会全体の成長の好循環」を掲げ，基本的な方向性として，①「労働市場インフラ」の戦略的強化，②個人の成長と意欲を企業の強みにつなげる雇用管理の実現，③「全員参加の社会」の実現，④良質な雇用の創出を挙げています。

　これら雇用指針も雇用政策基本方針も，日本の労働法制・雇用政策・社会保障政策が一体化した広義の「社会保障制度」を支えるものとして発表されました。

　国や地方公共団体，企業に女性登用の数値目標や取り組み内容を盛り込んだ行動計画の策定と公表を義務づける「女性の職業生活における活躍の推進に関する法律案」が 2014 年の国会に提出されました（衆議院解散により廃案）。制定予定の行動計画策定指針においては，先進的な企業の取り組み事例を参考としつつ，女性の活躍のために解決すべき課題に対応する効果的取り組みを盛り込む方向で，取り組みの強化施策には，助成金や金銭的支援も視野に入ると思われます（2015 年の通常国会で再提出が予定されています）。また，「若者雇用促進法」も国会提出への準備が進んでいます。

　これらの一連の流れは，国がこれらの具体的な雇用政策を国が目指す労働政

策・社会保障政策実現にとって不可欠なものとして強く認識した結果ですが，社会保険労務士は現実的な政策普及の牽引役として，またこれらの具体的施策を企業とともに実現していく実務家として，制度や施策を広める役割を果たしています。

　雇用保険制度は社会連帯に基づく相互扶助としての保険であり，我々社会保険労務士は，その制度運用の実務的役割を担っています。制度が信頼性を確保しながら持続するためには公平・公正な制度であることが求められますが，その公平・公正は，様々な立場の事業主や労働者の間でこそ確保される必要があります。

　最初に述べた離職票だけではなく，雇用保険の被保険者資格取得手続の際，被保険者番号を複数持っているケースでは，番号を統一する手続を行うことで今後の給付が有利になることはあまり知られておらず，そこまで考えが及ぶのは社会保険労務士ならではのプラスアルファの実務です。また，人材確保のための求人募集について社会保険労務士が事務代理を行うことで，求人募集と入社後の労働条件との相違によるトラブルを積極的に回避することもできます。

　このような資格取得・喪失や離職票作成，助成金の申請代行や求人等の手続を代行することはもちろんのこと，社会保険労務士は法律や制度制定の意味・意義・背景を探りながら，その原点に返って企業と労働者・失業者のために，未来を見据えながら，最善の策を関与先だけでなく広く社会全体に提言していく役割を担っています。

参 考 文 献

　荒木誠之「戦前における失業対策と失業立法──その形成と特質」『九州大学法政研究』39（2-4）（九州大学，1973年）
　大石嘉一郎編『日本帝国主義史』「3　第二次大戦期」（東京大学出版会，1994年）
　株式会社リクルートワークス研究所編『労働政策講義2012』（2012）
　桐谷常吉編『職工宝鑑』（金居書店，1910年）
　小西康之「特集　失業研究の今　退職リスクに対する生活保障制度の基本構造と雇用システム」『日本労働研究雑誌』No.598（独立行政法人労働政策研究・研修機構，2010年5月）
　財務省主計局『特別会計のはなし』平成22年版（財務省，2010年）

酒井正「雇用保険の受給者割合はなぜ低下してきたのか」『IPSS Discussion Paper Series』No.2011-J02（国立社会保障・人口問題研究所，2012年1月）

清水嘉治・松原昭『経済政策論を学ぶ』新版（有斐閣選書，1997年）

週刊朝日編『戦後値段史年表』（朝日文庫，2010年）

角田邦重他編『労働法の争点（第3版）』（有斐閣，2004年）

中村継男『退職積立金及退職手当法解説』（税務懇話会，1936年）

濱口桂一郎「113　雇用保険の法的性格」『Jurist増刊　法律学の争点シリーズ7』（有斐閣，2004年）

濱口桂一郎『労働法政策』（ミネルヴァ書房，2004年）

濱口桂一郎「労働法の立法学シリーズ第18回　失業と生活保障の法政策」『季刊労働法』（労働開発研究会，2008年）

濱口桂一郎「労働市場のセーフティネット」『労働政策レポート』No.7（独立行政法人労働政策研究・研修機構，2010年3月）

濱口桂一郎「労働法の立法学」34回「雇用助成金の半世紀」『季刊労働法』243号（労働開発研究会，2013年）

松井祐次郎「労働保険特別会計の改革と雇用保険制度」『調査と情報』第674号（国立国会図書館，2010年3月）

みずほ総合研究所編「雇用調整助成金の失業抑制効果」みずほ日本経済インサイト（2009年）

森武麿・浅井良夫・西成田豊・春日豊・伊藤正直『現代日本経済史』新版（有斐閣Sシリーズ，2013年）

森慎二郎「「退職積立金及退職手当法」の歴史的意義の再検討――要保障事故としての失業概念の未成熟と日本的特徴の形成」『早稲田大学社学研論集』Vol.4（早稲田大学，2004年9月）

労働省大臣官房企画室編著『定年制』（日刊労働通信社，1968年）

山内久史「雇用保険の諸課題」『帝京法学』27（2）（帝京大学法学会，2011年8月）

『改訂・新版　用語辞典』「労基法・労災，失業，健康，厚生年金保険法」（日本労働新聞社，1959年）

第13講 医療保険
――制度の歴史・現状と社会保険労務士の役割――

曽布川 哲也

はじめに

　筆者の経験に，自分の兄弟から健康保険被保険者証を借りて受診した人がいることが保険者の照会により判明したという事件があります。明らかに不正受給でありながら，本人には全く悪気はありませんでした。ここまで極端ではなくても，被保険者証のルールを知らずに資格喪失後に受診してしまうなど，不適正な被保険者証の使用は起こってしまっています。あるいは，傷病手当金や出産手当金，その他の現金給付についても，正確な情報を得る機会がなかったために，被保険者と保険者との間で，事業主や医療機関をも巻き込んで，トラブルになってしまうこともあります。

　社会保険労務士は，このようなことが起きないよう，適正な社会保険適用や正確な保険給付請求など，専門知識を駆使して事業主や被保険者をサポートしています。それでも被保険者と保険者とが異なる認識を持つことから，問題が生じてしまうケースがあるのが実態です。そして，その問題解決方法を探っていくと，この制度の趣旨や立法者のねらいは何か，あるいはそもそもどのような経緯で現在にいたっているのかなど，原点に立ち返って確認すべきだということに行きあたります。

　そこで，本講は，公的医療保険制度（以下，単に医療保険制度という場合には公的医療保険制度を指します）の中で，とりわけ社会保険労務士に関わりの深い健康保険法について，まずは歴史を振り返り制定当時の状況から立法趣旨を捉え，次に医療保険制度の現状を把握した上で，社会保険労務士の実務の一部を

紹介します。これらを通じて，医療保険制度及び医療保険分野における社会保険労務士業務についての理解を目指します。

第1節　公的医療保険制度はどのようにして誕生したか

健康保険の事務を扱っていると，そもそも健康保険が労働者を対象にしているのはなぜか，社会保険が事業主に保険料負担を求めるのはなぜか，健康保険法に**傷病手当金**等の所得保障があるのはなぜかなど，素朴な疑問を抱くことがあります。そこで，こうした疑問を考えるときの一つの視点として，制定当時の状況を考察して，公的医療保険制度がどのようにして誕生したのかを見ていきます。

1　我が国の公的医療保険制度の成立
（1）　健康保険法制定前の医療保険
　我が国初の社会保険立法である健康保険法の制定は，1922（大正11）年（施行は1927（昭和2）年1月）です。それ以前は，一部の企業内共済組合が，死亡や傷病休業に対して給付を行っていました。また，明治の終わりから大正にかけて官業（公務員）の共済組合が設立され，公務災害給付や官吏恩給などが行われていました。このように，健康保険法制定前の公的医療保険は，一部の者を対象とした共済制度があるだけでした（図13-1参照）。

（2）　健康保険法立案過程
　政府は1917（大正6）年ころから疾病保険法案について検討を始めます。1921（大正10）年12月16日に，労働保険調査会（農商務大臣の諮問機関）にて山本達雄農商務大臣が，健康保険法案について，疾病・負傷への治療や生活費，分娩や死亡についても相当の救助を講じることで労働能率の増進等を図ることの必要性を説明しています。ここから，健康保険法が単なる労働者の生活上の不安を取り除くためだけに立案されたのではなく，実質的に労働者保護を図ることを目的として立案されてきたことがわかります。

　当時の労働環境は，第一次世界大戦後の不安定な社会経済情勢下にあり，労

図 13-1 医療保険の成立経過

	大15	昭10	昭20	昭30	昭40	昭50	昭60	平7 平9 平12	平20

被用者

- **一般被用者**: 健康保険法（大11, 法70）（施行 昭2.1.1）
- **日雇労働者**: 日雇労働者健康保険法（昭28, 法207）（施行 昭28.11.1）④
- **船員**: 船員保険法（昭14, 法73）（施行 昭15.6.1）
- **公務員等**:
  - **国家公務員（適用法人職員）**: 旧国家公務員共済組合法（昭23, 法69）→ 国家公務員共済組合法（昭33, 法128）（施行 昭33.7.1）→ 国家公務員等共済組合法 → 国家公務員共済組合法（大11, 法70）⑥
  - 公共企業体職員共済組合法（昭31, 法134）（施行 昭31.7.1）⑤
  - **地方公務員**: 市町村職員共済組合（昭29, 法204）① → 地方公務員等共済組合法（昭37, 法152）（施行 昭37.12.1）
  - **私立学校教職員**: 私立学校教職員共済組合法（昭28, 法245）（施行 昭29.1.1）→ 私立学校教職員共済法
  - **農林団体職員**

非雇用者: 旧国民健康保険法（昭13, 法60）② → 国民健康保険法（昭33, 法192）（施行 昭34.1.1）③

高齢者: 老人保健法（昭57, 法80）（施行 昭58.2.1）→ 高齢者の医療の確保に関する法律

介護保険法（平9, 法123）（施行 平12.4.1）

① 教員については、健康保険法は任意包括であった。昭和27年2月に保健、休業の短期給付を行う財団法人私立学校振興会が創設されたが、私立学校教職員共済組合法の制定により吸収された。
② はじめは任意設立の市町村の区域を単位とする国民健康保険組合を保険者としていた。市町村公営方式が成立したのは昭和23年である。
③ 全国普及が達成されたのは、昭和36年4月である。
④ 日雇労働者健康保険法は昭和59年10月1日に廃止された。
⑤ 公共企業体職員等共済組合法の廃止により、昭和59年4月1日から国家公務員等共済組合に統合された。
⑥ 適用法人については、平成9年4月にそれぞれ健康保険組合が設立された。

(出所) 国立社会保障・人口問題研究所「社会保険統計年報 平成22・23年版」『社会保障研究資料』第11号（2011年）114頁。

働者保護の法律は工場法と旧鉱業法しかなく,劣悪な労働条件や実質賃金の低下により,労働争議が頻発し労資の関係が悪化していました。この状況下における健康保険法制定に関して島崎謙治は,「労働情勢が緊迫の度を強める中で労資協調・産業平和を目的とする労働政策立法としての性格を色濃く有していた」と論じています。[1]

(3) 健康保険法の審議・成立

労働保険調査会での審議から帝国議会への法案提出まではおよそ3か月でした。そして法案提出後帝国議会ではそれほどの議論もなく13日ですんなりと成立します。吉原健二・和田勝は,「労働者を保護し,労資の協調と融和を図ろうというものであったことが,大した議論もなく成立した最大の理由であろう」と論じています。[2]

(4) 労働者にも資本家にもメリットがある制度

このように,労資の協調と融和という目的と,労働者にとっては健康に対する不安軽減と実際に医療を受けられること,資本家(使用者)にとっては健全な労働力の確保という点を考慮すれば,両者にメリットがあるものだったことが伺えます。そうすると,現行法が事業主に金銭的にも事務的にも一定の負担を強いている理由にもつながるのではないかと推察されます。

2 制定当初の健康保険法

(1) 適用対象と保険者

健康保険法制定時は,工場法(1911(明治44)年制定,施行は1916(大正5)年)の適用を受ける常時15人以上の労働者を使用する規模の工場労働者を被保険者の対象とし,年収1,200円以上ある場合を適用除外としていました。現在のような皆保険ではなかったのです。このとき,民間の共済組合は,独自に医療保険制度を実施することが認められず,のちに**健康保険組合**(以下,「健保組合」といいます)として組み入れられることとなります。一方,官業共済組合は健康保険適用除外とされ,独自に共済制度を形成していきました。

保険者は,法制定時から政府と健保組合と定められました。ここで注目して

---

[1] 島崎謙治『日本の医療』(東京大学出版会,2011年)39頁。
[2] 吉原健二・和田勝『日本医療保険制度史』(東洋経済新報社,1999年)41頁。

おきたいのは，保険者としては健保組合を中心に考えられていたことです。当時の政府の説明について吉原・和田は，「保険者としては組合のほうが望ましいが，組合によりがたいものもあるので，政府も補完的に包括的な保険者になるという立場に立っていた」と解説しています。また，健康保険組合連合会編によれば，「すべての強制適用事業所が健康保険組合を設立するのは難しいと考え，政府自らも保険者として保険運営を行うことにした」とのことです。すなわち政府は，補完的な保険者としての役割を担う存在とされたことがわかります。

（2） 保 険 給 付

① 保険事故と保険給付

保険事故は，日常生活において起こりうることを対象として救済する必要があると考えられ，被保険者の業務上及び業務外の疾病，負傷，死亡及び分娩と定められました。保険給付は，業務上の疾病等を含む以外には，現在と同じような範囲が設定されていました。

② 療養の給付

現在と同様に現物給付が採用されました。それは，療養費の支払いにしておくと，他に流用することが予想されるからだといわれています。

法施行当初から**フリーアクセス**（患者が自由に病院や診療所を選んで受診できる制度）の基礎はあったものの，入院承認制や転医制限規定や支給期間の180日制限などがあり，完全なフリーアクセスが認められていたわけではありませんでした。また，当初は一部負担金がなかったため（現在3割負担があっても「現物給付」と呼ぶのは，もともとは一部負担金がなかったからとの説明もできます），濫用が問題になりました。そこで1942（昭和17）年に一部負担金を徴するようになったのです。

③ 傷病手当金

健康保険法に傷病手当金は制定当初からありました。政府は「収入を失ひた

3　前掲注2同書，45頁。

4　平成21年度健康保険組合連合会編『健康保険組合論（医療政策と健康保険組合の役割）の構築に関する調査研究報告書（概要版）』2頁。

5　前掲注2，同書47頁。

る者に対しては生活費を補給して本人並びにその家族の生活に不安なからしめ……」と説明し，法制定につなげています[6]。労働力の早期回復を図るためには，収入の減少や喪失に対して所得保障を行って不安を取り除く必要があるとのこの考えは，元来，健康保険が医療の提供と療養生活の補助という両方の性格を持っていたことがわかります。ここに歴史的に，健康保険で所得保障が行われていることに一定の意義を認めることができます。

④ その他の給付

埋葬料は，被保険者の報酬日額の20日分相当額で最低保障として20円が設定されました。分娩費は20円，出産手当金は出産の前後10週間，1日につき報酬日額の100分の60でした。

3 健康保険法制定の意義

以上，簡単に，健康保険法の成立過程と制定当初の制度概要を確認しました。島崎は，この健康保険法が制定された重要な意義を，「我が国に社会保険方式による医療保障の道筋を敷いたことにある」とし，農民等を対象とする国民健康保険法が戦前に成立する一つの要因にもなっていると評しています[7]。この後につづく各社会保険立法の礎になったことは大変意義深いことといえます。

第2節 医療保険制度の展開

1 戦時下における健康保険

（1） 戦時下における適用と給付の拡大

戦時体制が強まってくると，健康保険法にも改正が実施されます。1938（昭和13）年には，健民健兵を目指して厚生省が設置され，同年に国民健康保険法が，翌年には職員健康保険法と船員保険法が制定されます。同時に，いわゆる銃後の守り，職場挺身者家族の生活の安定を図ることを目的とした健康保険法の家族給付（任意給付）が創設されます。

---

6 内務省社会局保険部編『健康保険法施行経過記録』（1935年）23頁。

7 前掲注1同書，39頁。

1941（昭和16）年11月施行の法改正では，物資輸送のための貨物積卸の事業に従事する労務要員，航空機による運送事業，船舶による運送事業など，更には清掃，焼却，屠殺の事業も勅令による強制適用事業（第14講第2節2参照）とすることとなりました。このように，医療保険の適用等拡大は戦時体制強化のために行われてきたという歴史が伺えます。

（2）　戦時下の最大改正

　1942（昭和17）年2月に交付された改正法は，職員健康保険を統合，常時5人以上使用する事業所等の職員等被保険者の範囲拡張，家族給付を法定給付化するなど保険給付拡充等が行われました。1944（昭和19）年に療養の給付の期間制限撤廃，傷病手当金については一部期間継続給付，資格喪失後の療養の給付期間継続支給などの改正が行われ，医療保険制度は充実されました。しかし，戦況が激しくなる中，終戦までの事業管理が十分に行われず，医薬品・衛生材料の不足，医師の疎開などもあって保険診療は困難を極めることとなりました。

2　戦後の展開

（1）　戦後から国民皆保険体制へ

　1945（昭和20）年に終戦を迎え新憲法が制定公布されると，1947（昭和22）年に労働基準法が制定され，工場法と労働者災害扶助法（1931（昭和6）年制定）が廃止されます。同時に労働者災害補償保険法が制定され，健康保険法から業務上の疾病負傷が切り離されました。その他，一定の報酬を超える職員も被保険者にすることや社会保険審査官及び社会保険審査会の設置，戦前は施行規則に規定されていた権利義務関係が新憲法のもとで法律になるなど，大きく様変わりしていきます。

　1961（昭和36）年には，国民健康保険法が全面改正されたことで，誰もが公的医療保険制度に加入する**国民皆保険**体制が確立されます。この国民皆保険体制は我が国の医療保険制度の特徴の一つとなっています。

（2）　福祉元年にみる医療保険制度の方向性

8　厚生省保険局・社会保険庁運営部監修『健康保険法の解釈と運用』第9版（法研，1996年）9頁。

9　前掲注8，同書12頁。

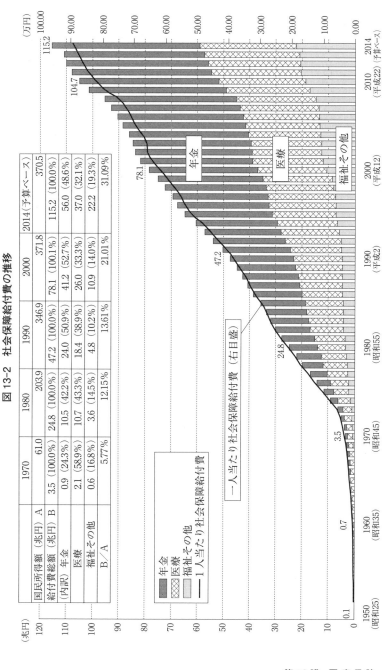

図 13-2 社会保障給付費の推移

(注) 図中の数値は、1950、1960、1970、1980、1990、2000 及び 2010 並びに 2014 年度の社会保障給付費(兆円)である。
(資料) 国立社会保障・人口問題研究所「平成23年度社会保障費用統計」、2012年度、2013年度社会保障給付費(予算ベース)、2014年度(予算ベース)は厚生労働省推計。
(出所) 厚生労働省 HP より。http://www.mhlw.go.jp/seisakunitsuite/bunya/hokabunya/shakaihoshou/dl/05.pdf

1973（昭和48）年は社会保障の大幅な充実が図られた年で**福祉元年**といわれています。具体的政策としては，老人医療費支給制度（70歳以上高齢者の医療費無料化）の創設，健康保険被扶養者の給付の5割から7割への引き上げ，高額療養費の創設，年金制度における給付水準の大幅な拡充などがあげられ，そこから社会保障給付費が急激に伸びることになりました（図13-2参照）。

　しかし，この福祉元年は皮肉にも福祉充実の始まりではなく終わりでした。それは同年秋に起こったオイルショックにより，高度経済成長が終焉を迎えたことに端を発します。そこから経済は低成長への途を進むこととなります。したがって高度経済成長に支えられて成り立ってきた福祉充実政策は，そのまま社会保障費の膨張と国家財政の圧迫原因という存在となっていきました（図13-2）。したがって福祉元年は，社会保障の効率化や無駄の排除など財政支出抑制策の歴史の始まりとなったと考えられます。

　図13-2のとおり，この福祉元年から社会保障給付とりわけ年金と医療の費用が増えていきました。医療分野についてみれば，特に医療費の増大のきっかけになったのは**老人医療費無料化政策**であると考えられます。したがって，福祉元年が医療保険制度にとって，とりわけその後長きにわたって議論される高齢者の医療保険制度をいかに実施するかという大きな問題を抱える転換点になったといえるでしょう。

第3節　公的医療保険制度の現状

1　国民皆保険体制の維持

（1）　現在の医療保険制度の意義と改革の必要

　公的医療保険の最大のメリットは，病気になっても本人は一部負担のみで治療に要する費用が保険から支払われるという経済的側面です。また，保険で賄われるという安心感を得られるという側面も無視できません。病気のことをあれこれと心配することなく，仕事や学業に専念できるという医療保険の存在意義は計り知れないところです。更に，保険者による健康管理の充実や保険制度が存在するがゆえの医療の進歩などをも踏まえれば，医療保険制度を維持して

いくことは，国民の生活の安定と福祉の向上（健康保険法1条）のために重要です。この重要な医療保険制度が，医療費増大等により財政的に厳しい状況が続いていることから，改革が求められ続けています。

（2） 求められる効率化

医療保険制度を持続可能ならしめるために，効率化が求められます。ここで，留意したいのは，効率化は国民皆保険を止めるわけではないということです。筆者が効率化と呼ぶのは，病気やケガであれば大小にかかわらず給付対象とする現在の制度設計を一旦見直すということを指しています。八代尚宏は，「医療保険制度の改革に対して，しばしば「国民皆保険を守るべき」という反対論が唱えられるが，これは「皆保険」を被保険者がどの医療機関でも自由に受診できる「フリーアクセス」と同じとみなしている」と述べ，大病院への患者集中や社会的入院患者による病床の占有による救急患者の受け入れ困難などへの状況改善のために，「現行の患者と医師の「自由放任主義」に一定の制約を課す必要がある」と述べています[10]。現在のような給付方法で良いのか再検討が必要になることに鑑みれば，こうした点の議論がどれほど進むのか情勢を注視したいところです。

（3） 給付の範囲

給付の範囲についても議論が生じます。例えば売薬で済むような投薬だけの受診に対しても給付対象としたままでよいのか，または一定額を超えた分に対してだけ保険給付を行うことにするのか，あるいはフリーアクセスではなく家庭医制度や登録患者制など一定の制約の必要性等々です。ただし，国民皆保険体制を崩す政策実施は，国民の安心を奪うことですので現実的な発想ではないでしょう。

2　改革の意味

（1）　医療保険制度の抜本的改革

抜本的に改革するのは，その制度の存立自体が揺らいでおり，そのままではやがて制度が破綻し崩壊する恐れがあると考えられるからです。医療保険制度

10　八代尚宏『新自由主義の復権』（中公新書，2011年）178頁。

についてみれば，増加する医療費をどう賄うかが最大の問題となっています。確かに高齢者の増加，医療技術の発展など医療費を高騰させる要素が医療保険制度には存在しています。しかしながら，ピンピンコロリ[11]という言葉が示すとおり，健康長寿の国であれば高齢化が進んでも医療費が高騰せずに済みます。そう単純な話ではないものの，疾病予防対策の進め方など，医療費抑制は工夫次第という面は否定できません。したがってあえて抜本的に構造を変えることが本当に必要なのかどうか，改めて考えてみる必要があると思います。

また，疾病構造が変化してきていることも注目すべき点です。生活習慣病予防のための特定健診及び特定保健指導はこれからも積極的に行われなければならいないことでしょう。更に近年特に重要視されるのが，メンタルヘルスの必要性です。精神疾患が急増している昨今，健康管理は企業における安全配慮義務（労働契約法5条）やリスク管理にもなっています。従業員が健康で安心して働けるために，こうした労働環境を取り巻く状況の変化にも機敏に対応できるよう，事業主にとっても被保険者にとっても医療に関する情報収集が欠かせなくなってきています。

（2） 保険者間の協力体制

国民皆保険を維持し財政を安定させるには，医療費の上昇を抑えなければなりません。その対策として，各保険者が**医療費適正化**に取り組んでいます。この医療費適正化策の一つとして，重病化を予防するための健康管理事業があります。健康管理事業は，健保組合がこれまで牽引してきた歴史があり，今後もさらに協力体制を整備するなど，維持発展させていくことが求められると思います。ここで筆者が考える協力体制とは，職域保険も地域保険も全保険者が健康管理事業のために連携することで，転職して保険者が変わっても健康管理情報を維持できるようにするということです。こうした取り組みが更なる医療費適正化の一助となると考えます。

---

11 北沢豊治「中高年齢者の体力つくりについて――髙森町におけるPPK運動」『日本体育学会大会号』31（1980年）245頁。

第4節　医療保険制度と社会保険労務士の関わり

前節までは，歴史と現状を概観しました。それを踏まえて，第4節では，医療保険制度と社会保険労務士の関わりの例を紹介し，第5節では，現在の医療保険制度において社会保険労務士が実務上果たす役割を傷病手当金と審査請求を例にして紹介します。

1　健康保険の保険者と社会保険労務士との関係
（1）　社会保険労務士は事業所の代表

健康保険関係の諸手続代行については，種々ある中で，時に被扶養者認定手続きをめぐって，保険者と社会保険労務士とで見解がぶつかることがあります。

健康保険法3条7項には，「被保険者の直系尊属，配偶者，子，孫及び弟妹であって，主としてその被保険者により生計を維持するもの」とあります。この「主として」に関して，収入がある被扶養者をめぐっての議論に対して，行政は「収入がある者についての被扶養者の認定について」昭和52年4月6日保発第9号・庁保発第9号を出し，年収130万円未満という基準を出しています。しかし，この年収もいつの時点での年収なのか，何を対象として年収と考えるのかなどはっきりとした規定や政省令が整備されているわけではありません。したがって，この「主として」には行政解釈の130万円未満という縛りはあるものの，保険者にはある程度の裁量が与えられていると考えられます。

この裁量をどれほど保険者が行使するのかを見極め，そしてその内容に対してどういう姿勢で対応するのかというところが，社会保険労務士の業務として問われてきます。保険者が独自の判断で認定すべきところ，以前の保険者で認められていたことを引き合いにして認定を迫り，場合によっては攻撃的な態度をとり，暴言に近いことを窓口担当者に口走ってしまう社会保険労務士をまれに見かけます。これは事業所や被保険者のことを慮ってつい熱くなってしまったからなのでしょう。しかし，保険者は，その社会保険労務士イコール当該事業所と考えることから，当該事業所に対してマイナスな印象を強く持ってしまいます。健保組合にとっての加入事業所はお客様であるだけではなく，一緒に

第13講　医療保険　247

健保組合を構成して運営し，事務を実行ならしめるための仲間という存在でもあります。そういう存在でありながら，社会保険労務士の熱心すぎる態度が事業所の悪いイメージを持たれるきっかけになってしまうことがあるならば，事業所にとっても社会保険労務士全体にとっても良いことではありません。社会保険労務士はその事業所の代表者として振る舞うことを常に心がけることが大切です。

（2） 専門家であり素人であり

社会保険労務士は労働・社会保険の専門家であり，だからこそ業として事業主などの代理代行ができる立場にあります（第1講参照）。しかし，実際には扱う業務が広範囲であるために細かい知識などは保険者に頼ることが少なくありません。特に健保組合は独自の方法を採用していることが多いため，間違った手続きをしないためにも保険者へ確認の質問をします。まさにその点では素人です。例えば，**算定基礎届**の総括票を健保組合独自に用意している場合や，8・9月の随時改定予定者の算定基礎届を提出するよう指示する健保組合もあれば提出しないように指示する健保組合もあります。あるいは，算定結果記載欄への記入指示も健保組合によって異なることなど，事務手続の違いが散見されるのです。こうした違いには，社会保険労務士でも確認しなければわからないことなのです。

（3） 社会保険労務士としてとるべき対応

保険者に裁量があるとはいえ，その範囲が度を過ぎ，時には理不尽と思えるやり方や無駄と思える決まりごとに遭遇することがあります。そのときには，保険者の意向を十分に確認した上で，事業所側の事情をしっかりと説明して両者に理解を求めることになります。事業所の利益になることを追求して行動するのは代理人として当然です。しかし，実務上では，保険者と戦うという姿勢よりも，事業所が所属している健保組合等保険者全体が持続可能な安定運営ができるようにするために何をすべきか，という発想が望ましいと筆者は考えます。そのように考えて両者の事情を把握した上で，法律や行政通達に基づいて理論的に最良の解決を探る努力が，社会保険労務士には求められると思います。

2 医療機関と社会保険労務士との関係

（1） 医療機関にとって社会保険労務士は多面性を持つ

　医療機関にとって社会保険労務士は，①患者や患者の勤務先の代理人，②診療報酬明細書（レセプト）作成のサポートを行う者，③病院等の人事・労務管理をサポートする者という捉え方がされます。①②は，医療機関の業務そのものへの関わりであり，③については，一事業所としての関わりです。いずれの業務も種類が異なるため，医療機関における社会保険労務士業務の形態が多様であることが読み取れます。

（2） 医療機関の労務管理

　社会保険労務士は，現在，医業経営のサポート業務推進に取り組んでおり，全国社会保険労務士会連合会では，医療労務コンサルタント育成のための専門研修が実施されています。医療に関する知識をも必要とする場面も多くあることから難しい面もあります。しかし，医業経営の現場でも勤務環境を整備する必要性など様々な問題が発生していますので，そうした労務管理がこれからますます重要になってきます。超高齢社会を迎える我が国の医療情勢に鑑みれば，こうした活動により，医療従事者と社会保険労務士との連携を密にしていくことが今後更に求められることでしょう。

第5節　医療保険制度における社会保険労務士実務の実際

1　傷病手当金請求における社会保険労務士の役割

（1） 傷病手当金受給の意味

　傷病手当金を受給する者は，健康保険法99条のとおり療養のため労務に服することができない状態で，負傷・疾病を治すこと，つまり療養に専念しています。休業しているため給与は支給されず，収入が途絶えた状態です。このことは，病気療養と生活費が入ってこないという誰にでも起こりうる生活上のリスクであり，当該者は相当不安になっています。社会保険労務士はそのことを認識して，依頼者が適正に傷病手当金を受け取れるように最大限の努力を図らねばなりません。

（2） 保険者にとっての傷病手当金

一方，支払い側である保険者は難しい立場にあります。それは，健康保険の保険者には2つの相反する面があるからです。一つは，被保険者の生活の安定を図るために必要な給付を滞りなく支給しなければならないという社会保障制度の担い手としての立場，もう一つは，限りある保険料を預かっている立場上，本来支払うべきではない者へは支払わないようにするという給付抑制の立場です。前者については，健康保険法1条を達成することが保険者の存在意義である限り，給与の代替である所得保障たる傷病手当金は，滞らせることなく（法的には1か月ごとに支給すれば良い（健康保険法56条2項））支給決定しなければなりません。その反面，後者に関しては，徹底して調査をした上で支給不支給が決定されるべきものです。

例えば，支給期間の捉え方の議論があります。同法99条2項では，同一の疾病又は負傷及びこれにより発した疾病に関しては支給開始から1年6か月を超えないものとしています。したがって同一の疾病が続く限りは1年6か月までは支給され，それ以後は当然支給されません。問題は，一旦治癒した既に傷病手当金を受給している傷病と同一傷病名の疾病を，被保険者が再発とみて新たに第1回目として請求をする場合です。これに対して保険者は，傷病が続いているとみることが可能である限りは，真に治癒して再発したものかどうかを検討してから慎重に決定します。このことは，同一傷病名の場合に限らず，法99条2項の「これにより発した疾病」に当てはまるような関連疾病としてみ

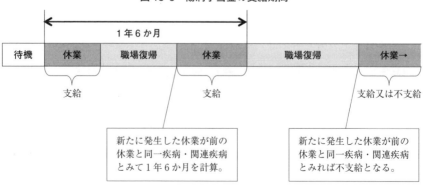

図13-3　傷病手当金の支給期間

るかどうかについても同様の検討が行われます。例えば，癌が転移して別の部位に発症した場合や，うつ病から別の精神疾患へと発展した場合などについても元々の疾病から給付が開始されていれば，新たな疾病を関連しているものとして当初の疾病に基づき支給開始した日から1年6か月が経過した時点で期間満了との判断をすることがあります（図13-3）。

　この検討は，①傷病手当金請求書及び添付書類一式，②本人への照会，③傷病手当金請求書に意見を書いている医師への照会確認，④保険者の審査委員である医師からの意見聴取，⑤保険者の上位団体が実施する厚生労働技官による給付相談等をもとにして，総合的に判断して決定されます。決定するのはあくまでも保険者なので，保険者が支給しても差し支えないと判断できるだけの証明書類等を社会保険労務士が用意することは，保険者にとっても被保険者にとってもスムーズに事務処理を行うことができることにつながります。

（3）　不支給決定に対する再検討依頼

　筆者が関与した案件に，保険者が医師照会をした結果不支給と決定した件につき，事実誤認によるものとして，不支給決定の取り消しを求めて保険者に再検討を依頼したものがあります。具体的な対処としては，意見書を書いた医師のところへ赴き，保険者からの照会に対しての回答内容を確認させてもらい，実際には労働できていないことを説明しました。その上で，検査結果がどうであったのか，その検査結果から導き出せる客観的な労務不能の判断はどの程度できるのかということを論理的に示してもらえるよう書面を準備して記入をお願いしました。それを再検討の材料としてもらうべく保険者に提出しましたところ，当初の不支給決定理由とは別の証明ができたとして，不支給が取り消されました。依頼者とともに大変安堵したことを覚えています。

　こうした手続を行う際に忘れてはならないのは，社会保険審査官へ**審査請求**（健康保険法189条）できる期限が処分があったことを知った日の翌日から60日であることです（社会保険審査官及び社会保険審査会法4条）。このような再検討を依頼する場合でも60日のカウントは刻々と進みますので，保険者との交渉をしつつも審査請求を同時進行で期限内に行う必要があります。あっちもこっちも同時に行うことに抵抗があるかもしれませんが，保険者にも依頼者にも社会保険審査官にもそのことを説明して最善の結果が導き出せるよう用意する

ことが大切です。

2 審査請求・再審査請求における社会保険労務士の役割

（1） 審査請求代理

社会保険の給付が請求者の望みどおりにならなかったときなど決定に不服がある場合には，地方厚生局の**社会保険審査官**（以下「審査官」といいます）に**審査請求**をすることができ，これを社会保険労務士が代理することができます。訴訟に及ばずとも第三者に判断を委ねることができるため，簡便な手続によって権利救済される制度です。しかし，いざ行うとすると，一般の方にとっては決して容易であるとはいえません。そこで，社会保険労務士が代理人として審査請求を行います。

審査請求をしようとすると，審査官に，保険者から説明を受けるよう指示されます。これは，保険者と請求者との間で単なる誤解あるいは事実誤認により不支給が決定されていることがあるためです。審査官が間に入る前に解決した方が，請求者にも保険者にも，結論が早く出る，給付がすぐに行われる，意見書の作成事務の手間暇を回避できるなどの利点があります。しかしそれでも，不支給が覆らないことがありますので，そうなったときには審査請求を行います。

この審査請求は一定の書式に記述する方法で行います。ただしその書面だけでは書ききれないことが多いため，詳細を別紙で表して添えます。この別紙に何をどう書くかが重要です。こうした不服申し立てに関しては，概して審査請求人は感情的になってしまいがちです。また，必ずしも文章や書面の書き方に慣れているわけではないため審査官に正確に伝わらないこともあります。そこで，筆者が代理人になったときには，依頼者の言い分をしっかりわきまえた上で，客観的事実を淡々と述べること，法的にあるいは行政解釈上保険者の出した結論のどこに問題があって，どう決定すべきなのかを論理的に説明していくことを心がけます。特に審査の基準になりそうな客観的な数値などがあれば，より説得力が増すのではないかと考えています。

（2） 保険者の不支給決定の意味

保険者が不支給決定をするときには，それ相当の下調べと確証をもって臨み

ます。例えば，傷病手当金でいえば，請求書，医師の意見欄，医師への照会回答，本人への照会回答，レセプトによる受診状況確認等により調査をし尽くして精査して，更に専門の医師に別途意見を求めるなどして検討を重ねた結果，やはり不支給とせざるを得ないような場合に決定するのです。当然のことながら，請求者からの再検討の依頼があります。それでも，ここまで証拠をそろえた限りは不支給決定せざるを得ないと判断して，あえて最後は審査官に結論を委ねることも選択肢の一つだと考えることもあります。保険者としても最大限の調査結果であれば，それを第三者にみてもらって判断を委ねたいという心理が少なからずあるものです。そうであるならば，社会保険労務士は被保険者の代理人として，不支給決定が出ないよう保険給付の請求時から保険者を納得させる証明書類を提出できるよう心がけることが大切であることがわかります。

（3） 保険者による意見書

しかしながら，一般的に保険者は審査請求を好ましくないと考えます。それは，給付請求者の理解を得ることができなかった証左であることと，事務的な負担が増えることからです。

審査請求が受理されると，審査官から処分庁たる保険者に通知されます。保険者はその通知を受けて意見書を作成して，証明書類を添付して審査官に提出します（この意見書を作成する作業が手間となり事務負担になるのです）。

代理を務める社会保険労務士としては，上の（2）のような事情で保険者が決定すること及び保険者から意見書が出ることも踏まえておいて，保険者が不支給理由にしたことを覆せるだけの書面と証拠をそろえることに全力を注ぎます。

（4） 審査請求代理における留意点

代理人として最も大切なことは，不支給決定を覆すための書類を作成することであることはいうまでもありません。しかし，それでも結果として，請求認容もあれば棄却もあります。そのため，時間がかかってでも依頼者の話を聞き，依頼者の気持ちに寄り添う形で審査請求書を作成することを心がけるべきです。どんな結果になったとしても，やるべきことはやったと依頼者が納得できる審査請求書を作成するということも大事なことです。

（5） 再審査請求

再審査請求は，審査請求の結果，やはり不服が残る場合に更に審査してもら

う制度です。厚生労働省に設置された社会保険審査会（6名の審査委員の合議体）へ申し立てます。一つの事件に審査長1名と審査員2名が割り振られ，被用者保険と国民年金とで部会を分けて4つの部会から構成されています。再審査請求では公開審理という意見陳述の場があります。請求者は事前に送られてくる事件プリントという保険者と請求者の双方の言い分をまとめた書類に基づいて，意見陳述を行います。公開審理には保険者のほかに参与という方々が出席され，それぞれ意見を述べます。短時間に次から次へと審理が進んでいきますので，意見陳述の際には，短い時間に要点を述べられるように用意しておきます。案件によっては，公開審理に関係なく書面審査の段階で結論がある程度決まっていて，審査委員が直接確認しておきたいことを質問する場であるようにみえるものもあります。したがって，筆者が代理人を務めた経験から思うのは，公開審理はあれこれと不服を申し立てる場ではなく，事務的に淡々と確認する場であると認識しておき，あくまでも書面や証拠書類を的確に用意することに注力すべきではないかということです。

第6節　むすびにかえて——企業のために・労働者のために・社会のために

（1）　単なる事務手続代行者ではない

社会保険労務士としての医療保険制度における業務としては，企業（事業所）が行うべき健康保険の適用や労働者（被保険者）の行う給付の事務手続が主たるものです。特に健康保険に関しては複雑で困難な案件というものは数多くはありません。しかし，医療保険制度が国民の生活に及ぼす影響が少なくないことからすれば，本講にてこれまでみてきたとおり，医療保険制度における社会保険労務士は，単なる手続代行ができていれば済むということではなくってくると思います。

（2）　公的医療保険制度の担い手のひとりとして

一方，各医療保険制度関係者である医療関係従事者・政府・保険者などからも，複雑化する制度において，専門家である社会保険労務士に対する期待は大きくなってくることと推察します。高齢化が進み医療保険制度そのものが転換

していくこれから，企業のため，労働者のため，社会のために，社会保険労務士が公的医療保険制度の担い手のひとりとして果たすべき役割が，ますます重要になると思われます。

参考文献
荒木誠之『社会保障法読本』第3版（有斐閣選書，2002年）
岩村正彦『社会保障法Ⅰ』（弘文堂，2001年）
植村尚史『社会保障を問い直す』（中央法規，2003年）
金子良事『日本の賃金を歴史から考える』（旬報社，2013年）
河野正輝・良永彌太郎・阿部和光・石橋敏郎編『社会保険改革の法理と将来像』（法律文化社，2010年）
菊池馨実編『社会保険の法原理』（法律文化社，2012年）
菊池馨実『社会保障法』（有斐閣，2014年）
厚生省保険局・社会保険庁運営部監修『健康保険法の解釈と運用』第9版（法研，1996年）
島崎謙治『日本の医療　制度と政策』（東京大学出版会，2011年）
内務省社会局保険部編『健康保険法施行経過記録』（内務省社会局保険部，1935年）
西村健一郎『社会保障法』（有斐閣，2003年）
平成21年度健康保険組合連合会調査研究報告書編『健康保険組合論（医療政策と健康保険組合の役割）の構築に関する調査研究報告書（概要版）』（健康保険組合連合会，2009年）
八代尚宏『新自由主義の復権』（中公新書，2011年）
吉原健二・和田勝『日本医療保険制度史』（東洋経済新報社，2001年）

第14講 公的年金
―制度の歴史・現状と社会保険労務士の役割―

曽布川 哲也

はじめに

公的年金とは，国民が遭遇する老齢，障害，死亡を保険事故として，生活の安定を目的に国が国民に現金を支給する社会保障制度の一つです。国民の所得が減退することへの保障なので所得保障という区分けをすることもできます。この公的年金に関する国家資格は社会保険労務士のみです。そのため，社会保険労務士は「年金のプロ」と呼ばれることもあります。ただ，社会保険労務士業務は幅が広いため，すべてについて精通するのは容易ではなく，公的年金の細かい事柄はそれに特化して勉強しておかなければならないのが実情です。年金相談を主たる業務にする年金専門の社会保険労務士は，実に細かいことまで知識として身につけ，相談者にわかりやすく説明しています。

本講は，公的年金制度がどういう成り立ちなのか，どのような特質を持っているのか，あるいは，これまで生じてきたさまざまな年金問題はどのように考えておくべきなのかということを，社会保険労務士業務を通じて探ることを目的として論じていきます。その際，可能な限り理論的研究について紹介し，実務の場にどう関係してくるのか考察することとします。

第1節　公的年金制度の歴史

(1) 恩　　給

我が国の公的年金の歴史を遡っていくと恩給制度に行きつきます。1884（明治 8）年からの海軍退恩令，1885（同 9）年の陸軍恩給令，1893（同 17）年に官吏恩給令が公布されました。その後 1899（同 23）年に軍人恩給法，官吏恩給法に集約され，更に両法は 1923（大正 12）年に恩給法に統一されました。恩給制度は，公務員に対して行う国家補償なので，老後の所得保障という意味では公的年金と同様の機能がありますが，社会保障制度とは性格が異なっていると考えられます。

(2) 共 済 組 合

共済組合は，明治の終わりから大正にかけて官業，民業の工場や事業所に，従業員の相互扶助組織としてつくられました。これが，公的年金の原型といわれています。1905（明治 38）年に官営は八幡製鉄所で，1907（同 40）年には帝国鉄道庁で，共済組合が設立されました。その後，大正にかけて官業共済がつくられていきます。民間では，1905（同 38）年の鐘紡共済組合は我が国の民間労働者を対象とした年金の先駆けとなりました。

(3) 船員保険法

1939（昭和 14）年の船員保険法は，国が保険者で一般の民間労働者を対象とした社会保険としての年金制度としては最初のものです。

(4) 労働者年金保険法

船員保険法制定後，一般の陸上労働者についても年金保険制度の創設の気運が高まり，厚生省保険院で本格的な調査研究がはじめられました。労働者年金保険法の創設の本来の目的には，吉原健二によれば「労働者の老後や不慮の災害による廃疾の場合の不安を一掃し，後顧の憂いなく専心職務に奨励ささせて，労働力の保全強化と労働能率の増進を図る[1]」こと，また，厚生年金保険法解説によれば「資本主義発展の必然的過程として，労働者を保護して労働力の合理

---

1 吉原健二『わが国の公的年金制度――その生い立ちと歩み』（中央法規, 2004 年）14 頁。

的保全を図ること²」にあるとされております。それと同時に，戦時体制下において，通貨の回収によるインフレ防止（国民購買力の封鎖の見地から，この制度による強制貯蓄的機能が期待されていました），保険料の積立てによる資本蓄積という時局の要請にも応え，生産力を極度に拡充し，労働力の増強確保を図る必要があることから，同法は，保険院の保険制度調査会の満場一致の答申を得て，1941（昭和16）年2月に帝国議会に提出され，同年3月に可決しました。まさに戦時政策的な色彩が強くあらわれてきました。

（5） 厚生年金保険法

1944（昭和19）年には，戦局悪化による国内諸情勢の変化から，戦力の増強，生産力の拡充を一層図るため大幅な制度拡充の必要が生じたため法改正が行われました。名称を厚生年金保険と改め，その他制度の拡充が図られました（吉原によると，当時労働者という言葉を嫌う空気が強かったため改称したとのことです³）。

終戦後，最初の課題は，制度崩壊の危機の克服だったとされています。1947（同22）年には，労災保険法制定によって，業務上の事由については労災保険法で給付が行われる間は厚生年金保険法では給付を行わなくなりました。翌年には養老年金の年金額の水準を凍結する一方でインフレ対策として障害年金の大幅な引き上げ，遺族給付創設，保険料率は約3分の1も引き下げられました。

1954（同29）年の全面改正においては，報酬比例部分だけだった養老年金を定額部分と報酬比例部分の2階建てにして，男子の支給開始年齢を55歳から60歳に引き上げました。

（6） 国民年金制度創設による国民皆年金

自営業や農林漁業従事者などに対する公的な年金制度がなかったものの，戦後の立ち直りが進む中で，核家族化の進行や人口の都市集中，将来の高齢化社会への展望等を背景に，全国民を対象にした老後の所得保障の必要性が高まり，1961（昭和36）年に国民年金法が実施され，**国民皆年金**が実現されることになりました。

---

2 厚生省年金局年金課・社会保険庁運営部年金管理課・社会保険庁運営部年金指導課・社会保険業務センター監修『厚生年金保険法解説』（社会保険法規研究所，1991年）1頁。

3 前掲注1同書，23頁。

図14-1 年金保険の成立経過

	大15	昭10	昭20	昭30	昭40	昭50	昭60 昭61(注)	平7 平9 平12 平14
被用者 一般被用者			労働者年金保険法(昭16,法60)(施行昭17.1) 退職積立金及退職手当法(施行昭11,法52)	旧厚生年金保険法(昭19,法21)(施行昭19.10.1)	厚生年金保険法(昭29,法115)(施行昭29.5.1) ①			確定給付企業年金法(平13,法50)(施行平14.4.1) 確定拠出年金法(平13,法88)(施行平13.10.1)
日雇労働者								
船員			船員保険法(昭14,法73)(施行昭15.6.1)		国民年金法(昭34,法141)(施行昭34.11.1)		厚生年金保険法(昭29,法115)(昭61.4.1統合)	
公務員等 国家公務員		官吏恩給法 恩給法(大12,法48) 旧国家公務員共済組合法(昭23,法69)		国家公務員共済組合法(昭33,法128)(施行昭33.7.1)	公共企業体職員等共済組合法(昭31,法134)(施行昭31.7.1)		国家公務員共済組合法 厚生年金保険法(昭29,法115)(平9.4.1統合) ⑦	国家公務員共済組合法
地方公務員		官吏恩給法 恩給法(大12,法48) 退職年金条例		旧国家公務員共済組合法(昭23,法69) 市町村職員共済組合法(昭29,法204)	地方公務員等共済組合法(昭37,法152)(施行昭37.12.1) ⑥			
私立学校教職員		財団法人私学恩給財団(大13.10.1発足)			私立学校教職員共済組合法(昭28,法245)(施行昭29.1.1) ④			
農林団体職員					農林漁業団体職員共済組合法(昭33,法99)(施行昭34.1.1) ⑤			
非被用者					厚生年金保険法(昭29,法115) 国民年金法(昭34,法141)(施行昭34.11.1)	農業者年金基金法(昭45,法78)(施行46.1.1)		厚生年金保険法(昭29,法115)(昭29.4.1統合) ⑧

① 旧厚生年金保険法となったときに、職員、女子も対象者となった。
② 国家公務員関係では、明治17年に官吏恩給令、同17年に海軍退隠令、明治8年に陸軍恩給令、官吏恩給令、これが大正12年恩給法に統一された。
③ これも明治23年より明治27年に公共企業体職員等共済組合法により、財団法人私学校教職員共済組合に名称を改め、対象を大学から幼稚園まで拡大した。
④ 昭和27年に公共企業体職員等共済組合法制定により、財団法人私学校教職員共済組合に名称を改め、対象を大学から幼稚園まで拡大した。
⑤ 教員については、厚生年金保険法は任意包括であった。

⑥ 公共企業体職員等共済組合法の廃止により、昭和59年4月1日から厚生年金保険法に統合された。
⑦ 平成9年4月1日から、被用者年金制度の再編成の第1段階として、旧公企業体共済組合（日本鉄道、日本電信電話、日本たばこ産業）の各共済組合は厚生年金保険法に統合された。
⑧ 昭和61年4月1日からの基礎年金の創設に伴い、平成14年4月1日から厚生年金保険法に統合され、国民年金法の被保険者、非被用者のいずれにも適用されることとなった。

(出所) 国立社会保障・人口問題研究所『社会保障統計年報 平成22・23年版』『社会保障研究資料』第11号 (2011年) 116頁。

（7） 基礎年金導入

　国民皆年金体制後，高度経済成長が続いたこともあり，年金制度は充実をみせていきます。しかしながら，オイルショックをきっかけとして高度経済成長が終わりを迎えると，少子化・高齢化の傾向が見えてきました。1985（昭和60）年に，本格的な高齢社会の到来に備え，公的年金制度を長期にわたり健全で安定的に運営していくための基盤確保が必要とされました。そこで，**基礎年金**の導入，給付水準の適正化，女性の年金権の確保等が図られました。当時，我が国の公的年金制度は大きく3種8制度に分立していました（図14-1）。そのため，給付と負担の両面で制度間の格差や重複給付などが生じてくるとともに，産業構造の変化等によって財政基盤が不安定になるという問題が生じました。この対策として基礎年金を創設して，被用者年金を基礎年金に上乗せする2階建て部分の報酬比例年金として再編成する流れになっていきます。石崎浩によれば，この基礎年金導入の改正にあたっては，厚生省当局が強く意識していたと考えられるのは，端的に表現すれば「自営業者グループの救済」とのことです。自営業者，とくに農家が急速に減少して国民年金の現役加入者が減少し，このままでは制度が立ち行かなくなる見通しになっていたのです。

第2節　公的年金制度の特質

1　公的年金制度の理念

（1）　公的年金の意義

　公的年金は，国が国家の責任において国民に行う社会保障制度の中心として所得保障を担っています。植村尚史の定義によると，社会保障は「生涯のうちに遭遇する，あるいは遭遇する可能性のある，さまざまな生活上の危機や困難を回避，あるいは軽減するために用意された制度」です。そして，社会保障の中心が公的年金です。第13講の図13-2で見る通り，2014年予算ベースで社会保障給付費のおよそ48.6％が年金給付にあてられているということは，公的

4　石崎浩『公的年金制度の再構築』（信山社，2012年）18頁。
5　植村尚史『社会保障を問い直す』（中央法規，2003年）11頁。

年金が高齢者の生活を支え，人々の安心をもたらしていることを表しています。

(2) 公的年金の必要性

　公的年金が必要なのは，人間にとって，自分は何歳まで生きるかが未知の領域だからです。人間は想像できる生き物ですから，危険が具現化したときのために備えることができます。その備えの一つが保険です。しかし，高齢あるいは老後の生活にはどれくらい貯蓄し備えておけばよいのかは，誰にもわからないことです。時に，平均的に必要とされる金額が示されることもありますが，それも個人差がありますので，結局は神のみぞ知るということになってしまいます。また，老後に備えて貯蓄をするよう促してみても，短期的な要素に費用をつぎ込んでしまうことになってしまいがちです。私保険に入っているから大丈夫との声も聞きますが，私保険は有期年金が中心ですので，高齢になった後に支給が終わることを想定しておかねばなりません。そうすると個人では，老後の生活すべてに備えることはほとんど不可能であると考えられます。まして や核家族化が進む中で，家族が老親を養うということも現実には困難なことでしょう。また，障害の状態や遺族についても，ある日突然当事者になってしまうこともあるわけですから，若い世代にとっては備えておくための期間もありません。そこで，公的に「強制加入」の年金を作り，「終身」で年金を受けられるように，国が制度を用意する必要があるのです。また，個人の貯蓄では対応しきれないインフレによる実質価値の減少も考慮しなければなりません。したがって，これに対応できる公的年金が果たす役割は，極めて大きいのです。

(3) 公的年金の目的

　国民年金法1条には，「日本国憲法第二十五条第二項に規定する理念に基き，老齢，障害又は死亡によって国民生活の安定がそこなわれることを国民の共同連帯によって防止し，もつて健全な国民生活の維持及び向上に寄与することを目的とする」と，厚生年金保険法1条には，保険給付を行うことで「労働者及びその遺族の生活の安定と福祉の向上に寄与することを目的」とすると明記されています。この目的に基づいて，各年金給付が行われていますので，年金は所得保障という手段を用いて国民の生活保障を実施するという社会保障の大きな目的を実現させているのです。

2　強制適用・事業所による団体加入の意義
（1）　強 制 適 用
　強制適用（強制加入）とは，本人の意思に関わらず年齢と住所要件または従事する業務の要件が合致すれば必ず加入しなければならないことを意味します。我が国の公的年金は，国内に住所のある20歳以上60歳未満の者，あるいは被用者年金の適用事業所に使用される者に，加入を義務付ける**国民皆年金**体制です。この国民皆年金体制は，1961（昭和36）年4月に国民年金法が全面施行されたときに実施されました。しかしながら，専業主婦や学生は任意加入（専業主婦は1986（同61）年から学生は1991（平成3）年4月から強制適用）でしたので，完全な皆年金というよりも，皆年金になる道ができたという状態でした。また，現在でも国民年金への未加入や納付義務を怠る未納者がいますし（平成25年度末で268万人），厚生年金の適用逃れの会社もあるのが実態です（平成24年度末で適用事務所となる可能性のある事業所数が387,840事業所）[6]。強制適用にする理由は，①すべての国民に年金給付を行うことを実現させるため，②個人では老齢・障害・遺族というリスクを想定して備えておくことが困難であること，③年金財政を安定させることなどが挙げられます。

（2）　事業所による団体加入
　厚生年金保険法9条は，適用事業所に使用される70歳未満の者は被保険者になると規定しています。その事業所に就職すれば，本人の意思には関係なく法律上当然に被保険者になるしくみです。この根拠については，被保険者への強制適用を確実にすることが考えられます。同時に事業主に届出及び保険料納付を義務化することで，国民皆年金体制を保持することにつながっています。事業主にこの届出を義務化するのは，管理する国にとっても被保険者一人一人に任せていることによる事務の漏れや煩雑さを回避できるうえ，徴収に要する費用も軽減できます。被保険者にとっても面倒な手続を会社に任せておいて本来業務に専念できるようになります。もちろんこれにより事業主の負担が大きくなるものの，社会保険を完備してより良い人材を確保することは，事業の成長・発展・繁栄につながるのですから，事業主にとっても大いにメリットがあ

　6　厚生労働省年金局事業管理課「国民年金保険料の収納対策及び厚生年金保険の適用・徴収対策の現状と課題」2014年6月23日参照。

ると考えられます。また，消えた年金の問題にもなりました事業主の届出懈怠・忘れ・意図した操作などについては，私法上の義務も存在すると考えられますので，場合によっては損害賠償をしなければならなくなります。届出を滞りなく行うことは大変重要なことです。

3 保険料納付と年金受給権との関係
（1） 保険料納付

相談者からの問い合わせで「私はいくら納めてきたのかわかりますか？」「それに応じていくらもらえますか？」という質問を受けることが時々あります。その都度，払った保険料額について即座にお答えするのは難しいため，**ねんきん定期便**の記載内容にある累計欄を見ていただきます。そのうえで，いくら保険料を払っていたかを知るよりも，**標準報酬**や**標準賞与**が正しく記録されているか，保険料納付や免除の記録ができているのかを確認することの方が大事だとも説明します。これまで払ってきた保険料額と受給額とは関係ないと聞くと，初めは皆さん怪訝な顔をされます。それでも，実際に相談者の厚生年金の報酬比例の記録と国民年金の納付済月数を示して，年金の計算方法を示すことで，早々に理解してもらえます。

ところで，本当にこれでいいのでしょうか。相談者の中には「国が強制的に納めるよう指示してきたから国民年金保険料を納付し，給料からの厚生年金保険料の源泉徴収にも文句を言わないできたのに，いざ受け取るときの計算には関係ないというのでは，何か勝手な徴収の方法ではないか」と疑念を抱く方もおられます。話を聞けば確かにそう思いたくなる気持ちも理解できます。実はこのことについて，理論的な研究がなされています。すなわち，社会保険料と給付との対価性や等価性の問題です。学説では，保険料と給付には対価性はあるものの等価性までは必要としていないとされています[7]。納めた額に見合った社会保障給付がされなければならないのではなく，あくまでも保険料納付という行為に対して給付を行うということです。確かにそう考えておかないと，40

---

7 石崎浩『公的年金制度の再構築』（信山社，2012年）256-310頁，江口隆裕『変貌する世界と日本の年金　年金の基本原理から考える』（法律文化社，2008年）197頁，堀勝洋『年金保険法』第3版（法律文化社，2013年）66頁など。

年以上にわたって年金記録を整備し，保険料そのものは賦課方式で現在の受給者に回されるという構造から考えても，等価交換は非現実的なことだと思います。相談者に納得してもらうために先ほどのように説明しつつ，その背景には理論構築がなされていることは理解しておきたいところです。

（2） 年金受給権

老齢年金の受給権は，国民年金の納付済期間等受給資格期間が25年以上あることと，年金受給の年齢に達することで発生します。この受給資格期間が10年に短縮されることが予定されています。2012（平成24）年8月22日公布の**年金機能強化法**に盛り込まれました。ただし，消費税を10％に引き上げることが条件ですので，施行日はずれ込む可能性を孕んでいます。受給資格期間25年が10年に緩和されることはかなり大きな改正内容です。従来から25年は長いのではないかという批判があった一方で，短縮するとギリギリ最小限までしか納めない者が出てくる（そうなると低年金者が多く出てしまうことにもなる）という懸念もありました。今回そうした議論をよそに，10年に短縮することが決められましたので，今後実際どのようになるのか注目されるところです。

（3） 後納制度を利用した受給資格期間

2012（平成24）年10月から3年間の時限立法で，年金確保支援法によって国民年金保険料後納制度が実施されました。本来年金保険料徴収は2年で時効になり，その後は納付したくてもできません。そうした納付しそびれの分について，10年遡って納付できるようにしたのがこの後納制度です。例えば既に65歳の受給年齢に達しているにも関わらず受給資格期間が足りない人でも，10年前まで遡って未納期間分を穴埋めして納付済期間が25年に達すればすぐに受給権が発生します。ですから，この後納制度を使って納付した日から受給権が発生する人にとっては大変にありがたいことで，年金相談の際にアドバイスしたことで，こうした人たちが年金受給権を得ることができて喜ばれるのはうれしいことです。しかしその反面，これは例外の時限立法で本来的ではないということも確認しておかねばなりません。すなわち，年金は老齢等になったときに備えてあらかじめ保険料を拠出しておくという保険の原則で成り立っているのですから，あとからでも遡って納付できるというしくみはこの保険の原

則に反することになります。

過去にも1970（昭和45）年，1975（同49）年，1979（同53）年に滞納分を遡って納められる特例納付制度がありました。また，第3号被保険者の届出についても1995（平成7）年，2005（同17）年に特例的に2年を超えて遡って認めたことがあります。筆者はこうした特例措置を設けることには問題があると考えます。特例納付や後納について堀勝洋は，第1に，救済措置が将来もあるという意識を国民にもたせて，保険料の納付意欲を低下させるおそれ，第2に，保険料負担能力がない者には免除制度があるにもかかわらず利用していないということは，後納利用者の中には負担能力があるのに納付しなかった者も多く含まれており，そういう者をも救済することになること，第3に，10年遡って納付できるということは相当所得や貯蓄がある者であって，いわば金持ち優遇措置になることを挙げています。[8]年金相談においても，こうした問題を感じることは少なくないことです。例えば，夫の病気が悪化し瀕死の状態になったことから遺族年金の受給権が発生するかどうか確認したところ，保険料納付が足りないことがわかった妻が，夫の分を後納して受給権を得るという方法を考えた人がいました。一般の方にとっては保険の原則や逆選択になるかどうかは関係ありません。自分がしっかりと受給できることにのみ関心があります。そのため，サポートする側には制度趣旨を踏まえて行動することが求められます。

第3節　年金問題の実務的検討

1　公的年金制度に関する諸問題

年金制度についてはいろいろな問題があるといわれています。例を挙げると，**年金記録問題**（第4節第2項参照），年金の空洞化，無年金者・低年金者，世代間格差，**パートタイム労働者への厚生年金適用**，女性と年金，被用者年金一元化，**在職老齢年金**，財政方式，生活保護との関係，厚生年金基金の解散，企業年金のこれから，マイナンバー制度導入，など検討課題が山積しています。本

8　前掲注7堀同書，567，568頁。

講では掘り下げて論じることはできませんので，これらの内容についての理論的アプローチについて研究者の論考を参照していただくとして，この中で実務面でも大事になってくる，パートタイム労働者への厚生年金適用と在職老齢年金について考えてみることといたします。

2　パートタイム労働者への厚生年金適用

　厚生年金保険法9条には適用事業所に使用される70歳未満の者は被保険者になることだけ記載されており，短時間労働者いわゆるパートタイム労働者（以下「パート労働者」といいます）への適用をどうするかは，健康保険法の適用と併せて，厚生労働省内かん（昭和55年6月6日付）によって運用されてきました。いわゆる**4分の3要件**といわれるもので，労働時間と労働日数が当該事業所において他の同じような業務を行う者と比較して概ね4分の3以上であれば被保険者とする内容です。法的な根拠としては種々議論があることを承知の上で，実務担当としてはこの基準を用いて当てはめを考えていきます。多くの会社では週所定労働時間を法定40時間に設定していますので，週30時間・月15日程度が目安になってきます。そこで，事業所においてパート労働者を雇い入れるときに雇用契約の内容をどの程度にして，社会保険を適用させるかどうかを検討するのです。本来，業種や必要な人材，時間など必要性に鑑みて雇用契約を結ぶもので，社会保険に入るかどうかは後からついてくるものです。しかし，事業主側も労働者側も雇用・就労の条件として，厚生年金や健康保険には入らずに，第3号被保険者や健康保険被扶養者のままになるような契約を行います。すなわち，時間や日数がこの内かんの基準未満になるように，そして賃金も年額130万円未満（月給10万8千円程度）になるようにという内容の雇用契約です。そのようにするのは法の本来の趣旨からはずれていて逆選択に類似するのではないかとの見方もあるかもしれませんが，実務ではそのようにして適用を考えます。

　これが，2012（平成24）年の年金機能強化法の一環で，2016（平成28）年10月から内かんから法律へと変更され，適用の範囲も拡大されることになりました。適用拡大になる人は，①1週間の所定労働時間が20時間以上，②当該事業所に継続して1年以上使用されることが見込まれること，③報酬月額8.8万

円以上，④学生以外であることとなっていて，まずは501人以上の事業所に適用することとなっています。ということは社会保険労務士が関与する中小企業でこの問題に直面することは当面はなさそうです。それでも，いずれ適用拡大の企業規模は変更されることが予想されますし，現に関与先事業所の被保険者の被扶養配偶者が適用拡大事業所で勤務している場合もあります。そのため，いつでもアドバイスができるよう準備しておくことが求められます。

これまで，概ね4分の3要件の内かんという通達にもなっていない形式で出されたもので被保険者資格が決定されることには，批判的な論議がされてきました。実務においても戸惑う声を耳にしてきました。今回の法律の条文明記により，ようやく自信を持って実務が行えるようになることと思います。

3 在職老齢年金

2013（平成25）年4月に高年齢者雇用安定法の改正施行により，継続雇用を希望する労働者については，全員を65歳まで継続雇用することが原則となりました。それまで定年後の雇用継続については，労使協定で対象者基準などを定めることが認められていましたが撤廃されました。ただし，経過措置として法改正前に選定基準を労使協定で定めていた事業主については，老齢厚生年金の支給開始年齢に合わせて，労使協定で定める選別基準を適用することが認められることとなりました（同法附則（平成24年9月5日法律第78号））。これが老齢厚生年金支給開始年齢の引き上げのことで，平成25年度から厚生年金の報酬比例部分の男性61歳支給開始がはじまりました（実際の支給開始は平成26年度から）。これまでも企業等においては，在職老齢年金の金額と雇用保険高年齢雇用継続給付を上手に利用して，賃金シミュレーションを行い賃金設計されています。今後もこうした視点での管理が必要になることでしょう。

この在職老齢年金は1965（昭和40）年からはじまりました。当初は65歳以上の在職者（いわゆる高在老）への支給でした。もともとの趣旨は，「退職が年金支給の要件となっていたが，低水準の賃金だけでは生活が困難との理由から年金を8割支給する制度を創設」することでした。低在老については，1969

---

9 前掲注7堀同書，166頁。

（同44）年に「一般に60歳以上の高齢者の賃金水準はかなり低い実態が見受けられたことから，標準報酬月額が1万8千円以下（報酬月額が1万4千円未満）の在職者の請求により，その人の標準報酬月額に応じて老齢年金の一定割合を支給する制度」が創設（支給割合は8割，6割，4割，2割の4段階）されました。[10]その後はこの受給権発生の上限となる標準報酬月額が徐々に引き上げられていくこととなります。高在老は，1985（同60）年に廃止されますが，2002（平成14）年4月に復活しました。

では，在職老齢年金が就労意欲を阻害する効果があるのでしょうか。やはり在職老齢年金に限らず，年金が支給されるのであれば，仕事をしなくても良いという気が多少は生じると相談者から聞くことがあります。では，在職老齢年金を廃止してしまうのはどうでしょう。つまり全額支払うのか全額停止なのかということです。年金を全額支払うのであれば高額所得者にも年金を支払うことになります。一方全額停止だと，逆に低賃金者にも年金を支払わないことになってしまいますし，もう仕事は辞めようと思う可能性が高まってしまいます。この在職老齢年金を巡っては，多くの研究者による議論がありました。近年では，在職老齢年金による就業抑制効果や所得再分配効果について，浜田浩児が詳細に分析しています。[11]最終的には就業抑制効果がどの程度のバランスで最も減少するのかなどを見極める必要がありますが，実務ではこうした議論を踏まえたうえで，個別に対応していくことになります。

第4節　公的年金制度における社会保険労務士業務

1　公的年金制度への社会保険労務士の関与

（1）　適用事業所をサポートする

適用事業所が行う厚生年金の手続は，従業員である被保険者・被扶養配偶者

---

10 『平成11年版年金白書　21世紀の年金を「構築」する』（社会保険研究所，1999年）357頁。
11 浜田浩児「在職老齢年金と高齢者の就業，所得分配」労働政策研究・研修機構編『JILPT第2期プロジェクト研究シリーズ①　高齢者雇用の現状と課題』第6章（2012年）。

の資格にかかわること，標準報酬・標準賞与の届出，保険料納付，事業所・事業主に関する届出などが主なものです。こうして列挙すると単純な事務作業に見えるものの，実はそれぞれのルールは複雑でまた時間がかかります。こうしたことは，事業所にとっては本業以外の業務でありながらも従業員にとっては重要な事柄ですので，おろそかにすることはできません。そこで，社会保険労務士がこれらを代理・代行して行うことで，関与先事業所は本業に専念できることになるのです。

（2） 従業員をサポートする

① 年金の請求

老齢厚生・基礎年金については，受給権のある方へ事前に請求書が送られてきます。ターンアラウンド方式の様式なので，必要箇所に記入して必要な証明書類を添付して年金事務所に提出します。遺族厚生・基礎年金，未支給年金に関しては，従業員あるいは従業員の家族が亡くなった際に請求します。この遺族年金では保険料納付要件（短期要件）と受給権者の範囲などを確認する必要があります。

難易度が高いのは障害厚生・基礎年金です。単に請求書を提出すればよいのではなく，初診日の確定，保険料納付要件の確認，医師の診断書，請求者の病歴・就労状況等申立書，その他状況を立証できる証拠書類を揃えて提出します。そのため，時間と労力をかなり必要とします。書類が整っていないと通常障害年金は受給できません。したがって，社会保険労務士に依頼した方が受給できる可能性は数段に高くなると思われます。中には障害年金を専門に扱う社会保険労務士もおり，多くの請求者をサポートしています。

② 資格の確認

厚生年金や国民年金の加入の状況がどのようになっているのかは，誰もが確認しておきたい情報です。そこで，依頼を受けた社会保険労務士が，関与先事業所の従業員が安心して働けるよう，年金事務所で年金記録を確認し，場合によっては記録を補正してもらうことや，年金手帳の再交付を年金事務所で依頼することもあります。正しく記録の補正をしておかないと後にターンアラウンドの請求書が送られてこないことや，本来受けられる額より低額の年金になってしまうことがあります。

(3) 一般の人をサポートする

① 年金特別アドバイザーと街角の年金相談センター

　年金事務所には，年金特別アドバイザーとして，社会保険労務士が窓口で年金相談を受けることがあります。この業務は，2008（平成20）年に送付が実施された**ねんきん特別便**に対応できる者として，当時の社会保険事務所において社会保険労務士が窓口で応対することになりました。7年が経過した現在も，年金機構の職員ではない社会保険労務士が，国民目線で相談に応じることができるという面で活躍の場になっています。

　街角の年金相談センターは，全国社会保険労務士会連合会が日本年金機構から委託を受けて，2010（平成22）年1月4日から運営を開始した年金に関する相談所です。駅から近いなどの交通の便が良いことや待ち時間がないこと，労務や労働保険，健康保険などにも精通した社会保険労務士が対応するなど，利便性の高い相談所となっています。

② 年金記録を探し出す

　現在の年金受給者には，自分の記録を正しく整えていない人がまだまだいると考えられます。したがって本来受け取るべき金額よりも少ない場合がありえます。そういう人たちから話を聞いて，年金事務所に代理で相談することもあります。特に年齢的に年金事務所に出向くことができない方や，一人では思い出すことができない方，思い出したとしてもそれをどう証明したらよいのかわからない方など，高齢になればなるほど，記録回復が困難になっている状況があります。そこで，国民に寄り添う社会保険労務士としては，なるべく丁寧に時間をかけて話を聞き，その当時の会社の名称，会社の場所，業界の内容，社長の名前，同僚の名前，まわりから何と呼ばれていたか，どんな仕事内容だったか，どこに住んでいたのかなど，それこそ根掘り葉掘り聞いてはその裏付けをとるという地道な作業を行います。人の記憶とは面白いもので，一つのことがひらめくとそのことがきっかけで次から次へと思い出していくことがあります。時には脱線して思い出話になってしまうこともありますが，そういう昔話のようなことも，年金記録へとつながる有力な情報になることもあります。一般の人はそういうところにまで気づきませんので，社会保険労務士が記憶の整理のお手伝いをするのです。

2 年金記録問題と社会保険労務士

(1) 年金記録問題とは

　年金記録の問題には「宙に浮いた年金」「消えた年金」「消された年金」の3種類があります。年金記録問題が大きく報じられたのは，2007（平成19）年のことです。社会保険庁で管理しているコンピューターに厚生年金と国民年金の記録が基礎年金番号につながっておらず，該当者が不明の記録が5,000万件を超えていることが発覚したことがきっかけでした。これが「宙に浮いた年金」といわれるものです。「消えた年金」とは，保険料を納めたはずなのに，免除の手続きをしたはずなのに，旧社会保険庁にも2001（平成13）年まで機関委任事務として徴収を行っていた市区町村にもどこにも記録がない，まさに消えてしまったという問題です。もう一つの「消された年金」とは，厚生年金記録を帳消しにしたり事業主が保険料逃れのために遡って資格喪失させたり，標準報酬を過少に届出たりということによって，まさに消された年金記録のことです。

(2) 社会保険労務士の年金記録問題対応

　先に述べた**ねんきん**特別便はまさにこの年金記録問題を受けて，全記録を確認してもらうために実施されたものです。その問合せには，年金事務所において年金特別アドバイザーとして多くの社会保険労務士が対応しています。現在でこそ問合せも少なくなったものの，年金記録問題発覚当時，社会保険事務所（現在の年金事務所）では連日長蛇の列ができるほど問い合わせが殺到していました。今後はもうこうしたことが起きないことを願いますが，社会保険労務士はいつでも国民のために代理を引き受けられるように準備しておく必要があります。現在もなお，宙に浮いた年金のすべてが地に着いたわけではありません。依然として記録の突合せは困難な状況にあります。資格照会として，ねんきん定期便，「年金加入記録の確認のお願い」（黄色の封筒），共済組合の記録確認，紙台帳とコンピューター記録の突合せ，厚生年金基金記録との突合せ，気になる年金記録再確認キャンペーンなど，いろいろな照会通知書が対象者へ送られています。すべての通知書において精通しておくことは難しいかもしれません。それでも，そうした通知書が手元に届いて年金事務所に確認をとっても納得できないような場合には，社会保険労務士が手助けしてあげるべきでしょう。ち

ょっとしたきっかけで記憶を呼び覚ますことに成功し，年金記録が見つかって年金額が修正されていくのです。

3 公的年金制度における社会保険労務士の必要性

　ここまで見てきた通り，社会保険労務士は，厚生年金や国民年金手続代行，給付請求や記録の確認の代理など，今後もその社会的要請に応えるべく日々研鑽を積んで，いつでも対応できるよう最新情報を入手しておかなければなりません。更に加えると，年金制度の不信を払拭することにも助力すべきことです。そのために社会保険労務士がするべきことは，日常業務の中で制度の趣旨や意義というものをしっかりと説明して，正しい知識を広めることではないかと考えます。筆者が教育コーチを務めている早稲田大学人間科学部eスクール（通信教育課程）で学ぶ社会人学生の方々にも，年金に対する漠然とした不安を持っている方が多くいました。それでも，大学での社会保障論の講義を通じて年金の基本知識を身につけ本質を理解するようになると，不安ばかり口にするのではなく，持続可能ならしめるためにどうあるべきかを考えるようになってきます。

　年金に関してはいわばお金に関することですから，損得で考えてしまいます。これは致し方のないことです。しかし，大学でのこのエピソードを通じて感じたことは，少子化や高齢化が問題なのではないこと，年金制度がその社会の動きに対応できるよう改正は続ける必要があること，年金制度は簡単に崩壊するものではないこと，賦課方式で保険料が現在の受給者の年金額を支払うために使われていることの意味などをしっかりと理解してもらうことで，国民の意識はずいぶんと変わっていくものだということです。そうしたことを整然と説明できるのは社会保険労務士をおいて他にはいないと思います。

　年金は人生そのものです。ですから年金相談は相談者の一生の中心部分を垣間見ることになります。色々な人生に出会える年金相談は何物にも代えがたい素晴らしい業務だと思います。

第5節　むすびにかえて
——公的年金制度における社会保険労務士のあるべき姿

　社会保障制度の目的を果たし機能をフルに活用するためには，まずはその設計が重要です。しかし，どんなにすばらしいものでもその設計内容が正しく人々に伝わっていなかったとしたら，絵に描いた餅になってしまい，せっかくの制度も活かしきれないことになります。したがって，国民に広くわかりやすく制度を説明することが必要とされます。そこで，これまで見てきた通り，国民に寄り添うことができる専門家である社会保険労務士が担う役割は決して少なくないわけです。

　年金未納問題・年金記録問題以来，公的年金は国民の信頼を取り戻せていない状況にあるように感じます。もちろん，日本年金機構もその回復に向けて努力し続けています。それでも，信頼を回復し，不信感による保険料未納者を減らすのには，まだ時間がかかるかもしれません。しかし，公的年金制度が国民一人一人にとってどれほど重要なものであるか，ということに気づいていない人が大勢います。その人たちに年金を理解してもらうために，私たち社会保険労務士がやらなければならないことはまだまだあるはずです。そのことを常に追求していくことを今後の更なる課題として，本講を閉じることとします。

参 考 文 献
石崎浩『公的年金制度の再構築』（信山社，2012年）
岩村正彦編『高齢化社会と法』（有斐閣，2008年）
植村尚史『社会保障を問い直す』（中央法規，2003年）
江口隆裕『変貌する世界と日本の年金　年金の基本原理から考える』（法律文化社，2008年）
太田啓之『いま，知らないと絶対損する年金50問50答』（文春新書，2011年）
菊池馨実『社会保障法制の将来構想』（有斐閣，2010年）
菊池馨実編『社会保険の法原理』（法律文化社，2012年）
倉田聡『社会保険の構造分析』（北海道大学出版会，2009年）
厚生省年金局年金課・社会保険庁運営部年金管理課・社会保険庁運営部年金指導課・社会保険業務センター監修『厚生年金保険法解説』（社会保険法規研究

所,1991年)
塩野宏『行政法Ⅰ』第五版(有斐閣,2009年)
中野妙子「基礎年金の課題」日本社会保障法学会編『新・講座 社会保障法1 これからの医療と年金』(法律文化社,2012年)
浜田浩児「在職老齢年金と高齢者の就業,所得分配」労働政策研究・研修機構編『JILPT第2期プロジェクト研究シリーズ① 高齢者雇用の現状と課題』第6章.
『平成11年版年金白書 21世紀の年金を「構築」する』(社会保険研究所,1999年)
堀勝洋『年金制度の再構築』(東洋経済新報社,1997年)
堀勝洋『年金の誤解』(東洋経済新報社,2005年)
堀勝洋『社会保障法総論』第2版(東京大学出版会,2004年)
堀勝洋『年金保険法』第3版(法律文化社,2013年)
増田雅暢・畑満『年金制度が破綻しないことがよくわかる年金Q&A』(TAC出版,2012年)
丸谷浩介「社会保険における義務と履行強制」河野正輝・良永彌太郎・阿部和光・石橋敏郎編『社会保険改革の法理と将来像』(法律文化社,2010年)
森田慎二郎・百瀬優・宮城準子「日本の社会保障制度の理論的背景に関する研究——公的年金の制度上および手続き上の不備と改善すべき方向に関する研究」『社会保険労務士総研研究プロジェクト報告書』(2012年)
吉原健二『わが国の公的年金制度——その生い立ちと歩み』(中央法規,2004年)

あとがき

　本書を通読して当事者でありながら改めて感じるのは，社会保険労務士の業務は実にバラエティに富んでいるということです。
　例えば，企業が人を雇うことに関して見てみると，良い人材を採用するためにはどのように募集すれば良いのか（第3講），その雇用した人材を，就業規則を活かして企業パフォーマンス向上につなげるにはどうすればいいのか（第4講），法的な規制や要請に応えながら賃金や労働時間をどう決定すれば企業も従業員も納得できるのかを探っています（第5講）。また，ワーク・ライフ・バランスの観点からも様々な雇用形態を考え（第6講），企業と従業員が幸福になる方法を考案しています。そして，こうした人事労務管理過程に関して，先人が築き上げた理論を踏まえて，賃金改定や労務改善を提案しています（第7講）。さらには，従業員が安全に業務に打ち込めるよう労働災害の防止策をあらゆる面で考案し（第10講），それでも労働災害が起こってしまった場合には，どのような保険給付が該当するのか判断して対処します（第11講）。
　一方，企業に義務として課せられた社会保険の業務に関して見てみると，失業や健康をカバーする雇用保険（第12講）や医療保険（第13講）の手続きは，従業員の生活の安定や安心のためにも欠くことができないものとなっています。また，定型的な企業へのサポートから離れて見てみると，一般の方への年金相談（第14講）や特定社会保険労務士による労働紛争の解決（第8講）などでも，その専門知識が必要とされていることがわかります。
　本書の各講は項目ごとに分類してあるにもかかわらず，ところどころに記述の重なりがあります。それは，実際の社会保険労務士業務は項目ごとに別々に行われるわけではなく，これらを総合的に取り扱っている現れです。つまり，社会保険労務士は，全ての事柄に対応しながら業務を進めているのです。そのため，どうしても得意分野・不得意分野が出てしまうことがあります。そういうときには，社会保険労務士同士で得意・不得意を互いに補完しながら業務に当たることもあります。

本書を通じて，多様な社会保険労務士実務を知ってもらい，最終的には網羅的に業務にあたっている社会保険労務士の姿をイメージしていただければ幸いです。

　本書の特徴として，第2講と第9講を除く各講をその項目を得意とする社会保険労務士が分担執筆をしていること，コラムを通じて社会保険労務士の思考から物事の捉え方のヒントを得られること，学術的な法理論と実務の現状を併せて学べることという3点を挙げることができます。
　各講は，早稲田大学グローバルエデュケーションセンターにより開講されている「社会保険労務士実務概論（早稲田大学校友会支援講座）」（以下，「講座」といいます。なお講座は2015年度現在科目等履修生制度の対象科目となっています。選考に合格した場合には一般の方でも学生とともに履修が可能です。詳細は早稲田大学グローバルエデュケーションセンターのホームページを参照）の講義テーマがベースになっています（第8講は，講座には組み込まれていないため補論としてあります）。執筆者も講座でゲストスピーカーとして講義を担当された方々です。紙幅の関係上制限されたページ数でありながらも，執筆者それぞれの経験に基づく興味深い記述からは，熱のこもった講義の様子が思い出されます。その結果本書が，単なる実用書ではない実務書であって教養書の面も持つものに仕上がったことは，他に類を見ない書物になったと自負しています。
　2つのコラムは，当該分野の第一人者である二宮孝氏，大津章敬氏のお二方が執筆を担当されました。各講の部分とは違った切り口で記述されているコラムは，執筆者の社会保険労務士としての長年の経験に基づいた多角的な思考過程を追うことができるものと思います。
　第2講と第9講執筆の細川良氏は，講座においても労働法概論と社会保障概論を担当されている労働法研究者です。常に学術的アプローチにより，労働法と社会保障を捉える視点を提供してくださっています。私は，こうした学術的アプローチがあることに講座も本書も大きな意味があると考えています。早稲田大学教旨には「早稲田大学は学問の活用を本旨と為すを以て　学理を学理として研究すると共に　之を実際に応用するの道を講し　以て時世の進運に資せん事を期す」という一文があります。一冊に学術的な記述と実務的な記述が混

在する稀有な本書を通じて，安易な実用主義ではない「学問の活用」の実際の一端を知ることできる点で，本書はこの教旨に資するところもあると思っています。

　また，私たち社会保険労務士はともすれば実務のことしか考えないままになってしまいます。しかし，例えば何かトラブルが発生してその解決策を思案するとき，法理論からヒントを得られることは少なからずあるものです。本書がその学術的な理論と実務との懸橋の一つとなることで，理論に裏付けられた奥の深い実務対応へと繋がっていくのではないかと思うのです。

　本書の刊行は，多くの方のご尽力ご助力のもとに達成しました。早稲田大学出版部の伊東晋氏，武田文彦氏には，出版事業の立ち上げから原稿作成・校正まで大変なご尽力を賜りました。出版プロジェクトチームの杉山秀文氏，林智子氏，森岡三男氏，和田泰明氏には，忙しい業務の合間を縫っての議論とアイディアの提示を，細川良氏，香川忠成氏には本書の細部にわたってアドバイスをいただきました。そして，社会保険労務士稲門会会員には，出版事業に対して多大な支援を賜りました。皆様に深甚より御礼申し上げます。

出版プロジェクトチーム　曽布川　哲也

年表

労働社会保険制度	社会保険労務士制度
大正11年4月　健康保険法（法律第70号）公布	
昭和13年1月　厚生省設置 4月　国民健康保険法（法律第60号）公布	
昭和14年4月　船員保険法（法律第73号）公布	
昭和16年3月　労働者年金保険法（法律第60号）公布	
昭和22年4月　労働基準法（法律第49号）公布 4月　労働者災害補償保険法（法律第50号）公布 9月　労働省設置 11月　職業安定法（法律第141号）公布 12月　失業手当法，失業保険法公布	
昭和28年8月　社会保険審査官及び社会保険審査会法（法律第206号）公布 8月　日雇労働者健康保険法公布	
昭和29年5月　厚生年金保険法（法律第115号）公布（旧法を全面改正，保険給付は，老齢，障害年金及び障害手当金，遺族年金，脱退手当金，老齢年金の支給開始年齢を男子60歳，女子，坑内夫55歳に引上げ） 5月　厚生年金保険法及び船員保険交渉法（法律第117号）公布	業者団体設立の動き出る
昭和31年6月　労働保険審査官及び労働保険審査会法（法律第126号）公布	12月14日　㈳労務管理協会発足
昭和32年5月　労働福祉事業団法（法律第126号）公布（7月1日　労働福祉事業団発足）	
昭和33年5月　駐留軍関係離職者臨時措置法（法律第158号）公布 12月　国民健康保険法（法律第192号）公布　旧法全部改正	
昭和34年4月　国民年金法（法律第141号）公布 4月　最低賃金法（法律第137号）公布 5月　中小企業退職金共済法（法律第160号）公布（7月1日　中小企業退職金事業団発足） 12月　炭坑離職者臨時措置法（法律第199号）公布	5月25日　日本労務管理士連合会発足
昭和35年3月　じん肺法（法律第30号）公布 7月　身体障害者雇用促進法（法律第123号）公布	
昭和36年4月　国民皆年金制度発足 6月　雇用促進事業団法（法律第116号）公布（7月1日　雇用促進事業団発足） 11月　通算年金通則法（法律第181号）公布	

11月　年金福祉事業団法（法律第180号）公布（11月25日　年金福祉事業団発足）	
昭和37年4月　社会保険庁設置 9月　行政不服審査法（法律第160号）公布	「社会保険士制度」法制化の動き出る
	昭和38年9月19日　㈳日本労務管理協会発足（中西實会長） ㈳労務管理協会と日本労務管理士連合会合併
昭和39年6月　労働災害防止団体法（法律第118号）公布（8月1日　中央労働災害防止協会設立）	4月1日　㈳東京社会保険士協会発足（平井章会長）
昭和40年6月　港湾労働法公布	8月13日　㈳日本労務管理協会，㈳日本労務管理士協会と名称変更
昭和41年7月　雇用対策法（法律第132号）公布	
昭和42年7月　炭鉱災害による一酸化炭素中毒症に関する特別措置法（法律第92号）公布 8月　石炭鉱業年金基金法（法律第135号）公布	2月1日　㈳日本社会保険士会発足
	昭和43年6月3日　社会保険労務士法公布 12月2日　社会保険労務士法施行
昭和44年7月　職業訓練法（法律第64号）公布 12月　労働保険の保険料の徴収等に関する法律（法律第84号）公布	6月8日　全国で社労士資格の選考を実施 11月9日　第1回社労士試験実施
昭和45年5月　家内労働法（法律第60号）公布	
昭和46年5月　中高年齢者等雇用促進特別措置法公布 5月　児童手当法（法律第73号）公布 6月　勤労者財産形成促進法（法律第92号）公布 12月　沖縄振興開発特別措置法（法律第131号）公布	全国で開業者団体結成の動き高まる 6月25日　㈳東京都社会保険労務士会発足 8月25日　㈳社会保険士会，㈳日本社会保険労務士会と名称変更 10月14日　㈳日本社会保険労務士会連合会発足
昭和47年6月　労働安全衛生法（法律第57号）公布 7月　勤労婦人福祉法（法律第113号）公布	
	昭和48年3月20日　労働省，年度更新時の社労士活用，様式の統一と社労士記名欄の設定，書類受付け箱，名札掲示板設置で通達 5月31日　社会保険庁，社会保険事務所への名札掲示板設置を通達
昭和49年12月　雇用保険法（法律第116号）公布	12月3日　労働省，「社労士活用」で通達
昭和50年5月　作業環境測定法（法律第28号）公布	

昭和51年5月　建設労働者の雇用の改善等に関する法律（法律第33号）公布 5月　賃金の支払の確保等に関する法律（法律第34号）公布	6月3日　二団体，一本化で調印式 9月7日　㈳全国社会保険労務士会発足（古井喜實会長）
	昭和52年6月30日　社会保険労務士制度推進連盟発足
	昭和53年5月20日　社会保険労務士法の一部を改正する法律（法律第52号）公布 8月8日　「法定団体」と「提出代理事務」に通達 12月1日　全国社会保険労務士会連合会設立総会開催
	昭和54年4月1日　「提出代行者印」を全国統一印として実施 6月28日　社会保険労務士倫理綱領，報酬規定を制定 11月8日　「一六弁剣菊八重」を基調とした会員徽章決まる 会員平均年齢50歳，女性会員数は5%
	昭和55年2月21日　社労士制度推進連盟と日本社労士政治連盟が一本化で合意 4月23日　行政書士法改正，社労士との業務範囲の明確化なる 9月1日　名称を新たに全国社会保険労務士制度推進連盟としてスタート
	昭和56年6月2日　社会保険労務士法の一部を改正する法律（法律第64号）公布
昭和57年8月　老人保健法（法律第80号）公布	4月1日　免許制から登録制へ移行
昭和58年5月　特定不況業種・特定不況地域関係労働者の雇用の安定に関する特別措置法（法律第39号）公布	
昭和60年6月　雇用の分野における男女の均等な機会及び待遇の確保等女子労働者の福祉の増進に関する法律（法律第45号）公布 6月　職業能力開発促進法（法律第56号）公布 7月　労働者派遣事業の適正な運営の確保及び派遣労働者の就業条件の整備等に関する法律（法律第88号）公布	

昭和61年4月　高年齢者等の雇用の安定等に関する法律（法律第43号）公布	5月23日　社会保険労務士法の一部を改正する法律（法律第60号）公布
昭和62年3月　地域雇用開発等促進法（法律第23号）公布	
昭和63年5月　港湾労働法（法律第40号）公布	
平成3年5月　中小企業における労働力の確保のための雇用管理の改善の促進に関する法律（法律第57号）公布 5月　育児休業等に関する法律（法律第76号）公布	4月1日　全国社会保険労務士厚生年金基金設立 5月8日　全国社会保険労務士国民年金基金設立認可，設立
平成4年5月　介護労働者の雇用管理の改善等に関する法律（法律第63号）公布 7月　労働時間の短縮の促進に関する臨時措置法（法律第90号）公布	
平成5年6月　短時間労働者の雇用管理の改善等に関する法律（法律第76号）公布	6月14日　社会保険労務士法の一部を改正する法律（法律第61号）公布
	平成7年12月11日　社会保険労務士賠償責任保険制度発足
平成8年5月　林業労働力の確保の促進に関する法律（法律第45号）公布	
平成9年1月　基礎年金番号制度導入 12月　介護保険法（法律第123号）公布	
	平成10年5月6日　社会保険労務士法の一部を改正する法律（法律第49号）公布 12月1日　日本労務管理研究センター設立
	平成11年7月30日　社会保険労務士試験センター設立
	平成12年9月11日　最高裁判所民事局長あて民事調停委員，司法委員登用依頼提出
平成13年3月　平成13年度における国民年金法による年金の額等の改定の特例に関する法律（法律第13号）公布 4月　経済社会の変化に対応する円滑な再就職を促進するための雇用対策法等の一部を改正する等の法律（法律第35号）公布 6月　確定給付企業年金法（法律第50号）公布 6月　確定拠出年金法（法律第88号）公布 7月　個別労働関係紛争の解決の促進に関する法律（法律第112号）公布	11月〜平成14年6月　司法研修第1ステージ開催

11月　司法制度改革推進法（法律第19号）公布 12月　経済社会の急速な変化に対応して行う中高年齢者の円滑な再就職の促進，雇用の機会の創出等を図るための雇用保険等の臨時の特例措置に関する法律（法律第158号）公布	
平成14年3月　沖縄振興特別措置法（法律第14号）公布 3月　平成14年度における国民年金法による年金の額等の改定の特例に関する法律（法律第21号）公布 12月　独立行政法人福祉医療機構法（法律第166号）公布 12月　独立行政法人雇用・能力開発機構法（法律第170号）公布	6月6日　日本税理士会連合会と「税理士の付随業務」に関する確認書調印 11月27日　社会保険労務士法の一部を改正する法律（法律第116号）公布，一部（連合会及び社会保険労務士会の会則の報酬規定に関する必要記載事項の削除）施行
平成15年7月　次世代育成支援対策推進法（法律第120号）公布	9月24日　士業初の認証局設置 電子署名及び認証業務に関するサービス運用開始
平成16年5月　労働審判法（法律第45号）公布 6月　高齢者雇用安定法改正（定年の引上げ，継続雇用制度の導入等による高年齢者の安定した雇用の確保等）	
	平成17年2月14日～3月8日　司法研修第2ステージ開催 6月17日　社会保険労務士法の一部を改正する法律（法律第62号）公布 12月末　社会保険労務士の会員数3万人を超える（30,176人）
平成18年2月　石綿による健康被害の救済に関する法律（法律第4号）公布	6月17日　第1回紛争解決手続代理業務試験を実施
平成19年6月　短時間労働者の雇用管理の改善等に関する法律の一部を改正する法律（法律第72号）公布 12月　労働契約法（法律第128号）公布	2月16日　年金加入者の年金記録漏れ問題が発覚 4月4日　明治大学大学院経営学研究科への社会保険労務士受け入れに関する打合せ，6月4日　同合意書調印 7月4日～7日　連合会初の海外公式訪問団，韓国公認労務士会を訪問。「国際交流に関する協定」締結

平成20年10月　全国健康保険協会設立	3月31日　日本労務管理研究センター廃止 7月1日　第1回SRP認証実施，381事務所が認証 7月11日　社労士会労働紛争解決センター，法務大臣認証，7月22日　同センター厚生労働大臣指定，8月1日　同センター開設
平成21年1月　厚生年金保険の保険給付及び国民年金の給付の支払の遅延に係る加算金の支給に関する法律（法律第37号）公布 4月　ねんきん定期便発送開始 9月　協会けんぽ，都道府県ごとの保険料率へ移行	3月10日　舛添厚生労働大臣に「街角の年金相談センター」構想実現の要請
平成22年1月　日本年金機構設立，社会保険庁廃止	12月17日　「社会保険労務士研修システム」配信スタート
平成23年8月　国民年金及び企業年金等による高齢期における所得の確保を支援するための国民年金法等の一部を改正する法律（法律第93号）公布	4月1日　「社労士会復興支援ホットライン」開設 4月22日・6月22日　厚生労働大臣に「東日本大震災発生に伴う特例措置等に関する」意見具申
平成24年4月　労働者派遣事業の適正な運営の確保及び派遣労働者の就業条件の整備等に関する法律等の一部を改正する法（平成24年法律第27号） 8月　公的年金制度の財政基盤及び最低保障機能の強化等のための国民年金法等の一部を改正する法律（平成24年法律第62号） 8月　被用者年金制度の一元化等を図るための厚生年金保険法等の一部を改正する法律（平成24年法律第63号） 8月　労働契約法の一部改正（無期労働契約への転換，雇い止め法理の法定化等） 8月　高齢者雇用安定法改正（「継続雇用制度」の対象者を労使協定で限定できる仕組みの廃止等） 8月　国民年金法一部改正（受給資格期間の短縮等）	1月11日　「成年後見制度推進のための情報交換会」を開催
平成25年4月　報酬比例部分の支給開始年齢の引上げ開始，65歳までの高年齢者雇用確保措置開始	
平成26年11月　専門的知識等を有する有期雇用労働者等に関する特別措置法（法律第137号）公布	11月21日　社会保険労務士法の一部を改正する法律（法律第116号）公布

（参考資料）『社会保険労務士制度四十年の歩み』（全国社会保険労務士会連合会編集，2009年）。

索　引

◆アルファベット

ADR →裁判外紛争解決手続
　民間型——　153
GHQ　16, 221-222

◆あ行

朝日訴訟　171
あっせん　149
アベグレン，J.C.　124
安全衛生委員会　179
安全衛生管理体制　179
安全配慮義務　41, 68
育児・介護休業法　105, 151
1 号業務　8
医療費適正化　246
ウルリッチ，D.　123
衛生要因と動機づけ要因　121
X 理論と Y 理論　120

◆か行

解雇権濫用法理　34, 112, 224
解雇　147
解雇予告手当　217, 219, 226
科学的管理法　120
格差の拡大（二極化）　104
管理　116
管理監督者　84
管理のエキスパート　123
機会均等調停会議　151
企業別組合　32, 124, 143
基礎年金　260
基本給　128
休業手当　81
救護法　162
休日　91

休職　93
求職者支援制度　228
救貧法　159
教育訓練の継続的実施　106
業績給　130
均衡考慮の原則　112
均衡待遇調停会議　151
均衡を考慮した待遇の確保　113
経済人モデル　120
契約更新時の留意点　111
健康保険組合　239
後期高齢者医療制度　165
工場法　29, 239
　——施行令　218
公証役場　152
更新の有無及び判断基準　111
厚生年金保険法　221, 258
公的救貧制度　159
公的扶助　170
行動プロセス評価（コンピテンシー評価）　132
合同労組（コミュニティ・ユニオン）　144-145, 151
高度経済成長期　222
高齢者雇用安定法　226
国民皆年金　16, 258, 262
国民皆保険　16, 242
国民皆保険・皆年金　164
個人と組織の統合　122
子ども手当　165, 174
個別労働関係紛争解決促進法　146, 151
個別労働関係紛争のあっせん　151
個別労働紛争　142
雇用契約　41
雇用指針　233
雇用政策基本方針　233
雇用調整　126

285

雇用調整給付金　230
雇用調整助成金　230
雇用保険法　217, 223

◆さ行

災害調査　186
在職老齢年金　265
再審査請求　253
裁判外紛争解決手続（ADR）　4, 11-12, 146, 149
　――の利用の促進に関する法律　146
採用差別　48
採用内定　50
3号業務　11, 136, 155
三種の神器　124
算定基礎届　248
事業場外労働　86
自己実現モデル　122
仕事給　126
仕事と生活の調和配慮の原則　105
自己保健義務　43
失業　227
失業扶助　228
失業保険法　217, 222
社会的排除　167, 173
社会的包摂　167
社会福祉基礎構造改革　165
社会保険　161, 169
社会保険審査官　252
社会保険労務士の専門性　109
社会保険労務士法　1
社会保障制度審議会勧告　163
社労士会労働紛争解決センター　147, 149, 151, 153
従業員のチャンピオン　123
就業規則　138, 219
　――チェックリスト　71
　――の作成・届出義務　60
　――の周知　64, 74
　――の絶対的必要記載事項　71

　――の相対的必要記載事項　71
　――の民事上の効力　73
終身雇用　30, 124
集団的労使紛争　142
周知　64, 74
恤救規則　162
春闘　144
障害者自立支援法　165
試用期間　52
傷病手当金　237, 249
常用代替の防止　107
職種給　130
職能給　126
職務給　130
職務グレード給　131
自立支援　166
新救貧法　160
人材マネジメント　61
審査請求　251, 252
人事制度　139
　――改革に伴う就業規則変更　75
スピーナムランド制度　159
成果主義　126
生活保護法　164
正社員　101
　非――　101
生存権　161, 163
　――論　171
セクシュアルハラスメント　147
セーフティーネット　173
　第二の――　174
戦略のパートナー　123
総合労働相談所　149
総合労働相談コーナー　149
組織　116
　――化　116
　――の3要素　147

◆た行

退職積立金及退職手当法　220-221, 224

ダイバーシティ　128
　——・マネジメント　114, 128
多様な正社員　104
　——のワークルール明確化　110
団結権　143
短時間労働者の待遇の原則　113
男女均等推進　128
男女雇用機会均等法　105, 151
団体交渉　143
　——権　143
団体行動権　143
懲戒規定　67
長期雇用慣行　30
調停　149, 153
賃金　78
通算契約期間の上限　112
定期昇給（定昇）　131
ディーセント・ワーク　107
定年　224-225
　——制　58
統制　116
特定社会保険労務士（特定社労士）　11, 153
特定受給者　226
特定理由離職者　224, 226
ドラッカー, P. F.　119

◆な行

内発的動機づけ理論　121
名ばかり管理職　85
2階建て方式　165
2号業務　10
日本的経営　122
日本的雇用慣行　219
任意の記載事項　71
人間関係論　120
　新——　120
年金機能強化法　264
年金記録問題　265
ねんきん定期便　263
ねんきん特別便　270-271

年功給　128
年功序列　124
年功的処遇　31
年次有給休暇　92
「念のため」判決　172
能力開発事業　230

◆は行

ハーズバーグ, F.　121
パートタイム労働者への厚生年金適用　265
パートタイム労働法　113
バブル崩壊　144
パワーハラスメント　147
日雇派遣　229
日雇労働者　218
標準賞与　263
標準報酬　263
貧困　229
　——の社会的性格　161
ファミリーフレンドリー（両立支援）　128
フェファー, J.　126
福祉3法　164
福祉6法　164
服務規定　67
不合理な労働条件の禁止　113
ブルーム, V. H.　121
紛争解決手続代理業務　153
紛争調整委員会　151
　——・調停会議　149
ベースアップ（ベア）　131
変革のエージェント　123
変形労働時間制　83
法定3帳簿　10, 232
法テラス　149
ホーソン実験　120
堀木訴訟　172

◆ま行

マクレガー, D. M.　120
満65歳までの継続雇用　126

身元保証契約　51
民事訴訟　150
民事調停　151-152
民法上の和解　151
無期転換　102
　——社員　104
メンバーシップ型雇用　38
黙示の更新　111
目標管理制度　131

◆や行

役割給　131
雇止め　111, 147
　——法理　47, 111
有期労働契約の無期労働契約への転換ルール　46
予測　116
4分の3要件　266

◆ら行

離職票　216
リスクアセスメント　189
両立支援調停会議　151
劣等処遇　160
労使コミュニケーション　147-148
労使の相互信頼　148
老人医療費無料化政策　244
労働ADR実践マニュアル　154
労働安全衛生法　68
労働安全衛生マネジメントシステム　184
労働委員会　146, 151, 155
労働改革　16, 222
労働関係調整法　146

労働基準監督署　147
労働基準法　60, 143
労働局　146, 149
労働組合　143, 149
労働組合法　143, 155
労働契約　44, 63
　——書　64, 110
　——締結時　64
　——の最低基準　63
労働契約法　63, 105
労働災害　176
　——と事故　178
労働三権　143
労働三法　16, 222
労働時間　82
労働者　78
労働者死傷病報告　188
労働者年金保険法　221, 257
労働者派遣法　104
労働者保険　160
労働条件通知書　64
労働条件の最低基準　61
労働条件の明示　54
労働審判　146, 150, 152
労働争議　144
労働問題の未然防止　109
労働力の需給調整機能　108

◆わ行

ワーキングプア　107, 173
ワークシェアリング　113
ワーク・ライフ・バランス　105, 128

労働・社会保障実務講義──社会保険労務士の仕事と役割

2015年5月20日　初版第1刷発行

編　者　社会保険労務士稲門会
発行者　島　田　陽　一
発行所　株式会社 早稲田大学出版部
　　　　169-0051 東京都新宿区西早稲田1-9-12
　　　　☎ 03-3203-1551
　　　　http://www.waseda-up.co.jp/
校　正　株式会社 ライズ
装　丁　笠井 亞子
印刷・製本　株式会社 平文社

©2015　Labor and Social Security Attorney's Tomonkai
Printed in Japan
ISBN978-4-657-15002-8